丝绸之路十三人

从张骞到左宗棠

赵海峰 著

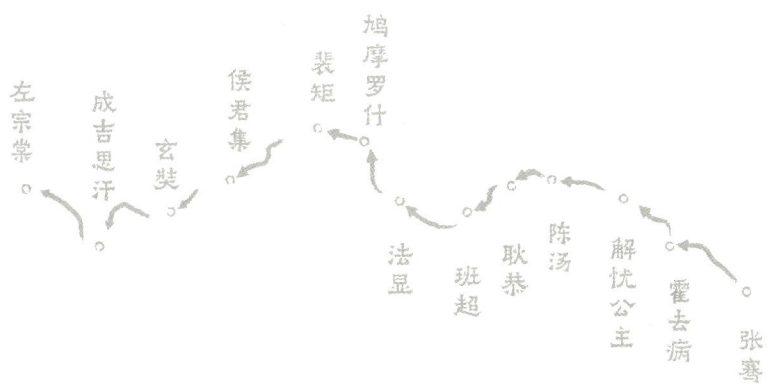

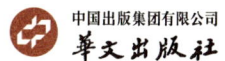
中国出版集团有限公司
华文出版社

图书在版编目（CIP）数据

丝绸之路十三人：从张骞到左宗棠 / 赵海峰著. --北京：华文出版社，2024.5
ISBN 978-7-5075-5962-0

Ⅰ.①丝… Ⅱ.①赵… Ⅲ.丝绸之路—历史—通俗读物 Ⅳ.①K928.6-49

中国国家版本馆CIP数据核字(2024)第093414号

丝绸之路十三人：从张骞到左宗棠

著　　　者：	赵海峰
策　　　划：	胡　子
责任编辑：	郭俊萍
出版发行：	华文出版社
地　　　址：	北京市西城区广外大街305号8区2号楼
邮政编码：	100055
网　　　址：	http://www.hwcbs.cn
电　　　话：	总编室 010-58336239　　责任编辑 010-63421256
	发行部 010-58336267
经　　　销：	新华书店
印　　　刷：	三河市航远印刷有限公司
开　　　本：	710mm×1000mm　1/16
印　　　张：	26
字　　　数：	310千字
版　　　次：	2024年5月第1版
印　　　次：	2024年5月第1次印刷
标准书号：	ISBN 978-7-5075-5962-0
定　　　价：	78.00元

版权所有，侵权必究

目 录

1 张骞

建元三年（前138），张骞带领一百多人的使团从长安出发，队伍中有位叫作堂邑父的匈奴人作为向导和翻译。过了陇西后就进入了完全陌生的地域，张骞并不知道这个东西长、南北窄的地带后来被名为"河西走廊"，更不知道一条叫作"绿洲丝绸之路"的中西交流要道即将横空出世。

33 霍去病

霍去病率领一万兵马从陇西出发，涉过孤奴水，向西北翻越乌鞘岭进入河西走廊。虽然已是春天，但乌鞘岭依然大雪纷飞，汉军行进得非常艰难。霍去病登临峰顶观望，身后是大汉的疆土，前方是匈奴的地盘，他知道，从此不会再有退路，除了胜利别无选择。

65 解忧公主

解忧公主得不到夫君的宠爱，又深陷与匈奴公主的争斗中，为此感到非常苦闷，但她没有像细君公主那样天天悲戚伤怀。她知道，这样做无济于事，丝毫改变不了现状，不仅无法赢得别人的同情，还会使自己陷入自怨自艾无法自拔的境地。

解忧公主开始自我救赎，刻苦学习当地语言文字。她走出后宫，深入民间，了解风土人情，帮助牧民抵御自然灾害，哪里有灾情，哪里就有她的影子。

93 陈汤

小试牛刀后，陈汤率部来到康居国东部边境，从未带兵打过仗的他却表现出丰富的斗争经验，下令严守军规，不得烧杀抢掠。同时暗中召见康居贵族大臣屠墨，向他说明来意，双方饮酒结盟。

121 耿恭

但只要还有一口气在，就绝不投降，一定要将大汉的尊严坚守到最后。匈奴单于知道耿恭深陷绝境，改变了策略，不再发兵攻城，而换成"糖衣炮弹"，派人向城里喊话："若降者，当封为白屋王，妻以子女。"他将计就计，佯装答应，要求匈奴派使者入城商谈具体细节。单于大怒，下令攻城，耿恭和数十名勇士拼死坚守，疏勒城依然岿然不动。后来，岳飞在著名的《满江红》中写道："壮志饥餐胡虏肉，笑谈渴饮匈奴血"，讲的就是这个故事。

143 班超

"西域五十余国悉皆纳质内属焉"——西域各国都归附了汉朝。经西域前往中亚的丝绸之路重新打通了！

班超终于实现了投笔从戎时立下的誓言，和帝对此盛赞道："超遂逾葱岭，迄县度，出入二十二年，莫不宾从，改立其王，而绥其人，不动中国，不烦戎士，得远夷之和，同异俗之心，而致天诛，蠲宿耻，以报将士之仇。"尽管中间经历了许多波折，有时甚至命悬一线，在外无朝廷援兵内有诸国叛乱极端不利的情况下，班超硬是咬牙挺了过来，采取"以夷制夷"的正确策略，使得局面得到完全改观。

目录

177 法显

法显到达鹿野苑时，这里只剩两座寺院，少许僧人。至此，佛教的四大圣地，法显都已经游历完了。接下来他要集中精力完成此行最重要的使命——求取戒律。他和道整从鹿野苑出发，又重新回到了巴连弗邑，这已经是西行的第七年了。

七年来，法显历经艰苦，就是为了寻求正宗的戒律。

211 鸠摩罗什

就这样，中国历史上第一个由国家组织的大规模译经活动开始了！

年过六旬的鸠摩罗什全身心投入其中，废寝忘食，悉心译经，《首楞严经》《遗教经》《惟毗婆沙论》《大庄严经论》《大品般若经》《小品般若经》《金刚经》等佛教经典译本产生。

237 裴矩

隋朝与西域各国重新建立联系后，河西地区重获安定，丝绸之路再次畅通，这一切都与裴矩分不开。

裴矩得知此事，一改往日在隋炀帝前完全顺从的态度，向唐太宗进谏说："此人受赂，诚合重诛。但陛下以物试之，即行极法，所谓陷人以罪，恐非寻德齐礼之义。"

263 侯君集

正是侯君集的力争和坚持，使得唐军灭掉了吐谷浑，消除了对河西走廊的威胁。在鞠文泰切断丝绸之路时，又是他率军攻灭高昌，恢复了中西交通。在此之后，唐朝设立了安西都护府，西域再次纳入了中国的版图。

无论是征伐吐谷浑还是高昌，侯君集用兵都非常艰难，如果没有坚定的信念和必胜的决心，很难取得战争的胜利，但侯君集做到了，由此将自己带到人生的巅峰，随即又滑入了地狱。

· 3 ·

287 玄奘

各位高僧见玄奘去意已决，只能请戒贤法师劝劝玄奘，法师问玄奘的心意究竟是什么，玄奘向恩师表明心迹说："这里是佛诞生的地方，我怎么能不爱呢？但我来这里的目的是为了求得大法，利益众生。来到这里以后，承蒙恩师为我解说《瑜伽师地论》，解决了过去的种种疑问，我还有幸瞻仰礼拜圣迹，听闻了各个教派的深奥理论，真心觉得不虚此行。我希望将所学到的带回国进行翻译，使有缘人都能了解学习，以此报答师恩，因此无法继续停留。"

335 成吉思汗

使者带着成吉思汗给摩诃末的手信，信中说："吾人应使常行的荒废道路平安开放，因之商人们可以安全和无约束地来往。"成吉思汗希望以这支商队通行为标志，正式重新开启东西方的贸易往来。

367 左宗棠

光绪六年（1880），年逾花甲的左宗棠率部从肃州出发入疆，与之一同出发的，还有一口早已准备的棺材，这就是著名的左宗棠"抬棺出征"的故事。"壮士长歌，不复以出塞为苦也，老怀益壮"……

407 主要参考书目

张
骞

一

汉武帝建元三年（前138），河西走廊，一支百余人的队伍艰难地向西行进，戈壁滩上落日的余晖散落在他们身上，一轮皎洁的圆月在遥远的地平线上已经隐约可见。他们从长安出发已经有些日子，自从离开陇西（今甘肃临洮）后，就进入了这条狭长的地带，与身后的大汉帝国渐行渐远。

这些人要去往哪里？说来或许不信，连他们自己也不知道具体的地方。不过对于此行的目的，作为领头人的张骞再清楚不过，他们要找寻一个叫作"大月氏"的民族。

就在几个月前，张骞在甘泉宫见到了刚刚登基的汉武帝刘彻，这位帝王当时只有十六岁，但所表现出的气度和志向远远超越了他的年龄，张骞深深感知到了这一点，眼前这位比自己小十岁的少年天子，绝不甘心做一个守成之君，他渴望着干一番大事业，成为超越前辈的千古一帝。

但是，汉武帝要想实现这个夙愿绝非易事，因为在他之前的西汉帝王个个优秀。曾祖父刘邦战胜了强大的项羽，开创了属于刘家的帝业。祖父文帝刘恒和父亲景帝刘启联手奉献历史上第一个盛世——"文景之治"，即便是在此中间专权的吕后，在她的治下，也是"政不出房户，天下晏然。刑罚罕用，罪人是希。民务稼穑，衣食滋殖"。

不过，这些帝王虽然表现杰出，但头顶上无一例外都戴着一顶屈辱的帽子，送给他们这份耻辱的是一个叫"匈奴"的游牧民族。

对于这个游牧民族的来源，司马迁在《史记·匈奴列传》中开篇写道："匈奴，其先祖夏后氏之苗裔也，曰淳维。唐虞以上有山戎、猃狁、荤粥，居于北蛮，随畜牧而转移。"夏朝之前，山戎、猃狁、荤粥等少数民族居住在北部蛮荒之地。夏朝灭亡后，相传夏桀之子淳维逃亡北方，与这些少数民族融合成了匈奴，换句话说，匈奴是夏朝王室的后代子孙。《汉书》的作者班固几乎沿用了司马迁的说法。

不过，近现代以来学者大多不认同上述说法，而觉得匈奴是许多北方少数民族的共同后裔。著名学者王国维在《鬼方昆夷猃狁考》中，把"匈奴"名称的演变作了系统的概括，认为商朝时的鬼方、混夷、獯鬻，周朝时的猃狁，春秋时的戎、狄，战国时的胡，都是后世所称的"匈奴"。

虽然关于这个问题至今仍有争论，但有一点却是毋庸置疑的，匈奴与地处中原的华夏民族大相径庭，无论是风俗习惯、生活方式、饮食衣着、婚姻制度等都有很大的区别。

匈奴较早出现在史籍中是在秦惠文王更元七年（前318），说匈奴配合韩、魏、赵、燕、齐等五国联合攻击秦国。自此以后，"匈奴"便成了中原王朝的心头之患，也逐渐成为古代史书中常见的一个词。

只是，起初是"小患"，而非"大患"。"匈奴"最早远不是中原政权的对手。战国末年，赵国名将李牧大破十余万匈奴骑兵，从此匈奴十余年不敢南犯。等匈奴稍微缓过些劲来，又被统一天下的秦始皇迎头一击，大将蒙恬率领三十万人马将匈奴逐出河套地区，退到阴山以北，"却匈奴七百余里，胡人不敢南下而牧马，士不敢弯弓而报怨。"

秦始皇为了防止匈奴南犯，上马了一个庞大的工程，将过去秦、赵、燕的长城连为一体，从此便有了万里长城，有了这道人工的屏障，使得匈奴的骑兵更加难以逾越。

遗憾的是，秦朝的历史实在太短了，就在中原大地重新陷入大乱时，匈奴却诞生了一位强有力的头领——冒顿单于。这位单于是个狠角色，狠到连自己的亲生父亲都杀掉了，由此诞生了一个著名的故事叫作"鸣镝弑父"。

冒顿原为其父头曼单于的太子，后来头曼单于宠爱的阏氏生了个小儿子，他就想杀了冒顿而立小儿子为太子。

头曼单于采用"借刀杀人"之计，派冒顿到月氏去当人质。冒顿刚到那里，头曼单于就下令攻打月氏，想借月氏之手杀掉冒顿。情急之下，冒顿偷了月氏的良马，骑着它只身逃回匈奴。

头曼单于看到冒顿居然能单枪匹马地从虎口脱险，深感其勇猛异常，没有继续迫害他，反而封冒顿为大将军，让其统领一万骑兵。

但冒顿对父亲的仇恨不仅没有消退，反而变得更加强烈。他让人制作了一种骨箭，上面穿孔，发射之时有鸣声，称为"鸣镝"，又称"响箭"。

冒顿开始训练自己的部下，对他们说："凡是我的响箭射中的目标，你们都要全力射击他，谁要是不射，杀无赦！"最初射猎鸟兽，有人没有跟着射，冒顿就把他们杀了。不久，冒顿以响箭射击自己的爱马，左右之人有不敢射击的，也掉了脑袋。过了些日子，冒顿竟然用响箭射击自己心爱的女人，有些部下感到恐惧，不敢射击，冒顿又把他们杀了。

冒顿出去打猎，用响箭射击头曼单于的马，左右之人都跟着射,冒顿知道部属已成了可用之人。

冒顿觉得万事俱备,有次跟随父亲去打猎,他突然用响箭射击头曼单于的头部,左右的人也都跟着把箭射向头曼单于,头曼当场被乱箭射杀。冒顿随即又把他的后母及弟弟,以及不服从的大臣全部杀死,自立为单于。

冒顿上台后,东边强大的东胡派人索要美女和宝马。匈奴人异常愤怒,想着与东胡决一死战。但冒顿却毫不在意,对东胡的要求一一满足。看到匈奴人服软,东胡非常得意,对其更加轻视。冒顿利用东胡的麻痹,发动突然攻击,消灭了这个劲敌。

从冒顿杀父夺位和击败东胡的过程来看,他不仅有冷酷骁勇的一面,还颇有政治头脑和智慧。此后匈奴走上了快速扩张的道路。

匈奴吞并了东胡后,又驱逐了实力不俗的月氏,收复了被蒙恬所占的旧地,还征服了楼烦、乌孙等部落,草原各族无不臣服匈奴。一个强大的帝国横空出世,疆域最东达到辽河流域,最西到达葱岭(今帕米尔高原),南达秦长城,北抵贝加尔湖一带。

汉高祖刘邦刚刚夺得天下,匈奴便来找麻烦。在匈奴大军的逼迫下,七个异姓王中的韩王信投降匈奴,匈奴夺得马邑后继续南下,兵锋直指晋阳(今山西太原)。

刚刚战胜项羽的刘邦没有把匈奴放在眼里,决定御驾亲征。他认为匈奴打不过秦军,而汉又刚刚灭掉了秦,还击败了不可一世的项羽,如此说来,匈奴军队并没什么了不起,根本不是汉军的对手。

不过,这只是一个推理。此时的刘邦根本不知道冒顿单于是一个什么样的角色,因此付出惨痛的代价也就不足为怪。

汉高祖七年(前200),刘邦率大军征伐匈奴,起初的战局非常不错，一路上势如破竹，连战连捷，这使得刘邦更觉得匈奴不堪一击。实际上这是冒顿单于采用的诈败之计，主动示弱，引汉军继续北上。

志在必得的刘邦果然上当，轻骑突进，不顾一切追击，将大部队远远甩在后面。冒顿单于抓住战机，率领四十万骑兵倾巢而出，将刘邦率领的前军和后面的汉军拦腰截断，刘邦被围困平城（今山西大同）以东的白登山上整整七天七夜。

当时正值寒冬，汉军冻得手脚发僵，有不少士卒被冻掉了指头，粮食也即将耗尽，形势极度危急。刘邦几次率军突围，都以失败告终。

就在刘邦陷入绝望之际，"陈平秘计而出"，至于进献什么样的"秘计"，说法不一。最普遍的观点是陈平劝刘邦用丰厚的礼物去贿赂冒顿单于的妻子阏氏，让她帮忙说好话，如此一来，或许还有一线生机。

刘邦对此全部采纳，没想到这招果然好使，接受大量金银财宝的阏氏规劝冒顿说，如果不及时退兵，等汉军大量援兵到来，匈奴骑兵有可能被反包围。

冒顿觉得有理，短时间内无法攻下白登山，汉朝援军正向这里靠拢，而且韩王信的队伍没有按照约定前来，这样耗下去，谁能笑到最后真说不准。况且，他本来就没有取而代之，从而问鼎中原的野心，只是为了展示自己的实力。如今，已经达到了目的。于是，冒顿单于在包围圈中悄悄地开了一个角，放了刘邦一条生路。

对于刘邦来讲，争夺天下的过程中曾有过不少失败的经历，有些甚至是非常重大的挫折，但始终都没有压垮他。但这次不同，从平城回到长安，只要他一闭眼，脑海中满是黑压压的匈奴骑兵，以及滚雷般的马蹄声。利刃闪出的道道寒光，还经常出现在他的梦境之中。

这段令人后怕的经历，使得刘邦清楚意识到，以西汉帝国现有的实力，还不足以与匈奴掰手腕，要想有一个和平的环境恢复发展经济，只能选择暂时忍让。

只是如何才能让冒顿单于满意，不再进犯呢？大臣刘敬提出一个法子——和亲，他认为这个方法兼顾了眼前和长远。

道理很简单，大汉公主嫁过去，冒顿单于就成了刘邦的女婿。由于地位尊贵的公主会被作为阏氏，冒顿单于死后，冒顿单于和汉朝公主所生的儿子就会成为新单于，外孙怎么会和外祖父分庭抗礼呢？"兵可无战以渐臣也"，这样就可以不经过流血冲突让匈奴臣服。

刘敬同时提出为了能使和亲策略奏效，必须让刘邦和吕后唯一的亲生女儿鲁元公主完成这个使命，如果让宗室及后宫女子假扮公主，很容易穿帮，不仅达不到目的，反而有可能适得其反。

刘邦真心被匈奴打怕了，不假思索满口答应。但吕后却不同意，她和刘邦就这样一个宝贝女儿，怎么能狠心将她远嫁异域。

吕后天天哭哭啼啼，搞得刘邦实在没办法，只好找了一个宗亲之女封为公主嫁给冒顿单于，并赠送了非常丰厚的嫁妆。从此开了和亲的先河，成为世上以女人换和平的最初蓝本。

至于第一位做出牺牲的女子是谁，史书上没有明确记载，《史记》中只有寥寥数语，"上竟不能遣长公主，而取家人子名为长公主，妻单于"。

不仅是她，从汉高祖到汉武帝，共将九位宗亲之女送往匈奴和亲，没有一个能留下名字。她们为汉朝带来了和平，但出生于什么环境，经历了什么，在史书找不到只言片语，永远湮没在历史的烟尘之中。

虽然远嫁的不是鲁元公主，但刘敬的计策还是起到了一定效果，人财皆收后，冒顿单于暂时中止了对汉朝的大规模侵扰。

不过，西汉帝国的低三下四，使得冒顿单于更为骄横，汉高祖刘邦死后，主持朝政的吕后收到冒顿单于的一封"求婚书"，信中写道："孤偾之君，生于沮泽之中，长于平野牛马之域，数至边境，愿游中国。陛下独立，孤偾独居。两主不乐，无以自虞，愿以所有，易其所无。"意思是说，你我如今都是鳏夫寡妇，不如我们搭帮一起过吧，互通有无，岂不美哉！

这封所谓的"求婚书"伤害性不大，侮辱性极强，即使对于一个普通女子看来，冒顿的行为都是赤裸裸的性骚扰，何况对于大汉帝国的太后，因此顿时在西汉朝堂炸了锅。

吕后的妹夫大将樊哙表示忍无可忍无须再忍，请求率十万大军出征匈奴。大臣季布表示反对，理由很简单，当年汉高祖亲率30万大军都打不过匈奴骑兵，樊哙的十万人还不够匈奴人塞牙缝，如果把冒顿单于激怒了，匈奴挥师南下，西汉恐怕难有招架之功。

吕后为人虽然心狠手辣，但"大事不糊涂"，觉得季布言之有理，现在还不是和匈奴摊牌的时候，于是提笔写了一封回信，说自己"年老气衰，发齿堕落，行步失度，单于过听，不足以自污"，我老太婆年老色衰，头发、牙齿都掉了，走路都需要人搀扶，又怎能远赴匈奴呢？单于您误听人言，恐怕玷污了单于的威名。"弊邑无罪，宜在见赦"，请求放过一马。

冒顿单于本意只是想羞辱一下汉朝，接到吕后的回信及馈赠的礼物，觉得目的达到，于是表示"未尝闻中国礼义，陛下幸而赦之"，称赞汉朝是礼仪之邦，并献马以求延续和亲。

汉文帝时，老上单于率匈奴大军犯边，一直杀到距离长安城只有两百多里的地方，文帝最终忍了，继续将宗亲之女一次次送往匈奴，并承诺和亲之后，汉朝不会先违约，确保维持双方的友好关系。

更为甚者，文帝给匈奴单于写信，用的是一尺一寸的竹简，上面写有"皇帝敬问匈奴大单于无恙"，显得非常客气。而单于回信用的却是一尺二寸的竹简，台头写道："天地所生、日月所置匈奴大单于敬问汉皇帝无恙"，匈奴单于的回信，无论竹简大小，还是称呼语气，都要故意压大汉一头。

汉景帝即位后，同样奉行和亲政策，一再重申要睦邻友好。在此期间，虽然偶尔有匈奴的侵扰，但没有发生大规模的进犯，边境上总体维持了和平局面。

二

汉武帝登基后，目光瞄向了蒙古高原，来自那里的狂风，时常席卷长安的宫殿，让他感知那个给大汉带来无尽屈辱的彪悍民族的存在。

武帝觉得通过和亲来维持和平是脆弱的，要从根本上解决匈奴问题，还是需要动用武力。如果说先辈的忍辱负重是一种迫不得已的妥协，如今已经到了改变的时候。他之所以有这个底气，是因为经过几代人的韬光养晦，特别是通过"文景之治"，汉朝的综合国力大增，已经今非昔比。

《史记》中形容了当时的盛况,"京师之钱累巨万,贯朽而不可校;太仓之粟陈陈相因,充溢露积于外,至腐败不可食。"财政收入暴增,国库里有数不清的钱,穿钱的绳子都烂了。粮食多得吃不完,京师粮仓的粮食因为来不及吃,时间久了都腐烂了,殷实的家底为武帝对匈奴动武提供了坚实的物质基础。

另外,马匹短缺的问题得到了相当大的改观。经过秦末大乱和楚汉战争,汉朝刚建立时,马匹极为稀缺,一匹马可以卖到百金。高祖刘邦甚至找不到四匹肤色相同的马来拉车,至于百官只能骑牛车,整个皇室只有"厩马百余匹"。

为了解决这个问题,汉初开始,朝廷就鼓励百姓养马,为此出台了一系列政策举措。文帝时,颁布了"马复令",养殖一匹军马的农民,可以免除他家三个人的兵役,甚至可以用捐马的形式给自己赎罪,并且禁止民间屠杀马匹,明确规定"盗马者死",还严厉禁止优良马种外流。景帝时,专门设置了三十六所养马的"牧马苑",大力鼓励民间养马。

经过多年的倡导和鼓励,到武帝时"牛马成群,农夫以马耕载,而民莫不骑乘",当时官府掌管的牧苑中,就有四十万匹马,民间的马更多,"众庶街巷有马,阡陌之间成群,乘字牝者摈而不得聚会"。街道和田野上到处是马,如果骑一匹母马甚至连聚会都不让参加,因为母马容易造成公马的骚动,破坏聚会的气氛。

相对于汉初的情形,发生了天翻地覆的变化。民间的马匹多了,战马问题迎刃而解,这对于与匈奴开战太重要了。因为匈奴是马上民族,汉军如果没有骑兵优势,很难与之抗衡。

日渐雄厚的经济实力,大规模的战马储备,使得武帝终于看到了战胜匈奴的希望,一想到这里,他不由心潮澎湃,虽然不知何时能真正实现这个夙愿，但隐约感觉到离扬眉吐气的日子不远了。

尽管武帝动了心思，但对荡平匈奴并无太大把握，毕竟历史上有相当惨痛的经历，几十年来一直坚持和亲政策，没有与匈奴发生大规模的正面交锋，如果真打起来，是否会重演白登山之围，还是另外一个结局，谁都说不好。

就在武帝难以决断时，传来了一个重要的信息，使得他重新振奋起来：一个被俘的匈奴人说匈奴打败了月氏人，杀了月氏王，并用他的头骨作为饮酒的器具。月氏人因此向西逃走，心里对匈奴充满了怨恨，但苦于找不到一起攻击匈奴的盟友。

武帝听闻此讯，顿时蹦出一个全新的想法。他认为匈奴实力很强，如果汉朝单干胜率不大，倘若能联合月氏夹击匈奴，则胜算大增。只是，要想实现这个目的，首先要找到月氏人，但被匈奴驱逐的月氏人到底在哪里呢？

月氏是个古老的民族，曾经非常强盛，连匈奴都惧它几分。当年头曼单于就是将儿子冒顿送到月氏做了人质，后来冒顿成为可汗后，匈奴变得强大起来，击败了月氏，月氏人被迫迁徙，一小部分向南进入祁连山，被称为小月氏，大部分则向西进入了天山以北的伊犁地区，称为大月氏。

武帝对此一无所知，只知道月氏在匈奴的西边，"道必更匈奴中"，意味着要想联络月氏，必须要经过匈奴控制的区域，需要冒很大的风险，不过在武帝看来，为了实现击败匈奴的宏图伟业，这个险值得冒，也必须冒。

只是由谁担负这个危险而重要的使命呢？这趟出使不同以往，前途漫漫，情况不明，一路上危机四伏，如果遇到匈奴人，说不好还会有杀身之祸。武帝一时没想到合适人员，于是公开进行招聘，随即一个叫张骞的郎官主动请缨接受招募。

张骞是汉中郡城固（今陕西城固）人，出身寒门，因此《史记》《汉书》等对其身世及成长经历都没有任何记载，只说他长大后，在朝廷中担任郎官。

史载，汉武帝在太初元年（前104）设置了羽林郎，先是选拔骑射有军功者，后又选了一些智谋之士和文学士，张骞得以入选。尽管他不是武士，但也绝非是手无缚鸡之力的文弱学士，史书上说他"为人强力"，应该是一个体魄健壮之人。

当张骞听说公开招募使者的消息，激动得一夜未眠，觉得建功立业的机会来了。作为郎官，虽然可以待在皇帝身边，但他却不满足于此，内心渴望做一番大事，一直苦于没有机会，如今舞台摆在了眼前。

只是，张骞心里也清楚，如果应征，将会踏上一条险途，且不说能否找到大月氏，需要画一个大大的问号，如果被匈奴人捉住了，不仅无法完成使命，甚至连性命都会搭上。

张骞思来想去，最后还是决定应募出使。不入虎穴焉得虎子，为了成就一番功业，就必须要把生死度外。武帝召见了张骞，看到他身体健壮而且谈吐不凡，完全符合应征的条件，对这个人选感到很满意，觉得张骞能够担负起这个艰巨的使命。

建元三年（前138），张骞带领一百多人的使团从长安出发，队伍中有位叫作堂邑父的匈奴人作为向导和翻译。过了陇西后就进入了完全陌生的地域，张骞并不知道这个东西长、南北窄的地带后来被名为"河西走廊"，更不知道一条叫作"绿洲丝绸之路"的中西交流要道即将横空出世。

张骞一行最担心的是安全问题，特别是进入匈奴人控制的地区后，这样一支百余人的队伍行走在戈壁滩中，无遮无掩，非常容易暴露行迹，匈奴骑兵随时可能出现在眼前。为了保险起见，张骞下令队伍夜行昼伏，最大程度减少暴露的风险。

即便如此还是难逃厄运，在一个阳光灿烂的午后，伴随着一阵紧似一阵的马蹄声，从远方而至的匈奴骑兵将他们团团围住，没有任何抵抗能力的使团悉数成了俘虏。匈奴人见到他们感到非常吃惊，在这里发现如此多的汉人，而且是汉朝的使团，在此之前从未有过。

匈奴骑兵将张骞等人押送到匈奴王庭，这时匈奴王庭在今天内蒙古呼和浩特附近，由河西走廊到匈奴王庭，路上要走一些日子。

张骞此时已从最初的恐惧中挣脱出来，他心里清楚，见到单于凶多吉少，虽然已经做了最坏的打算，但仍感到些许心痛和不甘。性命可以不要，但如此一来却无法完成武帝的嘱托。

军臣单于见到张骞等人后，知道他们此行的目的是联络月氏人，生气地说："月氏在吾北，汉何以得往？使吾欲使越，汉肯听我乎？"月氏人在我们的西北，汉朝怎么能越过我们，向月氏派遣使节呢？如果我们穿过汉朝，和南方的越国联络，你们会同意吗？

军臣单于虽然很不高兴，却没有杀掉张骞一行，而是将其扣留和软禁起来。这一扣就是十年。

至于张骞如何渡过这段漫长的岁月，《史记》里只有一句话——"留骞十余岁，与妻，有子，然骞持汉节不失。"从这个记载来看，张骞似乎没有受到什么虐待，相反娶了一个妻子，两人还生了孩子。

军臣单于或许想用这样的方式软化张骞的意志，但张骞没有被"老婆孩子热炕头"的温柔乡所困住，时刻都想着自己未完成的使命。张骞十分谨慎地保护着朝廷颁发给他的节杖，期待着有一天能够重新踏上寻找月氏之路。

只是这一天看上去遥遥无期，昼夜更迭，四季轮换，眼见草原一年年的枯荣，境况却没有任何改变。张骞经常面朝南方若有所思，想念着魂牵梦绕的大汉。武帝召见他的情形不断浮现，那个充满期盼的眼神始终无法忘怀。

在意志消沉或心情幽暗时，张骞总是拿出节杖端详，心里默默告诉自己：只要活着，就一定会有机会逃出去，因此绝不能轻言放弃。

张骞的期望最终变成了现实，在匈奴待得时间长了，对他的看管渐渐宽松起来。在武帝元光六年（前129）的一天，他终于得到了千载难逢的机会，抛妻弃子，带着堂邑父等成功逃脱。

三

张骞狂奔了许久，见到没有匈奴人追上来，才稍作喘息。如今他面临着一个重大的抉择，是向东返回长安，还是继续向西寻找月氏。

前者无疑是最安全的选择，因为继续西行还可能遇到新的险情，而能否完成使命不得而知。但在张骞看来，没有完成武帝交给的任务，就无法回去复命，纵然回到长安，保得下半生平安，也会生活在不甘和悔恨中，因此他下定决心，即使前面有刀山火海，定要纵然前行，不找到月氏人绝不东返。

张骞一直听说大月氏生活在伊犁河一带，便朝着伊犁河谷进发。但是，他不知道在被扣押的十余年间，西域形势发生了很大的变化——大月氏不见了！

大月氏的消失和一个叫乌孙的民族有关。这个民族原本生活在祁连山一带，史载，月氏强盛时，杀掉了乌孙王难兜靡，当时他的儿子猎骄靡刚出生，被人带到了匈奴，由冒顿单于抚养成人。

猎骄靡长大后，请求匈奴借兵复仇。此时月氏大部在匈奴的打击下，已经从河西地区迁移到了伊犁河、楚河流域，但猎骄靡依旧不肯放过，带着兵马前来征讨，月氏抵挡不住，只好继续西迁，翻过了葱岭，就是今天的帕米尔高原，来到了阿姆河流域，并在这里定居下来。

张骞对这样的变故并不知晓，起初还是朝着伊犁河流域进发，边走边打听大月氏的具体方位。后来应该是得知了这一变故，因为他经过车师后没有继续前往伊犁河流域，而是折向西南，溯塔里木河西行，经过库车、疏勒等地，来到了葱岭之下，准备翻越葱岭，前往月氏人居住地。

张骞在这里遇到了前所未有的困难，《西河旧事》里说："葱岭在敦煌西八千里，其山高大，上生葱，故曰葱岭也。"这里平均海拔四千米以上，天山、昆仑山、喀喇昆仑山、兴都库什山、喜马拉雅山五大山系汇集于此。不仅海拔高，而且气候多变恶劣，经常会遇到暴风雨。

张骞在这里又一次感受到了死亡的气息，山峰如云，白雪皑皑，看不到任何人烟，只能风餐露宿，走走停停。由于匆匆出逃，物资准备又不足，不少随从或因饥渴倒毙途中，或葬身黄沙、冰窟，献出了生命。

张骞抵着凛冽的寒风，望着直入云霄的山峰，看着身边倒下的伙伴，一度觉得很难走出这片高地，自己最终会变成冰雪之下的枯骨。亏得身边有"善射"的堂邑父，在沿途射杀一些鸟兽，这才有了果腹之物。以鸟兽为食，以冰雪为水，张骞等终于艰难地翻越了葱岭。

当翻过最后一个山隘，再一次看到袅袅炊烟时，张骞百感交集，望着身后走过的路，顿时有种劫后余生的感觉。只是他不曾知道，正是因为经历了这段艰苦的行程，他成为历史记载中从中国内地到中亚的第一人。

张骞接下来到一个叫大宛的国家。在此之前，汉朝根本就没听说过这个国名。对张骞来讲，这更是一个完全陌生和全新的世界。

大宛位于今天的费尔干纳盆地，四周被库拉马山、费尔干纳山和天山等群山包围，仅西南方向留有一条狭窄走廊与外界相通。虽然汉朝对大宛一无所知，但大宛人却听说过东边有一个很强盛的王朝，张骞的到来，不仅验证了这样的说法，还使得大宛人第一次见到了传说中的汉人。

出乎张骞的意料，他在这里受到了热烈的欢迎，"大宛闻汉之饶财，欲通不得"，早听说汉朝非常富庶，大宛王一直想与汉朝建立联系，但由于远隔千山万水，中间又有匈奴的阻碍，这个愿望一直无法实现，万万没想到汉使竟然从天而降，大宛王因此感到非常高兴。

张骞表明身份后，诉说了出使月氏的使命和沿途遇到的种种遭遇，希望大宛王能够派人将自己送往月氏，以后自己返回长安，一定会奏明汉朝皇帝，赠送重礼作为酬报。

大宛王一听"赂遗财物"，很是高兴，对张骞的请求满口答应，派出向导和翻译护送张骞到了康居，然后再由康居人将其送往大月氏所在的地方。

张骞终于见到了魂牵梦绕的大月氏人，十多年来所受的苦难就是为了今天。想到即将完成武帝给予他的使命，不由激动万分。不过，高兴没多久，张骞便陷入了深深的失望之中。

这是因为大月氏人臣服大夏国后，在这里定居下来。如今生活的区域土地肥沃，物产丰富，没有外敌的侵扰，人们安居乐业，宛若在"桃花源"中，"地肥饶"而"志安乐"，早已没有了复仇的想法，无论张骞如何劝说，大月氏人也不为所动。

从另一个角度说，即便大月氏人想复仇，但如今他们不和匈奴接壤，隔着葱岭这样的天险，中间还有大宛、康居、乌孙等诸多国家，和汉朝联合夹击匈奴已经失去了现实可能性。

这样的结果对张骞而言，既无奈又痛心，跋山涉水，九死一生，为的就是完成联络大月氏的使命，但人算不如天算，如今只能铩羽而归。在踏上归程前，张骞穿越妫水（今阿姆河上游）南下，抵达了大夏的蓝氏城（今阿富汗瓦齐拉巴德）进行实地考察。

元朔三年（前126年），在大月氏待了一年的张骞动身回国。吃一堑长一智，为了不让匈奴人再次俘虏，他决定不沿原路返回，而是另辟新径，依今天阿尔金山、昆仑山北麓向东，沿塔克拉玛干沙漠南侧东行，通过羌族人居住的地方取道回国。

张骞出使时并不知道有这样一条道路，后来从当地人那里探知，可以沿昆仑山北麓，经大宛、莎车、于阗、鄯善，然后通过青海羌人地区归汉，这便是所谓的"南道"。

张骞没想到，尽管改了道，但还是在路上被匈奴人捉住了。更让他没想到的是，第二次做了俘虏的他，竟然和先前留在匈奴的妻子团聚了。不得不叹服，冥冥之中，一切似乎都是命运的安排。

张骞虽然再次拥有了家庭生活，但心情比上次更为灰暗，因为不知道还会被扣留多长时间，自己能否活着离开更是要画个问号。更何况，从长安出发时二十七岁的他，如今已人到中年，难道一生真的要耗费在这片异域的荒野吗？

就在张骞为前途感到迷茫时，一年后匈奴发生了内乱，军臣单于去世后，他的两个儿子为了争夺可汗之位大打出手，张骞抓住机会带着堂邑父和匈奴妻子趁乱逃走。一路风餐露宿，穿越草原和大漠，直到有一天，雄伟的长安城终于重新出现在张骞的眼帘中。

泪水顿时模糊了张骞的双眼，在出使的路上，即使最困难的时候，他都没有流过泪，被匈奴人扣押时没有，艰难翻越葱岭时也没有，但此时远远望见长安时，张骞再也控制不住自己的情绪。

十三年前，张骞带领一百多人的使团从这里出发，如今只剩下他和堂邑父两人回来，而且无人再能认出他就是当年的张骞，衣衫褴褛，两鬓斑白，像是一个饱经风霜的垂垂老者，唯一能够证明自己身份的是手中的那一根节杖。

张骞一直竭尽全力保护着这个象征，虽然历经苦难，但始终相信总有一天会重返故土来给武帝复命，因此在任何情况下都不能丢掉节杖，因为他的身份是——大汉使臣！

四

汉武帝简直不敢相信自己的耳朵，他还清楚记得当年送张骞出发的情景，从那以后，一直盼着张骞的回音，希望能带来关于大月氏的消息。

只是年复一年，没有任何音讯，原本充满期待的汉武帝到后来彻底断了念想，觉得这个使团或许在半路遇到了不测，否则不可能如此长时间音讯全无。

汉武帝怎么也不会想到，张骞在没有任何事先通知的情况下，竟然奇迹般回到长安。只是再次见到他时，已经完全认不出眼前的人是张骞，当年雄姿英发的郎官，完全变成了另外一副模样。

张骞详细汇报了此行的经过，虽然没有完成联络大月氏的使命，却给汉武帝打开了一个全新的世界。

张骞先说了几个亲身游历过的国家。在匈奴西南是大宛，距离汉朝大约一万里，不是以放牧为生，而是定居耕田，种植稻麦，并出产葡萄酒。大宛国有城郭和房屋，所管辖的城邑大小七十余个，民众有几十万。

更让汉武帝感兴趣的是，张骞说在大宛出产一种"汗血宝马"，它们跑起来流下的汗水都是红色的，据传其祖先是"天马"的遗种，算得上是当今世界上最好的马匹。

康居在大宛西北大约两千里，是一个游牧民族，善射的战士有八九万，和大宛是邻国，但国土面积狭小，南边服侍月氏，东边服侍匈奴。

大夏在妫水以南，和大宛一样，人们定居生活，有城郭房舍，但没有统治全国的君主，各城邑自行管理。这里虽有一百多万民众，但非常害怕打仗，而很会做买卖，如今他们臣服于大月氏。大夏最大的城市叫蓝氏城，市场非常繁荣，商贾在这里经营各类货物。

汉武帝当年最关心的大月氏，张骞讲述得最为详细。大月氏在大宛以西二三千里，居住在妫水以北，南边是大夏，西边是安西，北面是康居。这是他们后来迁居到的地方。

起初月氏最强盛的时候，占据了整个河西地区，根本不把匈奴放在眼里。冒顿成为单于后，匈奴攻破月氏，杀掉月氏王。月氏人只得离开故地向西迁移，后来又被乌孙驱赶，再次向西，"过宛，西击大夏而臣之，遂都妫水北为王庭。"还有一小部分没有西迁，向南融入羌人中，称为小月氏。

大宛、大月氏、大夏、康居是张骞去过的地方，除此之外，他还讲了几个没到过但听说过的国家，包括乌孙、奄蔡、安息、条枝等。

乌孙在大宛东北两千里的地方，由游牧民族建立，实力非常强，善射的战士有好几万，本来臣服于匈奴，随着逐渐强盛，不肯再去朝拜匈奴，只是名义上归附臣属而已。

奄蔡在康居的西北方向，同样由游牧民族所建，实力也比较强，"控弦者十万"。而且"临大泽，无崖，盖乃北海云"——濒临漫无边际的北海。这里的"北海"是指今天的咸海或里海，苏武牧羊的"北海"则是指贝加尔湖，两者相去甚远，不是同一个地方。

安息在大月氏西边的数千里，是一个非常大的国家，方圆数千里，大小城市有数万个，民众除了耕田外，还做生意，用车或船运送货物到其他国家。这里用白银做货币，钱币上铸有其国王的肖像，国王死了便更换钱币，用新国王的肖像铸币。而且他们在皮革上记事，文字都是横写的。

条枝在安息的西边，濒临西海，也就是今天的地中海。气候炎热潮湿，人们耕田种稻。那里出产一种很大的鸟，其卵如瓮那么大，这个国家的人还非常善于玩魔术。

令人称奇且讶异的是，西王母传说竟然出现于张骞所获得的消息中。"安息长老传闻条枝有弱水、西王母,而未尝见。"弱水和西王母是神话中的河水和神仙,是战国时中原对西方世界的一种想象,西汉初期的西王母崇拜氛围已经染及皇室,汉武帝尤为严重。

张骞向安息国人征询西王母是否在其国土上,安息老者听了后,告诉张骞:"在西方的条支国,有浩荡汹涌的河流,那里就有这样的一位女神。只是我没有见过。"。

张骞所说的这些对于武帝来讲实在是太新鲜了,原来国外有国,天外有天。虽然张骞没有完成既定使命,但武帝对他此行还是感到非常满意,特别是历经艰险不辱使命的精神,深深打动了这位帝王,于是封张骞为太中大夫,授堂邑父为奉使君。

听完张骞关于西域诸国的位置、特产、人口、城市、兵力等详细汇报后,有两个信息引起了武帝的高度重视。一是乌孙很强大,不愿意臣服匈奴,可以与之联络夹击匈奴。二是各国物产丰富,和汉朝具有极强的互补性,可以互通有无。特别是大宛的"汗血宝马",使得作为资深"马迷"的武帝垂涎不已。

不过,想要实现联络西域诸国的目标,必须要打通西去的道路,意味要彻底扫除匈奴在河西地区的势力,这在当时的情况下非常困难。张骞此时又提供了一条重要的信息,使沟通西域出现了新的可能性。

张骞说有一个国家叫身毒,也就今天的印度。他在大夏时,曾看到四川的土产邛竹杖和蜀布,追问它们的来源时,大夏商人告诉张骞,这些都是从身毒买的,并介绍说身毒在大夏东南数千公里的地方,风俗与大夏相同,地势低缓,气候潮湿,打仗都骑着象,而且整个国家"临大水"。

张骞由此推断说:"大夏距汉朝一万二千里,在汉的西南方向。

身毒在大夏东南数千里，从身毒到长安的距离应该比大夏更近。四川又在长安西南，与身毒的距离不会太远。"这也解释了为何蜀地的邛竹杖和蜀布会出现在身毒。

基于这样的推测，张骞向汉武帝提出一个大胆的建议，请求派人南下，从四川向西南方向进发，开辟出一条通往身毒的道路，然后再由身毒通往西域各国，这样就可以避开匈奴和羌人。

汉武帝被张骞西行记述所深深吸引，沟通西域已列入计划之中。在他看来，西域地区无论是大国还是小国，只要给予好处，使之入朝，不仅可以孤立匈奴，还可能使之臣服，这样一来，"则广地万里"，"威德遍于四海"，自己将成为一位名垂青史的杰出帝王。

因此，武帝听说张骞可以另辟蹊径，毫不犹豫全盘采纳了他的建议，下诏派张骞去犍为郡（今四川宜宾）亲自主持此事。

对刚从西北回来的张骞而言，开通西南这件事，论困难程度一点都不亚于出使西域，因为自古以来，西南地区都是众多少数民族聚居的区域，和中原几乎处于隔绝状态。

战国末年，楚国将军庄乔到达滇池，征服了周边部落，自称滇王，建立了滇国。滇国又名滇越，因遇有战事将士们坐在大象上作战，故又叫"乘象国"。

武帝登基后，曾先后派唐蒙、司马相如等人开发西南夷，在此以前，西南各地的少数民族，对汉朝的情况几乎都不了解。难怪汉使者会见滇王时，滇王竟然好奇地问："汉朝同我们滇国比较，是哪一国大呢？"使者到夜郎时，夜郎侯同样也提出了这个问题。这就成为后世"夜郎自大"典故的由来。

汉朝设置了犍为郡，统治了夜郎国，但遭到当地少数民族的激烈反抗，不仅没有完全控制西南地区，反而耗费了大量的人力财力。后来汉朝和匈奴开战，无力支撑两线作战，便放弃了西南地区，使得西南各少数民族同中原王朝重新陷入隔绝状态。

张骞到任后，由于只能推测大致方向和距离，不知道具体的道路，所以只能采取"广撒网"的方法，以犍为郡为中心，派出四路人马从不同方向去寻找通往身毒的道路。

遗憾的是，各路使者都无功而返。北路被筰族、氐族部落阻挡，南边又被"嶲"和"昆明"两个少数民族阻拦，其中昆明更为凶险，"善寇盗，辄杀略汉使"，到头来"终莫得通"。

张骞的第二次使命同样没有完成，如果想联络西域，武帝只剩下击败匈奴这一条路。

五

武帝对匈奴用兵，使得张骞有了新的用武之地。

元朔六年（前123），他以校尉的身份跟随大将军卫青出征漠北，这个职位不低，在军中仅次于将军。这样的安排发挥了张骞的所长，因为他对匈奴的情况比较熟悉，"知水草处，军得以不乏"，在寻找道路和水源上发挥了重要作用。

汉军此次出征大获全胜，张骞因引导有功而获封博望侯，至于为何起名为"博望"，历来有两种说法：一是因地名，博望在汉时属于南阳郡，在今天河南南阳市东北；另一种说法是"取其博广瞻望"之意，因为张骞知识广博，眼光远大而得此封号。无论哪种说法准确，张骞终于迎来了人生中的荣光时刻。

只是好景不长，张骞的侯爵之位一年多后便被剥夺了，因为他摊上了一件大事，为此还险些惹上杀身之祸。

元狩二年（前121），"飞将军"李广率四千骑兵从右北平出击匈奴，张骞率一万人同时出征，他们兵分两路。李广遇到了匈奴左贤王带领的四万骑兵，陷入重围，拼死血战，虽然杀敌很多，但自身损失也很大，几乎全军覆灭。

张骞率部赶到将李广残部救出重围，但因部队长途跋涉，早已人困马乏，所以没有对匈奴骑兵进行追击。朝廷下令追责，张骞因误期后到，又不全力追击而获罪，按照当时法律应判斩首之刑，为了保命，张骞只好"赎为庶人"，丢掉侯爵之位，变成了一个平头百姓。

张骞失势的几年中，汉匈之战越打越激烈，胜利的天平逐渐倒向西汉。就在张骞被贬同一年，霍去病率军取得了河西大捷，匈奴浑邪王降汉，汉朝控制了河西地区。元狩四年（前119），汉军又取得了漠北大捷，霍去病封狼居胥，匈奴单于逃到漠北，此战过后，"匈奴远遁，而漠南无王庭"。

赋闲在家的张骞没有消沉，密切关注着局势的变化。武帝有时也会召他聊聊西域的事，看到匈奴被逐出河西，实力大为衰减，他向武帝建议说："匈奴被击败，原来浑邪王所居之地空旷无人，不如赠给乌孙厚重的礼物，招引他们东迁，定居在原来浑邪王的地方，和汉朝结为兄弟，这样相当于砍断了匈奴的右臂。如果汉朝和乌孙联合，西边的大夏等国也很可能依附大汉。"

张骞表示乌孙应该会答应这件事。之所以有底气，与他出使时了解到的情况有关。

张骞对武帝说："臣被匈奴扣留的时候，听说乌孙王号称昆莫。昆莫刚出生时，匈奴杀了他的父亲，他被抛弃在野外，乌鸦叼着肉在他上边飞翔，狼跑来用奶喂他，匈奴单于感到非常奇怪，将他视为神人，于是便收养了他。昆莫长大后，带兵打仗，屡立战功，单于便将他父亲的部众还给了他，让他驻守在匈奴的西边。昆莫收聚部众，励精图治，实力逐步增强。匈奴单于死后，昆莫便不再朝拜匈奴，匈奴派兵攻打也无法取胜。"

总而言之，乌孙实力强大，且与匈奴不和，如果能与之联手，定能击溃匈奴，不仅能维持河西地区的长治久安，而且还可以此为基地，进一步征服西域地区。

张骞所说的正是武帝长久以来的夙愿，于是重新起用张骞，授予中郎将，命他再次出使西域，寻求与乌孙联盟。

元狩四年（前119），张骞率使团再次踏上前往西域的路途。和上一次相比，这次阵势要大许多，使团有三百多人，每人两匹马，还带着牛羊数万只和价值数千万的金币丝帛等礼物。

大队人马离开长安时，张骞回头望了望身后高大的城墙，心里颇为感怀，距离上一次出使已经过去了整整二十年，他也快到了知天命的年龄。这些年经历了太多的事情，物是人非，与当年最大的不同，在于汉匈实力对比发生了逆转。

第一次出使完全是冒险之旅，甚至是生死之旅，两次被匈奴人扣留，最终侥幸逃生。如今大汉击败了匈奴，控制了河西地区，一路上不会再有匈奴的威胁。在以前带着大量的礼物进入西域，是不可想象的，如今可以堂而皇之，毫无顾忌。而且，有了上一次的经历，张骞对西域的情况了然于胸，无须再摸着石头过河，所以心态颇为轻松，对完成这次使命很有信心。

只是现实又一次让张骞失望，来到乌孙后，他便感到气氛不对，张骞提到的那位乌孙昆莫叫猎骄靡，已经九十多岁了，他以年老体衰提出坐受不拜,张骞对此勃然大怒道:"我大汉天子远遣使者,赠送大量丰厚礼物,如果大王坚持不拜,就请将金币丝帛全部退还!"猎骄靡见状,只好起身装了装样子。

解决完礼节问题,双方开始谈正事,张骞说:"如果乌孙能东归故地,为大汉镇守边疆,汉朝会将公主嫁为夫人,两国结为兄弟之好,同拒匈奴。"

猎骄靡对此不置可否,既没有答应也没有拒绝,因为心中有两个顾虑:一来乌孙距离汉朝很远,虽然以前听说过这个王朝,但不知其实力如何;二来乌孙和匈奴接壤,众大臣畏惧匈奴,不愿举族东迁。

还有更重要的原因是,此时乌孙即将陷入内乱。猎骄靡年事已高,他有十几个儿子,太子很早就去世了,猎骄靡想按照太子的遗愿,将昆莫之位传给太孙军须靡,但遭到了一个儿子大禄强烈反对,大禄非常强悍,能征善战,公开表示应该由他来继承王位。

猎骄靡担心大禄会杀掉军须靡,于是便给了军须靡一万人马,让其驻屯在别处。猎骄靡自己也有一万多部属用来自卫,再加上大禄的军队,乌孙一分为三,虽然表面上都归属猎骄靡,实际上表里不一。因此猎骄靡无法给张骞做出承诺,即使承诺了,在内部分裂的情况下,也只是一张空头支票。

张骞此次使命又以失败告终了,不过并非一无所获,虽然乌孙不肯东迁,但张骞派出不少副使到了大宛、康居、大夏等西域各国,赠予他们丝帛等礼物,同时宣扬大汉的威德。

西域这些国家原本对汉朝并不了解,通过彼此接触,纷纷派出使节跟着汉使来到长安,亲身感受富庶繁华,见识了汉朝实力雄厚,此后越来越重视发展与西汉的关系。张骞曾被赐爵博望侯,后来汉朝派往西域的使臣，都自称为"博望侯"，以便取得各国的信任。

元鼎二年（前115），张骞踏上归国的路途，乌孙王给配备了翻译和向导，同行的还有数十名乌孙使者。

一路上张骞的心情异常复杂，既有无法完成使命的遗憾，又有广结各国的欣慰，更有一份不舍在心中。因为他清楚地意识到，这应该是自己最后一次来到西域，一生的苦难和荣光注定与这片土地紧紧联系到了一起。

张骞回国后，武帝下诏封他为大将令，位居九卿之列，负责接待西域各国的使臣。一年后，即元鼎三年（前114），张骞病逝于长安，归葬汉中故里，结束了五十年传奇的人生。

六

张骞一生中有三分之一的时间用在出使西域上，作为首次踏上西域和中亚土地的大汉使节，被誉为"第一个睁开眼睛看世界的中国人"。司马迁说他有"凿空"之功，苏林注："凿，开也。空，通也。骞始开通西域道也。"

汉武帝元封六年（前105），汉使沿着张骞的足迹，来到了今伊朗境内，并拜见了安息国国王。汉朝使臣献上了华丽光洁的丝绸，安息国王非常高兴，以鸵鸟蛋和一个魔术表演团回赠汉武帝。正是张骞用一己之力开辟出连接欧亚大陆的古道，从此将西汉和遥远的西方世界联系在了一起。

通过这条道路，中国的丝绸、漆器以及一些先进的技术传到了西方，而西方的苜蓿、核桃、黄瓜、石榴、芝麻、大蒜等物产也来到了中原大地。

除了商贸和物质上的交流，这条古道更成为文化和文明交流的载体，胡笛、琵琶、胡琴等乐器，以及西域的音乐、舞蹈、绘画、雕塑等进入华夏，对中原文化产生了深远的影响，后来佛教也是沿着这条古道在中国安家落户。

19世纪末，德国地质学家李希霍芬在《中国》一书中，把"从公元前114年到公元127年，中国与中亚、中国与印度间以丝绸贸易为媒介的这条西域道路"，命名为"丝绸之路"。这一名字很快被学术界和大众所接受，从此闻名世界。

而汉武帝元鼎三年（前114），正是张骞去世的那一年。从这个意义上说，他是"丝绸之路"的奠基人。因此如果放在历史的长河中，张骞出使西域不是一个单纯的使命，而成了一个世界性的历史事件。就如著名俄罗斯汉学家比楚林所说："其在中国史的重要性，绝不亚于美洲发现在欧洲史上的重要性。"

梁启超从另一个角度来评价张骞，他说："坚忍磊落奇男子，世界史开幕第一人。"张骞除了有凿空之功外，身上独特的人格魅力同样令人动容。

想当初，武帝想要寻找月氏，路途遥远，崎岖难行，凶险极大，但为了救国家于危难，张骞不顾个人安危，挺身而出，向着不可知的神秘疆域进发。路途中，他受尽折磨，两度被俘，但忍辱负重，始终"持汉节而不失"。成功逃脱后，牢记使命，继续西行，不达目的誓不罢休，最终"凿空"西域。

张骞这种舍生忘死、敢于冒险的态度，坚忍不拔、百折不回的意志，忠于国家、临危不惧的精神，在千年史册中树立了一座丰碑。

虽然张骞的功绩早已彪铭史册，但对于历史人物的评价，往往不会只有一种声音，对张骞也不例外。有些人站出来指责他，将武帝一些令人诟病的作为和张骞出使西域联系起来，甚至认为他是边境旷日持久战争的罪魁祸首。

司马迁是第一个持这样观点的人，在《史记》中虽然肯定张骞有凿空之功，但也对张骞提出了委婉的批评。由于司马迁生活在汉武帝时期，有些话不好明着讲，所以说得比较隐晦。《史记评林》延伸解释说："张骞失位怏怏，遂致逢君之欲，而拜将中郎，君臣病根总来只一贪字为累，便贻国家无穷之戚，如是太史公若隐不发，其意了然。"

从另一角度也能看出司马迁的态度。依照《史记》的体例，"本纪"叙帝王，"世家"叙诸侯，"列传"叙主要人物，而张骞并没有单独立传。明人董份就评论道："张骞凿空通道，其事有奇者。本欲立传而以骞不足立也。"

《史记》中关于张骞生平的记载是在《史记·卫将军骠骑列传》中，说得非常的简洁——"将军张骞，以使通大夏，还，为校尉。从大将军有功，封为博望侯。后三岁，为将军，出右北平，失期，当斩，赎为庶人。其后使通乌孙，为大行而卒，冢在汉中。"

至于张骞出使西域的事情，详细记于《史记·大宛传》中。按理讲以张骞的"凿空"之功，完全配得上单独列传，但司马迁质疑汉武帝对匈奴和西域用兵的必要性，却又无法将矛头直接指向汉武帝，只能隐晦地批评张骞，说他为了谋个人私利，诱导汉武帝通大夏，攻大宛，导致国库空虚、民怨沸腾。

身在东汉的班固因为没有司马迁那样的顾虑，所以说得更直接,他认为张骞带了一个不好的头,《汉书·张骞李广利传》中说:"自骞开外国道以尊贵,其吏士争上书言外国奇怪利害,求使",说是有不少人看到张骞因为出使西域扬名立范,封官获爵,便纷纷上书希望获得出使的机会。

这些人大部分没有真本事,而只是想求名求利,更有甚者,"其使皆贫人子,私县官赍物,欲贱市以私其利外国",将武帝给西域各国的丰厚礼物变卖了,中饱私囊,成了自己的私房钱。

在班固看来,出使西域名利双收,因此成了热门差事,一时趋之若鹜,这一切都是张骞出使西域加官封侯带来的负面效应。

司马迁和班固的批评,听上去有些道理,却有些经不住推敲。张骞只是奉命出使并提供相关信息,而决定和匈奴开战以及后来攻打大宛是汉武帝。

汉武帝早有"图制匈奴"之志,"东伐朝鲜,起玄菟、乐浪,以断匈奴之左臂。西伐大宛,并三十六国,结乌孙,起敦煌、酒泉、张掖,以鬲婼羌,裂匈奴之右臂。"这是汉武帝的边疆战略,而张骞只是奉命出使并提供相关信息与建议而已。

更何况张骞冒着巨大的危险,为了完成使命九死一生,是后来那些"妄言无行之徒"根本无法相提并论的。

张骞被诟病的重要罪状还有一条,就是为汉武帝提供了大宛有汗血宝马的信息,导致汉武帝后来为了获取宝马而发动战争。

《史记评林》说:"自骞言大宛多善马,而汉家之财赋皆消耗于敦煌往复间矣,及积数岁之劳,所得马仅数千匹,奚贵其善且多哉。"该书认为,张骞用宝马蛊惑武帝,使得汉武帝发动连年战争,最终只得到几千匹马,实在劳民伤财,得不偿失。

有位叫陈普的诗人写了一首《咏史上·张骞》:"风沙霜雪十三

年,城郭山川万二千。汉马死亡宛马到,万人怨怒一人怜。"说的是同样一个意思。

不得不说,这样的看法再次误伤了张骞,他只是向武帝汇报了大宛国的所见所闻,并没有鼓动汉武帝攻打大宛夺取宝马。汉武帝后来派遣贰师将军李广利攻打大宛是太初四年(前104)的事情,此时张骞已经去世十年,和他又有什么关系呢?

还有一种指责:张骞向武帝透露了身毒有蜀地物产的消息,以至于武帝对西南大动干戈,其中有位叫黄震的话说得很严厉,"甚矣,小人逢君之恶,何甚也!汉欲通西南夷,费多道不通,尝罢之矣。张骞言可通大夏,天子复欣然为之,是穷民西南之祸,不在汉武,而在张骞!"

张俞在《博望侯墓》中也表达了这样的意思,"九译使车通,君王悦战锋。争残四夷国,只在一枝筇。"

这样的质问一样要打个问号,张骞只说了自己的所闻和推测,最终下决心的还是汉武帝。何况张骞负责主持开辟通往身毒的道路,只是派出使者探路,并没有大规模用兵。虽然没有取得预期效果,但深入了解了西南情况,为以后的开发奠定了基础,对形成一个多民族的统一帝国做出了贡献。

如果仔细分析会发现,所有对于张骞的批评,实际上都指向汉武帝。这位帝王在历史上备受争议。他有雄才大略的一面,外服四夷,一定程度消除了匈奴长期以来的威胁。但同时又好大喜功,穷兵黩武,搞得西汉从鼎盛时期走上了下坡路,他后来悬崖勒马,晚年发布了"罪己诏"。

历朝历代对汉武帝多有批评,认为他连年发动战争,造成国家疲弊,但又觉得这个罪状不应该完全由汉武帝来背,于是两次出使西域，向汉武帝汇报各国虚实的张骞"躺着中枪"了。

《隋书·西域传》曰："自古开远夷，通绝域，必因宏放之主，皆起好事之臣。张骞凿空于前，班超投笔于后，或结之以重宝，或慑之以利剑，投躯万死之地，以要一旦之功，皆由主尚来远之名，臣殉轻生之节。是知上之所好，下必有甚者也。"

照这个逻辑，张骞不仅没有"功劳"，甚至"苦劳"也没有，只是一个迎合主上、助纣为虐的奸佞小人，甚至有人将一顶"逢君之恶"的帽子扣在了他的头上。

所幸的是，尽管对张骞有批评和指责，但没有成为主流声音。张骞牢记使命、顽强不屈的品格，以及打通西域、连接中西的功绩永远留在了史册中。

如今，历史的烟尘都已散去，"丝绸之路经济带"赋予了古丝绸之路全新的时代内涵，这条古道再次被唤醒并焕发出新的生机，而这一切都源于两千多年前张骞迈出的第一步。

"一使胜千军，两出惠万年"，陕西汉中城固县张骞纪念馆柱上的这副楹联，或许最能准确概括他伟大的一生吧！

霍去病

一

汉武帝元朔六年（前123），塞外的汉军军营被火把照得通亮。中军大帐中担任此次出征主帅的卫青不停地来回踱步，显得焦躁不安，因为他的外甥剽姚校尉霍去病，失踪好几天了。

卫青不断派出士卒四周找寻，得到的报告都是"生不见人，死不见尸"。一种不祥的感觉顿时涌上卫青心头，因为霍去病只是一个十八岁的年轻人，而且是首次随军征战，完全是一个毫无作战经验的"小白"。

如果真的发生什么意外，卫青觉得不仅对不住自己的姐姐，更担心的是武帝会怪罪下来。原本他并没有想带着外甥出征，这完全是武帝的主意，因为霍去病深得武帝的喜欢，多次表达想要到前线建功立业，武帝这次遂了霍去病心愿，任命其为剽姚校尉跟着大军出击匈奴。

卫青心里很清楚，武帝准许霍去病出塞作战，只是为了让他见见世面，历练一下，并没有让他深入敌境打打杀杀的意思。但如今霍去病带着八百骑兵不见了踪影。他离开时，只说要去巡视敌情，没说去哪里，更没说什么时候回来。

卫青能做的就是不断派出探马，扩大搜寻范围。剩下的只能是祈祷和等待，希望最后等来的是一个好消息，霍去病能安全归来。

霍去病并不知晓舅舅的担忧，此时正率领八百精骑在敌后急驰。他心里十分清楚，武帝让其随军出征的用意如何，同时也能感受到舅舅卫青对他的保护，只让他带着八百人在大营附近转悠，遇到敌情赶紧跑回来报信就算完成任务。

只是霍去病觉得打仗就是打仗，没有经历刀光剑影的厮杀，相当于白白来了一次前线。况且这次能随军，是他期盼已久的，为此多次在武帝面前恳请，方才有了这样难得的机会。他没有从军的经历，更没有见过鲜血和死人，但所谓"无知者无畏"，年轻气盛的他只有一个目标，就是此次出征一定要有所斩获。

霍去病带着这种信念，率八百骑兵向敌后进发了，虽然距离汉军大营越来越远，但他丝毫没有恐惧之感，周身被一种叫"荷尔蒙"的物质所笼罩，唯一担忧的反倒是害怕遇不到匈奴骑兵而无功而返。

不过，霍去病的顾虑有些多余了，在深入敌境数百里后，临近黄昏时分，派去的探马来报，前面不远处有一处匈奴军队的营帐，看上去规模还不小。霍去病随即做了战前动员，然后一声令下，身先士卒冲了出去，八百精骑紧跟其后，冲进了匈奴营帐。

匈奴人根本没想到汉军神兵天降，慌作一团四散逃窜。这场遭遇战很快就宣告结束，打扫战场清点战果，"斩首捕虏二千二十八级"，被斩杀的包括匈奴单于伊稚斜祖父辈的籍若侯产，俘虏中有单于的叔父罗姑比以及不少匈奴的高级官员。

霍去病首次亮剑便惊艳无比，如果论斩杀和俘虏的数量，比舅舅卫青第一次出征取得的龙城大捷还要出色！

就在卫青越来越感到绝望时，突然有骑兵来报，说剽姚校尉押送着上千匈奴人正朝着汉军大营而来。这着实让卫青喜出望外，他曾经预想过几个结局，能想到最好的结果是霍去病毫发未损地归来，如今自己的外甥不仅安然无恙，还打了大胜仗。

胜利者是不该被指责的，卫青没有斥责霍去病，只是希望他以后要谨慎从事，军中无戏言，违背军令按律是要杀头的。然后，他立即上表武帝，报告了前后经过和具体战果。

武帝表现得比卫青更为兴奋，接到前方的战报，高兴得几乎一夜未眠。本来派霍去病到前线，充其量是个"打酱油"的角色，让他和大将军卫青练练手，但没想到，霍去病真没有把自己当"实习生"，不鸣则已，一鸣惊人。

武帝同时强烈地预感到，这位初生牛犊不怕虎的年轻将才，或许就是那一个"天选之人"，是上天派他来帮助自己实现荡平匈奴的宏愿。

该怎么奖赏霍去病呢？武帝觉得，"剽姚校尉"显然已经不够，他下诏割南阳郡穰县的庐阳乡、宛县的临駣聚（今河南邓州西北）为冠军侯国，封霍去病为冠军侯。这个爵位的名号意为勇冠三军，听上去十分响亮。

在武帝看来，这位少年英雄完全配得上这一称号。

二

荡平匈奴，是武帝最大的心愿，也是大汉几代天子想做又做不了的事情。自从汉高祖刘邦在白登山被匈奴骑兵围了七天七夜，从此整个大汉"谈匈奴则色变"，被迫采用和亲政策，以此来维持边境上的和平。

十六岁的武帝登基后，觉得依靠日渐强大的综合国力，是时候改变长期以来的屈辱局面了。

为此，他即位的第三年，就派张骞去联络和匈奴有仇的大月氏人，想着联合夹击匈奴。但张骞走后一直没有音讯，使得原本的计划完全落空。根据当时双方的军事实力对比，靠汉朝单打独斗胜算不大，因此武帝不得不暂时选择隐忍。

建元六年（前135），张骞走后的第四年，匈奴派使者来请求汉朝嫁一个宗室女子过去。武帝心里虽不想再继续维持和亲政策，但又下不了决心。于是，下令让朝臣讨论这个问题，

大行令王恢和武帝想到了一起，他说："汉朝即便同意对匈奴和亲，过不了几年匈奴又会背弃盟约，不如不答应，而发兵攻打它。"御史大夫韩安国强烈反对，认为只有脑子进水才会提出这样的建议，他表示与匈奴交恶存在"三不"，与其开战得不偿失：一是"找不到"，匈奴是游牧民族，迁移如同鸟群飞翔，根本不知道他们在哪里；二是"打不赢"，匈奴兵强马壮，以逸待劳，汉军跑去千里之外作战，不会取得胜利；三是"划不来"，即使打赢了，也不可能长久控制所占地方，还会使得百姓受苦，影响经济发展。

群臣们绝大多数站到韩安国一边，更关键的是，武帝的祖母窦太后主张与民休息，不愿大动干戈，要求继续对匈奴保持和亲关系。武帝心里虽然不爽，但也只好接受现实，答应与匈奴继续和亲。

元光二年（前133），窦太后去世，终于自己说了算的武帝准备与匈奴撕破脸皮。当时雁门郡马邑县有个叫聂壹的大富商，通过王恢告诉武帝，说自己有办法引诱匈奴单于带兵来犯，汉军可以提前设伏，待匈奴进入伏击圈，将其一网打尽，说不定还能活捉单于。

武帝对此颇感心动，只是如果这样做，意味着彻底与匈奴翻脸，开弓没有回头箭，此事事关国运，不能拍脑门决策，于是再次

让朝臣来讨论。

王恢和韩安国再次成为泾渭分明的两派。韩安国表示万万不可，他拿汉高祖刘邦做反面典型，说高祖英武圣明，尚且被匈奴人围了七日之久，开战后胜负难料，不可以轻率为之。

王恢觉得韩安国继续拿高祖说事过于迂腐，现在的情况和高祖时代完全不同，大汉强盛，海内一统，声名远扬，已经到了能够一雪前耻的时候。更何况此次是诱敌深入，而不是孤军冒进，成功的概率非常大。

双方唇枪舌剑，各不相让，不愿意再忍的武帝，这次站到了王恢一边，决定给匈奴人一些颜色看看。

武帝于是派遣精兵三十万，命韩安国、李广、公孙贺率领埋伏在马邑附近的山谷中，又令王恢、李息率部出代郡，从侧翼袭击匈奴的辎重并断其后路，准备全歼匈奴主力。

汉军部署安排得当后，聂壹前往匈奴诱敌，他对军臣单于说自己手下有数百人，可以杀掉马邑县令，举城投降，县里的所有财物都归匈奴，但要想成功，需要单于率军前来接应。军臣单于一听有利可图，轻信了聂壹，亲自带着十万大军开赴马邑。

聂壹为了让匈奴更加深信不疑，回到马邑后杀了几个死囚，割下首级挂在城下，表示已经得手，请单于率部快来接应。军臣单于得到情报，加快了前进步伐，但走到距离马邑不到百里的地方，隐约感觉有些不对劲儿。

军臣单于发现这里有漫山遍野的牲畜，却看不到一个放牧的人，寂静得不同寻常。他立即下令停止前进，攻占了附近一个汉军哨亭，抓获雁门尉史严加拷问，尉史将汉军的作战计划和盘托出，军臣单于听后大惊失色，赶紧下令撤军。

"雷声大，雨点小"的马邑之围就这样宣告破产了！

在长安城等待着胜利消息的武帝感到异常失望，他无法想象完美的计划竟因为一个微小的疏漏而毁于一旦，更让他感到不安的是，这似乎是一个不好的征兆，好不容易下决心和匈奴人开战，没想到，刚开始便栽了跟头。

马邑之谋失败，拉开了汉匈长时间对抗的序幕。匈奴从此断绝与汉朝的和亲，加大了对边境侵扰力度。武帝也知道既然翻了脸，就很难恢复如前，如今已经别无选择，只能用武力来解决问题。

但是，武帝对于主动出击攻打匈奴并无信心，尽管痛下决心搞了一次马邑围歼，也是在汉朝境内策划的一次"斩首行动"。对于长时间深入匈奴腹地作战，以前并没有过这样的经历，甚至都不敢想象。只是如果想解决匈奴这个隐患，这是必须要做出的抉择。

元光六年（前129），一场决定汉匈命运的军事会议在未央宫举行，当武帝抛出自己的想法后，大部分朝臣选择沉默应对，此时距离马邑之谋已经过去四年，但匈奴对他们来讲依然是一个可怕的名字。

众人沉默，似乎在武帝的意料之中，他心里其实早已做出决定，现在不是打不打的问题，而是怎么打的问题，与其坐等匈奴人侵扰，不如主动出击，从而掌握战争的主动权。不冒风险就不会有任何收获，为了帝国的长治久安，有些风险是必须要冒的。

这一年正赶上匈奴骑兵再次侵扰边境，武帝以此为由，派遣公孙敖、公孙贺、李广和卫青领军分四路出击。前三位都是久经沙场的战将，特别是李广，成名很早，军中流传着各种有关他神武的传说，有首著名的诗形容他的勇猛："林暗草惊风，将军夜引弓。平明寻白羽，没在石棱中"。

四人中，唯独卫青从来没有过指挥作战的经历，而且他的身份很特殊，同父异母的姐姐卫子夫正得到武帝的宠幸，被封为夫人，换句话说，卫青是武帝的小舅子。

卫青能得到这样的机会，当然与这层关系密不可分。在卫子夫未获宠之前，他过的完全是另外一种生活。

卫青出身低微，而且还是一个私生子，他的母亲是在平阳侯府做奴仆的卫媪，卫媪和在侯府当差的一个叫郑季的小吏私通，生下了卫青。

武帝第一次听说卫青的名字，是因为一次劫法场事件。卫子夫获宠并怀孕后，引发了陈皇后母亲馆陶长公主的严重不满，对卫子夫不好下手，就把目标锁定到卫青身上。她派人抓捕在建章宫当差的卫青，准备将他除掉。卫青的好友公孙敖听闻消息，带人将卫青救下。这件事情闹得很大，最后传到武帝的耳中。

卫青因祸得福，武帝对陈家的作法大为愤怒，因此对卫家更加宠信。卫青被任命为建章监，加侍中官衔，从此跟随在武帝左右。

武帝派卫青出征，用意很明显，希望他能建立军功，以便封官加爵，加以重用。但卫青从未上过战场，而且因为与武帝有这样一层关系，第一次出征便统帅一路大军，不少朝臣对此颇有微词。

只是卫青用杰出表现让他们都闭了嘴，四路兵马中，只有他打了胜仗。公孙贺没有遇到匈奴人无功而返，公孙敖和李广都吃了败仗，公孙敖损失了七千人才突出重围，最狼狈的是号称"飞将军"的李广，他被匈奴生擒，亏得靠身手矫健脱身，单枪匹马跑了回来。

卫青率军深入敌境，攻克龙城，这里是匈奴举行祭天仪式的地方，地位非常特殊，此战中汉军斩首七百级，数量虽不多，意义却很重大，这是汉初以来对匈奴作战的首次胜利，一举打破了匈奴骑兵不可战胜的神话，同时为汉军深入匈奴境内作战提供了一个成功的范例。

武帝接到战报，彻夜难眠，兴奋异常，因为这个胜利太重要了！

上次马邑之谋的失败，多少让他有些灰头土脸。这次力排众议，选择主动出击，实际上是将自己的政治威望和战事胜负联系在一起。三路都没取胜，如果卫青再吃败仗，无疑会使他的威望一落千丈，更重要的是，荡平匈奴的宏图大业很可能半路夭折。

卫青的胜利无疑为武帝的梦想续了命，不仅平息了朝中的非议，更让武帝意识到卫青过人的军事才能，为以后反击匈奴增添了不少底气。

卫青凯旋后，武帝迫不及待地赏给他一个爵位——关内侯。这意味着他从一个出身低微的王府奴仆步入了大汉王侯之列。不过，这只是卫青高光人生的开始。

元朔二年（前127），卫青率大军进攻匈奴盘踞的河南地（今黄河河套地区），采用"迂回侧击"的战术，绕到匈奴军的后方，攻占高阙（今内蒙古杭锦后旗东北），切断了驻守河南地的匈奴白羊王、娄烦王同单于王庭的联系。接着卫青又率精骑，迅速南下，形成了对白羊王、娄烦王的包围。一战活捉匈奴数千人，夺取牲畜数百万之多，控制了河套地区。

河南地是由黄河冲积形成的平原，水草肥美，形势险要，具有重要的军事价值和经济价值，汉军夺取此地后，武帝下诏修筑了朔方城，设置朔方郡、五原郡，自内地迁徙十万人到这里定居，并且修复了秦时蒙恬所筑的边塞和沿河的防御工事。这样一来，不仅解除了匈奴对长安的直接威胁，而且还拥有了一个可攻可守的重要基地，标志着对匈奴作战的一个重大转折。

元朔五年（前124），卫青率骑兵三万出高阙，各部汉军十余万配合其行动。卫青出塞后，急行军六七百里后，终于发现匈奴右贤王的踪影。

右贤王根本想不到汉军会追到这里，在营中与部属恣意狂欢，喝得大醉。半夜时分，汉军突然杀入匈奴营帐，酒醉未醒的右贤王无力抵抗，仓皇之中带着少数人马突围而逃。虽然没有生擒右贤王，但此战中俘获小王十余人，男女一万余人，牲畜达几十万头，取得开战以来最大的一次胜利。

武帝对战报相当满意，更为高兴的是，卫青已经成长为指挥千军、挥斥方遒的统帅，使得他对于击败匈奴更有了信心。

为了表达恩宠之情，武帝等不及卫青回京，便派特使捧着印信，到军中拜卫青为大将军，这不单是一个非常高的荣誉，同时更拥有很大的实权，"诸将皆以兵属大将军"——整个汉军统一由卫青指挥。

卫青凯旋回来，武帝的兴奋劲还没有过，提出要加封他的三个儿子为侯，卫青赶忙辞谢，说自己的儿子们寸功未立，不配享有这样的恩宠，应该封赏浴血征战的将士。此次与卫青一起出征的将领中，有七人封侯，三人赐爵。

卫青的情商不凡，谦恭态度使得武帝对他更加宠信，王公大臣钦佩他的高风亮节，而手下的将士更愿意为他赴汤蹈火。卫青会打仗，更会做人，再加上姐姐卫子夫为武帝生下了太子刘据，被册立为皇后，卫青的地位如日中天，已然位列人臣之首。

只是令武帝和朝野没想到的是，没过多久，卫青一个强劲的竞争对手横空出世，此人便是他的外甥霍去病。

三

说来也巧，和舅舅卫青一样，霍去病也是一个私生子。

他的母亲叫卫少儿，是卫青同母异父的姐姐。卫少儿原本也在平阳侯府做侍女，当时有个叫霍仲孺的小吏在侯府做事，两人一来二去好上了，后来生下了霍去病，这个经历和卫青实在太像了，唯一不同的是卫青随母姓，而霍去病随父姓。

霍去病一直在母亲身边生活，因此在成年前并不知道父亲是谁，更没有见过父亲面。直到后来成为骠骑将军后，才打听到父亲的下落。

有一次霍去病率军出征时路过平阳侯府，专程去见了父亲霍仲孺。非但没有怪罪其抛妻弃子，反而因为没有及时尽孝而感到愧疚，他为父亲一家置办了田宅和奴婢后，才放心出发攻打匈奴。

舅甥两人虽然身世近似，但有一个很大的不同，就是霍去病基本没吃过苦。

少年时代的卫青由于生活艰苦，被迫回到亲生父亲郑季家里，郑家人不把他当家庭成员来看待，而当作奴仆使唤。卫青成年后，不愿再受郑家的奴役，回到母亲身边，在平阳侯府做了骑奴，直到等来改变命运的一天。

霍去病出生时，他的姨母卫子夫已经得到武帝的宠幸，因此，作为外戚的他，自打出生就过上了相当不错的生活。

霍去病年龄稍大一些，就跟随在武帝左右，深得武帝喜欢。武帝曾经想亲自教授他习孙子、吴起的兵法。但没想到，霍去病不想学，理由是"顾方略何如耳，不至学古兵法"，在他看来，兵无常型，战无定式，打仗最重要的是要有谋略，因时因地随机应变，绝不能墨守成规。

两人的成长经历不同，导致为人处世的差异很大。《资治通鉴》说："大将军为人仁，喜士退让，以和柔自媚于上。"卫青为人仁厚，礼遇士人，也懂得如何讨武帝欢乐，总体而言，比较注重别人的感受。

而史书上说霍去病："重车余弃粱肉，而士有饥者。其在塞外，卒乏粮，或不能自振，而骠骑尚穿域蹋鞠。"行军打仗时，霍去病身边的人吃得都不错，但普通士兵比较惨，有的甚至吃不上饭。他对此并不关心，还有闲心踢蹴鞠玩，俨然是一个以自我为中心的年轻人。

霍去病一战成名的前两年，已经十三年没有音讯的张骞"奇迹"般回到了长安。虽然没有完成联络大月氏夹击匈奴的使命，但却带来了关于西域各国的信息，引发了武帝极大的兴趣，

武帝想与这些国家建立联系，从而孤立匈奴。但通往西域的咽喉要道河西地区一直被匈奴所控制，想要实现与西域各国的交往，必须要打通河西走廊。

武帝决定将这个重大的使命交给只有十九岁的霍去病！

武帝这样做，在外人看来确实有些冒险：一来匈奴在河西地区的势力很强，盘踞着浑邪王和休屠王两大部落；二来河西地区的自然条件恶劣，除了少数绿洲外，大部分都是荒无人烟的戈壁滩，后勤补给非常困难；三来霍去病此前只参加过一次远征，虽然小有斩获，但还没有独当一面、指挥大军作战的经验。

不过，武帝天生就有冒险的基因，愿意下这个赌注。如同当年派遣毫无经验的卫青带兵出征一样，他相信自己的直觉和判断，觉得眼前这个不到二十岁的年轻将领，一定能够不负众望，完成打通河西的使命。

元狩二年（前121）的春天，长安城的柳条刚刚泛绿，被任命为骠骑将军的霍去病，奉旨率一万骑兵出征河西。在接到将军印信的那一刻，他由衷感受到了这份使命的重量，心里清楚河西对大汉的重要性，也知道武帝对此志在必得。

与上次出征不同，霍去病这次要独挑大梁，没有舅舅卫青做后盾，甚至没有其他部队协同，孤军深入千里，胜负系于一身。尽管如此，霍去病没有丝毫畏惧之心，相反，他感受到些许兴奋，因为终于可以不顾及别人，完全按照自己的意图作战了。

霍去病率领一万兵马从陇西出发，涉过孤奴水，向西北翻越乌鞘岭进入河西走廊。虽然已是春天，但乌鞘岭依然大雪纷飞，汉军行进得非常艰难。霍去病登临峰顶观望，身后是大汉的疆土，前方是匈奴的地盘，他知道，从此不会再有退路，除了胜利别无选择。

河西地区除了浑邪王和休屠王两大势力外，还有其他一些小王也盘踞在这里。在孤军深入的情况下，霍去病采用的战术只有一个字——快。他率部用六天的时间转战千余里，摧枯拉朽般将匈奴诸小王纷纷击溃，还几乎活捉了单于的儿子。

虽然取得了不小的战果，但霍去病并不满意，毕竟没有遇上匈奴主力。于是，他继续率军长途奔袭，翻越焉支山（今甘肃山丹东南的大黄山），终于在皋兰山下遇到了匈奴大队人马，这正是他期盼已久的。

只见霍去病大喊一声，带着汉军骑兵杀入敌阵。一时间，风尘四起，血光横飞，他越战越兴奋，来回拼杀，在他的带动下，汉军个个都杀红了眼，平日里趾高气扬的匈奴骑兵渐感不支，纷纷往后退却，汉军趁势掩杀，匈奴骑兵大败，霍去病带兵一直追到河西走廊西端的敦煌才鸣金收兵。

战后清点战果，共斩首八千九百六十级，其中包括匈奴的折兰王、卢侯王。此外，还俘获了浑邪王子及相国、都尉等六十余名高官，更重要的是缴获了匈奴的祭天金人。

据说，匈奴每年五月在龙城祭祀天地鬼神，这尊金人是不可缺少的供奉之物。为了保护好金人，匈奴单于特意将它托付给了势力强大的休屠王，但没想被匈奴人视若珍宝的"祭天金人"最后竟然落在了汉军的手里，成了霍去病的战利品。

至于这尊祭天金人长什么样，大小、质地图案如何，不是太清楚。因为《史记》《汉书》等史书中没有进一步描述，只是说"破得休屠王祭天金人"，因此后世围绕"祭天金人"到底是什么一样，一直争论不休，有人说是佛像，有人说是希腊战神，还有说是萨满教的图腾，甚至有学者认为和伊朗有关系，是伊朗人崇拜的泰西塔尔神，最终也没有一个定论，留下了无尽的猜想。

不过无论这尊金人是什么样子，如今已归大汉所有，作为重要的战利品。霍去病将其进献给了武帝，放置在云阳（今陕西咸阳）的甘泉宫。……就此，第一次河西之战以汉军大胜而告终。

四

武帝接到前线的捷报后非常兴奋，只是没有持续太久，因为他意识到霍去病仅仅是开了一个好头，并没有将匈奴人彻底清除出河西地区。

想实现打通前往西域道路的这个最终目标，必须要发动一场更大规模的战役，而且时间不能拖得太久，最好利用匈奴人刚刚落败尚未恢复之际，方能取得意想中的战果。

武帝最担心的是霍去病能否接着再战，毕竟在第一次河西之战中，虽然重创匈奴，但汉军自身也损失不小，《汉书》上说"减什七"，可以称之为"惨胜"，要在短时间恢复战力，确实存在非常大的难度。

武帝特意召见刚刚从前线归来的霍去病，讲了想继续进击河西的想法。令他感动的是，霍去病连眉头都没皱一下，更没有提什么困难和条件，斩钉截铁表示请武帝放心，一定完成作战任务，将匈奴人彻底赶出河西地区。

于是，在一战河西仅仅过了五个月后，第二次河西之战便火速展开。

武帝进行了精心的部署。和上次霍去病单兵突进不同，他令博望侯张骞、郎中令李广率万余骑出右北平（*郡治平刚，今辽宁凌源西北*），进击左贤王部，牵制匈奴骑兵兵力，为霍去病发动河西之战减轻压力。

霍去病和另外一个将领公孙敖从北地（今甘肃庆阳）出发，兵分两路进攻河西匈奴公孙敖从东面进攻，吸引匈奴主力注意，霍去病则率部进行大迂回，绕道敌后，在指定地点会师后围歼匈奴主力。

霍去病因此没有直出河西，而是绕了一个特别大的圆圈，在灵武（今宁夏银川北）渡过黄河后，跨越贺兰山，然后横穿大漠，经过居延泽，再由西北转向西南，沿弱水转向西南至小月氏后，又转向东，至祁连山，神不知鬼不觉地到了匈奴主力的背后。

按照已商定好的作战部署，公孙敖此时也应该到达这里，然后一起发起对匈奴的攻击。但是霍去病根本没有看到其他汉军的踪影，原来公孙敖在戈壁滩迷失了方向，无法按照约定时间抵达攻击地点。

霍去病面临着一个重大的抉择，是继续等公孙敖会师后再攻击，还是凭借一己之力，单独完成作战任务。前者是原先的作战部署，但如今形势发生了很大变化，如果等公孙敖率部抵达，恐怕战机已失，白白忙乱一场。

只是倘若单独进攻，要冒很大的风险。虽然取得了一战河西的胜利，但对手有很大不同，现在面对的是浑邪王和休屠王的主力，敌众我寡，凭借有限的兵力能否啃下这根硬骨头，霍去病心里并没有底。

但他转念一想，经过这么远的艰苦跋涉，为的就是找寻这样的战机，如今就在眼前焉能放过。更重要的是，在他的人生词典中从来没有"退却"这个词语。

霍去病做出单独出击的抉择，并非一时头脑发热，而是深入分析了当前的敌我态势，觉得有很大的胜机。因为他们处于敌人的背后,匈奴主力的注意力都在正面,根本没有发现背后还有这样一支汉军,如果发动闪电袭击,大概率能够击溃敌人。

经过多年沙场的历练,霍去病早已不再是只会砍砍杀杀的毛头小伙,而成了一名有丰富作战经验的将领。战事的发展果然和他的预想完全一致,霍去病率部从侧后方发起突然袭击,战马嘶鸣,杀声四起,匈奴骑兵不知道什么时候来了一支如此庞大的汉军,惊慌失措,猝不及防,来不及组织起有效的防御,就被汉军骑兵冲击得七零八落,纷纷溃散而去。

这场奇袭取得了出乎意料的战果,共斩得匈奴军首级三万二百级,俘获单桓王、酋涂王,匈奴单于的阏氏及王子五十九人。收降其相国、都尉以下的降者二千五百人,还俘虏了相国、将军、当户、都尉六十三人。

阏氏相当于汉朝的皇后,这一仗单于连老婆也丢了,可谓狼狈至极。更重要的是,此战还夺得了今天祁连山下张掖的山丹军马场,这里是匈奴养殖战马的主要基地。

河西大捷震动了整个西汉帝国,武帝悬着的一颗心终于落下。他原本非常担忧一战河西后,在未进行充分休整的情况下,霍去病能否得胜而归。特别是听说公孙敖没有抵达预定地点,心中感到更为不安。但霍去病用一场空前的胜利,扫清了先前所有的焦虑,让武帝不得不叹服后生可畏。

武帝下令在长安为霍去病修造一座豪华府邸,以表彰他的奇功。但没想到,霍去病没有接受,尚在军中的他上表中说出一句掷地有声的话:"匈奴未灭,何以家为!"这句话被司马迁写进了《史记》,那份豪迈的英雄气概和爱国情怀至今读来依然震撼人心,成为流传千古的铿锵名言。

河西大捷还产生一个意想不到的后果，便是引发了匈奴高层的内乱。匈奴单于得知河西惨败，怒不可遏，他很清楚一旦失去了对河西的控制，就无法形成对汉朝的封锁。因此必须要有人为战败担责，负责河西防御的浑邪王和休屠王首当其冲，单于计划召回二王并杀掉他们。

浑邪王和休屠王同样知道兵败的严重后果，接到单于的命令后深感恐惧，觉得如果奉命回到王庭，依照单于的脾气，等待他们多半是人头落地。如今已经走投无路，不能坐以待毙，于是浑邪王主动派使者赴汉朝请求投降。

武帝对此当然求之不得，如此一来，可以兵不血刃控制河西走廊。只是无法判断二王是否真心投降，还是另有意图。毕竟两人手中还有数万部众，仍然有翻盘的可能。

面对虚实不明的情形，该派谁去受降呢？武帝觉得这个差事非霍去病莫属。就这样，霍去病第三次踏上了河西的土地，和前两次征战相比，此次受降看上去比较轻松，实则不然，因为不知两位王爷是真降还是假降，必须要有随时应对突发事件的准备。

果不其然，霍去病率领一万骑兵尚未抵达河西，匈奴内部就发生了变故，本来说好一起投降的休屠王临时变卦，拒绝降汉。浑邪王攻杀了休屠王，收编其部众，虽然事态得到控制，但匈奴内部人心非常不稳，增加了更多不确定性。

霍去病率部渡过黄河后，下令列队前进，整支队伍显得异常整齐威严，浑邪王率部迎候，虽然是受降仪式，却充溢着一种剑拔弩张的紧张气氛，有些匈奴头领心存恐惧而企图逃走，匈奴阵中一下子变得骚动起来。

霍去病觉得如此下去，局势有可能失控。他当机立断，拍马驰入匈奴营中，来到浑邪王面前，要求将逃走的匈奴头领就地正法，由此很快将形势稳定下来。

霍去病派人先送浑邪王到长安面见武帝，自己率部带着大队匈奴人在后面跟进。著名的"河西之战"由此彻底落下了帷幕，霍去病率领着他的骑兵风驰电掣，纵横驰骋，完成了全线打通河西走廊的重大使命。

失去河西地区，给了匈奴人沉重的打击，他们悲凉地唱道："亡我祁连山，使我六畜无蕃息。失我焉支山，使我妇女无颜色。"这首悲歌唱出了匈奴人的心声。祁连山是匈奴著名的牧场，丢掉了它，以后只能去苦寒之地放牧。

焉支山中盛产红蓝花，这种花呈紫红色，汁液可以用来做胭脂。爱美之心人皆有之，匈奴女人也不例外。匈奴单于的妻子称为"阏氏"，音同胭脂和焉支，含有美丽的意思。焉支山一失，使得匈奴女人以后都没有了化妆品。

霍去病三入河西，使得整个河西走廊尽属大汉，历史意义重大且深远。浑邪王降汉后，武帝将其部属安置在陇西、北地、上郡、朔方、云中等五郡，这些地方都在黄河以南秦长城内。这意味着河西地区从此再无匈奴势力，大汉西部边境的警报解除了。控制河西不仅形成了保护京师长安的屏障，同时打通了与西域各国的联系，使得相互通商有了安全保障。

西汉王朝后来在这里设置武威、张掖、酒泉、敦煌四郡。这些名字，别有意味。武威，是扬汉家之武威，张掖则意味着"断匈奴之臂，张中国之掖（腋）"，敦煌有盛大辉煌的意思，而酒泉，据传是因霍去病把皇帝赏赐的美酒倒入泉水，令全军将士共饮而得名。

河西走廊从此纳入中原王朝版图。紧接着，张骞第二次出使西域，闻名世界的丝绸之路诞生了！

五

霍去病凭借河西之战奠定了自己的地位，特别是第二次征战河西，完全不按常理出牌，采用千里大迂回的战术，给予匈奴致命一击。

所有人只看到胜利后的荣光，其中所付出的艰辛只有霍去病和他部下知道。这次出击一路上大多是荒野无人区，当时正值盛夏，烈日高悬，行军的艰苦程度难以想象。

尽管如此，霍去病和手下将士心中只有一些信念——向前，面对狂风掀起的沙暴和烈日灼烧的煎熬，面对友军无法赶到的困局，他们没有丝毫的退缩，最终取得了惊艳一战的胜利。

而此时，霍去病仅仅十九岁！

整个西汉王朝沸腾了，武帝不知道该如何奖赏这位屡建奇功的青年统帅，上次赏赐豪华府邸被婉拒，这次索性下诏将一千七百户封邑赏给霍去病。

此战过后，霍去病的声望直逼舅舅大将军卫青。这一对大汉"双子星"，一个先声夺人，一个后来居上，一个沉稳老练，一个血气方刚，坊间不由开始议论，这对舅舅和外甥在战场上到底谁更加厉害。

两人很快迎来了同场竞技的时刻！

汉军相继消灭匈奴的右贤王、浑邪王、休屠王势力后，伊稚斜单于又惊又恐，元狩三年（前120），派骑兵袭掠右北平、定襄两地，这使得武帝意识到匈奴仍具有相当实力，严重威胁着北部边境安全。同时汉军经过多次实战锻炼，已经积累了深入腹地远程奔袭的经验。

于是，在精心准备两年后，武帝决定向匈奴王庭发动全面进攻。

元狩四年（前119），武帝命卫青和霍去病各率骑兵五万，分别出定襄和代郡，深入漠北，寻歼单于主力。这是汉军有史以来规模最大的一次远征。

不过，最初的安排并非如此，而是与之相反：由卫青出代郡，寻匈奴左贤王决战；由霍去病出定襄，寻歼单于主力。但后来听闻单于主力东移，改令两人对调。由此看来，霍去病一直被当作主攻力量，武帝似乎对这位年轻将领更有信心。

霍去病接受诏令后感到一丝兴奋。不由想起当年第一次跟随舅舅到前线的情景，看到大将军威风凛凛的样子，羡慕之余，心里想着不知道什么时候能和舅舅一样。令他没想到的是，实现这个梦想仅仅用了不到四年的时间。

在这场被称为"漠北之战"的大战中，作为偏师的卫青中了头彩，出塞后通过匈奴俘虏得知单于率领的主力并没有东移，原先得到的情报有误，匈奴主力就在自己的前方。卫青立即改变原有的作战部署，令前将军李广和右将军赵食其两军合兵，从东路包抄。他带着左将军公孙敖、后将军蔡襄从正面迎敌。

这样的作战安排引发了李广的不满，因为他从前锋突然变成了侧翼，失去了和匈奴单于正面交锋的机会，而这恰恰是戎马一生的李广生平最大的夙愿。李广数次找卫青理论，希望能收回成命，但遭到了卫青的拒绝，李广只得遵命率部从东路出击。

卫青率领大军急行千里，穿越荒漠后终于找到单于的主力。看到匈奴骑兵严阵以待、早有准备，已经失去突袭的机会，他下令用武刚车环绕为营。武刚车是一种四周及车顶以厚皮革覆盖用于防护的战车。卫青先站住阵脚，接着派出五千骑兵发起攻击，匈奴则有上万骑兵前来应战。

双方很快厮杀到一起，一直打到黄昏。太阳落山后，突然起了一阵大风，顿时沙石遮天蔽日，两军都无法看清楚对方。汉军趁机从左右两翼疾驰向前，意图包围单于所部。伊稚斜单于不清楚到底有多少敌人，但觉得汉军战力很强，自感难以取胜，便率精骑数百向西北方向突围而逃。

单于虽然跑了，但匈奴骑兵依然在血战，双方死伤相当。汉军校尉抓到匈奴俘虏，才知道单于早已跑路，卫青赶紧下令让轻骑连夜追击，一直到第二天天亮，疾驰了二百余里，始终没有发现单于的踪影。

这样的结果让卫青颇感失望，这是距离俘获单于最近的一次，是实现毕其功于一役的最佳机会，可惜就这样白白溜走了。而且虽然此战歼敌一万余人，自身伤亡也不小。

更让卫青感到糟心的是老将李广死了。这位老将并非死于沙场，而是自杀而亡。他和赵食其奉命率部从东路出击匈奴的侧背，但由于军队里没有向导，半途迷路了，没赶上参加漠北之战，直到卫青追击单于未果、返回漠南时才与两人相遇。

卫青派长史给他们送去干粮和酒水，顺便询问迷路的具体情况，以便向武帝报告军情，李广却拒而不答，这让卫青颇感生气，下令让李广幕府人员前去受审对质。李广表示一人做事一人当，手下没有过错，是自己迷了路，愿意亲自到大将军营帐受审。

李广到了大将军营帐后，对部下说："我从少年起与匈奴作战七十余次，如今有幸与大将军出征，可是大将军派遣我的部队走迂回绕远的路线，而我又偏偏迷路，难道不是天意吗？况且我已七十多岁，不愿再受那些酷吏的污辱。"说完，他拔出佩刀自刎。

李广的遗言透出对卫青的不满，不过这实在有些冤枉卫青，他并没有有意为难李广，派李广率部包抄是正常的军事部署，更何况出征前武帝对卫青交代过，李广不宜做前锋。

卫青后来派人询问迷路的情况，是为了向武帝如实报告。李广拒绝回答长史的询问，算得上是违抗军令，作为大将军的卫青完全有权将其就地正法，但他并没有这样做。因此李广的死，怨不得卫青，更多是他自身理想的幻灭而导致心情极度悲愤所致。

尽管和自己没有太大干系，但卫青听闻这个消息，还是感到非常震惊，李广之死为这次并不圆满的征战平添了一份悲情。

与舅舅卫青相比，霍去病则顺利得多，他带着五万骑兵快速挺近敌后，越过离侯山，渡过弓闾河，深入两千余里，穿越大漠后终于发现了匈奴左贤王部众的踪影。

霍去病和部下像打了鸡血一样，全线出击，向匈奴军队发起了猛烈进攻。这一仗打得酣畅淋漓，大破匈奴军队，俘虏屯头王、韩王等匈奴王爷，以及将军、相国、当户、都尉的高官八十三人，歼敌七万余人，左贤王率少数亲信仓皇逃走，霍去病乘胜追击，一直追到狼居胥山（今蒙古国肯特山）。

狼居胥山下，天空湛蓝无比，不时有苍鹰掠过，空气中已没有了硝烟的味道，战旗猎猎，军容严整，充满了一种庄严神圣的氛围。

霍去病异常庄重地向上天行礼，此时他心潮澎湃，脑中闪过的都是这些年征战的场景。四年前，初出茅庐的他率八百骑兵出击，一战成名获封冠军侯，从那以后，自己的大部分时光都是在军旅中渡过的，三征河西，一战漠北，打得匈奴人为之胆寒，终于迎来了今天这一无上荣光的时刻。

"封狼居胥"从此作为古代武将功劳的天花板，代表了对外征战的最高荣誉，成为历朝历代渴望建功立业将领们的最大梦想。

霍去病在匈奴的土地上祭天封礼，古代历史上只有他和东汉的窦宪完成过这一壮举。窦宪率部攻打北匈奴，一直打到了燕然山，随军的著名历史学家班固撰写铭文，刻在燕然山的石头上记功，此举被称作"勒石燕然"。

不过，两人虽然都在匈奴腹地举办过这样的仪式，但窦宪的军功和霍去病的还是无法相提并论。因为窦宪出击匈奴时，匈奴已经分化为南匈奴和北匈奴，实力大不如前，而且窦宪是联合南匈奴一起攻打北匈奴的。霍去病"封狼居胥"时，匈奴并未分裂，还处在鼎盛时期，难度系数远高于窦宪。

"封狼居胥"结束后，霍去病又在姑衍山（今蒙古国宗莫特博克多乌拉山）举行了祭地禅礼，然后率部一直打到北海（今俄罗斯贝加尔湖）才收兵返回。

这一场舅甥对决无疑是霍去病表现得更为亮眼，从武帝的赏赐也能看得出来，战后卫青没有获得赏赐，除了西河太守常惠等极个别的以外，其余部下都没有得到封赏，而霍去病凯旋后，武帝增封食邑五千八百户，他的部下也获得了大量的赏赐，一些将领还被授爵封侯。

尽管这样，武帝觉得还是不足以表彰霍去病。不久后，为了拉平舅甥之间的待遇差距，武帝下诏设立"大司马"的职位，命卫青和霍去病同为大司马。这样一来，霍去病在官职和俸禄上完全和卫青平起平坐。

至于在武帝宠信方面，霍去病已经赶超了卫青。因此一些善于见风使舵的人，离开卫青转而投靠霍去病，因为霍去病说话更好使，投在其门下，更容易获得官爵。

武帝如此宠信霍去病不难理解，正是霍去病杀入敌境数千里，将单于赶到了大漠以北，"封狼居胥"，使得"匈奴远遁，而漠南无王庭"，彻底扭转了汉匈力量的对比，摘掉了长期以来屈辱的帽子，从此汉朝完全掌握了战略上的主动权。

正因为有了这样的基础，元封元年（前110）十月，武帝做出了一个大胆的举动：北巡草原，登临单于台——这是匈奴人筑造的供单于登台阅兵点将之用的高台。

单于台的位置在今天的阴山脚下，要想到达这里，需要越过长城，深入塞外几百里。在漠北之战前，这是无法想象的事情。但如今形势完全不同了，漠北再也找不到匈奴人的影子，因此武帝才有胆量开启这样的旅程，"勒兵十八万骑，旌旗径千余里"，武帝带着十八万的庞大队伍向北进发，从雁门出塞，浩浩荡荡，旌旗遮日，"行自云阳，北历上郡、西河、五原，出长城，北登单于台"。

武帝登临单于台，环顾四周，内心不由升腾起一份豪情和骄傲，不可一世的匈奴远遁，他终于实现了历代大汉天子的夙愿。

武帝派使者对单于说："今单于能战，天子自将待边；不能，即南面而臣于汉，何徒远走亡匿于漠北寒苦无水草之地。"如果想继续再犯，朕就这里等着你，如果不敢打，就赶紧过来称臣，为什么跑到苦寒之地做缩头乌龟呢？

武帝的话说得相当霸气，想当年高祖刘邦在白登山被围七天险些丧命，三十年河东，三十年河西，如今他来到单于点将的地方，对其公开挑衅，这样的变化可谓天翻地覆，而这一切都与霍去病有关。

据司马迁统计，霍去病一生六次率军攻击匈奴，在数量上比卫青少一次，但取得的战绩，却不逊于舅舅卫青。特别是河西之战和漠北之战，表现相当抢眼，他和舅舅卫青作为武帝的左膀右臂，帮助大汉消除了心头大患，实现了武帝的宏图伟业。

如果仔细分析每个战例，会发现霍去病非常擅长以少胜多，想必这和他的战法有很大关系。从不读兵书的霍去病，没有固定成形的作战方法，始终贯彻的方针就是"快字当头"。有句俗语说"天下武功，为快不破"，比武如此，打仗亦然，霍去病深得其中精髓。

汉初以来，匈奴人已经习惯了汉军苦守险要，而他们如风而至，劫掠而归，几乎没有失过手。如今霍去病率领的汉军的速度比他们还快，于是匈奴被彻底打傻了。除了快速以外，霍去病还会采用大迂回穿插等战法，战法不拘一格，大大有别于其他汉军将领，因此使得匈奴人极不适应。

首次出征，他率麾下八百骑长驱直入，对匈奴实行快速突袭，取得了相当漂亮的战绩。

一战河西，从陇西出发后，便如猛虎出山一般，一路千里长途奔袭，见到匈奴人就杀，杀完就走，来去像是一阵风，匈奴人完全摸不着他的动向。

二战河西，霍去病则采用了迂回包围，悄然到达匈奴主力的侧后方，接着采用突袭战术，打了敌人一个措手不及。

漠北之战又采取纵深突进的战法，深入敌境数千里，突然出现在匈奴左贤王面前，一击而制胜。

霍去病的打法看似有些简单粗暴，却相当管用。如果没被匈奴人发现，便以迅雷不及掩耳之势发动偷袭。如果被发现了，就以最蛮横的方式碾压对方。因此霍去病几乎没有打过四平八稳的仗，经常是大开大合，毫不讲理，同时又是荡气回肠，非常过瘾。

从现代军事角度来看，霍去病更像是特种作战。因为经常长途奔袭，后勤补给困难，索性就在敌人的疆域里因地就食，掠夺敌人的物资来补充自己。

汉武帝在诏书中说霍去病的军队"取食于敌，卓行殊远而粮不绝"，这和其他汉军大相径庭，倒和匈奴人的做法近似。从这点上讲，霍去病是"以彼之道还施彼身"，不过，他比匈奴骑兵的机动性更强，杀伤力也更大。

霍去病的这种打法，产生了一个意想不到的效果，就是沉重打击了匈奴的生产力。

作为游牧民族，匈奴本就没有汉朝那样的经济基础和战争潜力，霍去病率部持续不断地攻击，不仅使得匈奴损失了大量的骑兵，同时被掠走了数量惊人的人口和牲畜，而且还失去了不少水草丰茂的地区，经过轮番打击，匈奴很难支撑与汉朝继续对抗。

霍去病较其他汉军还有一个特别之处，就是从来没有迷过路。在茫茫戈壁或草原作战，几乎没有参考坐标，能做到这点非常不容易。

汉将因为迷路无法完成作战任务的不胜枚举，公孙敖因为迷路没有实现与霍去病会合，李广因为迷路贻误战机因而自杀身亡，连出使过西域的张骞也因为迷路，几乎导致李广全军覆灭，最终被贬为庶民。

形成鲜明对照的是，霍去病像一个"活地图"，在没有导航的时代，无论是孤军深入，还是迂回穿插，从来没有迷失方向，每次都能精准找到匈奴部队进行精确打击。

原因到底是什么呢？史书中没有给出明确的答案。有人推断是因为霍去病军中有不少匈奴人。

漠北之战结束后，武帝曾经下了一道诏书，说："骠骑将军去病率师，躬将所获荤粥之士，约轻赍，绝大幕，涉获章渠……取食之教，行将退而粮不绝，以五千八百户益封骠骑将军。"这里的"荤粥"是匈奴的别称，就是说霍去病将不少俘获的匈奴人留在了军中。

这些匈奴人对地形地貌非常熟悉，成了很好的向导，帮助汉军在茫茫沙漠或草原中找到匈奴军队。这个理由应该是成立的，因为霍去病手下一些优秀将领就是匈奴人，如仆多、赵破奴等。

照此说来，霍去病之所以能够将匈奴人打得满地找牙，手中握有两个法宝，一是以快制快，二则是"以夷制夷"。

六

汉军像潮水一般从草原上退去，大汉边境的狼火从此消失了，经历了十多年的战争，终于迎来了难得的和平时光。但令所有人没想到地是，就在漠北大战结束一年多后，年仅二十四岁的霍去病却永远地离开了这个世界。

霍去病为何会突然死去？到底得了什么样的疾病？《史记》对此记载得非常简单，"骠骑将军自四年军后三年，元狩六年而卒"，仅仅用了一个"卒"字一笔带过。

由此引发了后世不少猜疑，甚至出现了"阴谋论"，有的说霍去病功高震主，被武帝所害，还有人说他死于宫廷内部的权力斗争。虽然讲得有鼻子有眼儿，但都经不住推敲，完全是无稽之谈。

霍去病的暴亡还应从他的身体说起，他名字中的"去病"二字，恐怕不是凭空而来，很有可能从小时起身体就不太好，所以父母给他取这样的名字，希望能健康成长。甚至有人怀疑霍去病有家族遗传病，因为他的儿子霍嬗十岁时同样暴亡。

霍去病死后，武帝非常厚爱他唯一的儿子霍嬗，让霍嬗承袭了冠军侯爵，"上爱之，幸其壮而将之"，希望霍嬗长大后像他父亲一样成为一员名将，在沙场建功立业。

武帝走到哪里都带着他，没料到，元封元年（前110），霍嬗在跟随武帝登泰山封禅后不久便突然死了，死因同样不明。

由此似乎可以推定，霍去病是因病死亡。他身体底子本来就不好，再加上连年高强度的作战，经常是昼夜千里奔袭，根本得不到充足的休息，极大加剧了身体的损耗，而且行军路上风餐露宿，饮食都不干净，条件极为艰苦，很容易染上疾病，这或许是他死亡的真正原因。

在现有史料中，同样能找到相关证据，东汉的褚少怀在《史记》补记中说："光未死时上书曰：'臣兄骠骑将军去病从军有功，病死，赐谥景桓侯'"——霍去病的弟弟霍光明确表示自己哥哥是病死的。

至于司马迁为何记载如此简单，原因其实很简单，霍去病属于自然死亡，估计确实没有什么好描述的。后来卫青病死，司马迁写得同样简单，"大将军青卒"，如果像项羽死得那般悲壮，或如戚夫人死得那样凄惨，想必司马迁不会只用一句话，而会浓墨重彩描绘一番。

还有人从另外一个角度进行解读，放到今天，霍去病绝对算是英年早逝，但在汉朝平均寿命也只有三十岁左右，因此，二十四岁而亡算是在正常范围之内。

不过，如果仔细分析霍去病生死年份，会发现一个巧合。他出生在武帝建元元年（前140），而这一年恰恰是武帝元年。他死于元狩六年（前117），前一年漠北大战结束，匈奴的威胁基本解除。如此说来，霍去病看上去似乎就是上天安排，特意帮助武帝收拾匈奴的。

这个噩耗对于武帝来讲实在太突然，明明一个生龙活虎的年轻人，怎么说没就没了，他完全无法接受这个事实，一连数夜几乎未眠，有时勉强睡着，梦里也满是霍去病的影子。

武帝全过程见证了这位青年才俊所走过的路，由自己身边的小跟班一路成长为叱咤风云的汉军统帅，而如今，一切都如梦幻泡影。

人死终不能复生，武帝能做的只有给霍去病举办一个异常隆重的葬礼，以此表彰他为大汉所建立的丰功伟绩。武帝下诏让霍去病配葬在为自己营造的茂陵，霍去病先走一步，让他长眠在自己陵墓旁边，将来能够永远陪伴自己。

武帝赐给霍去病的谥号为"景桓"，取义"武与广地"，彰显其克敌服远、英勇作战、扩充疆土之意。霍去病下葬的日子，武帝下令特意调遣河西五郡的铁甲军列成仪仗队，从长安城一直排到墓地，灵柩从中间通过，宛若当年这位青年统帅出征前检阅军队一般。

这样的阵势足够威严和排场，因为从长安到茂陵大概有五十公里，意味着有上万名铁甲军为霍去病送行，如此待遇在古代文臣武将中虽不敢说"空前绝后"，但也是非常罕见。

武帝下令从终南山运来成吨的巨石，雕刻成虎、象、牛、马、熊等动物形象，放置在霍去病陵墓神道的两侧，其中最著名的是墓前的那尊"马踏匈奴"的雕像。

霍去病的战马扬首挺立，器宇轩昂，威风凛凛，彪悍雄壮，显示出一份舍我其谁的磅礴气势。马蹄下的匈奴人则是另一番模样，满脸胡须，双腿上屈，面目因惊恐而呈狰狞状，虽然手持弓箭，但被马践踏在下面，似乎在声嘶力竭呼喊，但也只是垂死挣扎，始终动弹不得。

在武帝看来，只有"马踏匈奴"才能展现霍去病生前的英武善战，更能彰显出大汉帝国的无比强盛和不可撼动。

武帝还将霍去病的墓修成类似祁连山的形状，《汉书·霍去病传》记载："冢像祁连山。"卫青后来去世，他的墓也被修成了形似阴山的山形。之所以修成不同的山形，大概要彰显他们不同的战功吧。

大将军卫青最为称道的是漠南之战，此战将匈奴人驱逐到阴山，西汉重新控制了河套地区，解除了匈奴骑兵对长安的直接威胁，并建立起了反击匈奴的前沿基地。由此看来，将霍去病的墓修成祁连山的样子，或许在武帝心中，相比于"封狼居胥"，河西大捷更为重要。

武帝的眼光不错，如果放在大历史的情境中，霍去病的最大功绩恰恰在此。

河西之战的胜利，不仅彻底粉碎了匈奴从西边发动攻击的可能，也为日后发动漠北大战创造了良好的条件。更重要的是，这次战役的胜利使得西汉完全占据了河西走廊，从而打通了前往西域的道路。

为了更好地管理和经略河西地区，汉朝先后设立了四郡，还建立了两个著名的军事要塞——玉门关和阳关，为经过河西走廊到达西域各国提供了安全保障，这才有了后来的丝绸之路。

如今，一提到丝绸之路，大多数人第一反应是张骞的"凿空"之旅。诚然，张骞出使固然非常重要，让汉朝知道了疆域以外的世界，但是由于河西走廊一直控制在匈奴手中，不扫除这个横亘在大汉和西域之间的障碍，根本就不会有这条以长安为起点，经过西域到达中亚西亚，连接地中海各国的中西交流的古道。

从这个意义上说，如果没有霍去病，是否会有这条绿洲丝绸之路，要打上一个大大的问号，至少在西汉时不会出现。因此，开通绿洲丝绸之路的军功章上，既有张骞的凿空之旅，更有霍去病的河西大捷。

当然，霍去病不会意识到河西之战的巨大历史意义，当他第一次翻越乌鞘岭，踏上河西大地时，唯一的信念就是荡平匈奴，完成武帝给他的使命，他压根儿不知道即将征服的这条走廊地带，将会在人类历史长河中留下如此深刻的印迹。

两千多年过去了，武帝和霍去病连同大汉帝国早已成为历史的过往，但是酒泉、张掖、武威、敦煌的名字一直没变，延续到了今天，不由得使世人想起那个风云激荡的时代，想起大漠戈壁纵横驰骋的骠骑将军，想起"匈奴未灭，何以家为"的铮铮誓言。

霍去病就像一颗璀璨的流星，人生一开场便到了顶峰，他的光芒虽然短暂，却足够夺目，并且永远地留在了历史的星空中。

解忧公主

一

汉武帝太初四年（前101）一天，美丽的特里克草原逐渐被夜色笼罩，漫天的繁星从遥远的地平线上冉冉升起，构成了一幅巨大而浩瀚的背景。星空之下的草原热闹非凡，一场迎亲的篝火晚会正在步入高潮，大汉的解忧公主今天刚刚抵达乌孙国，这是他的夫君乌孙王军须靡为她举办的欢迎仪式。

今天的主角无疑是解忧公主，自打离开长安，漫长的旅途中，她一直被一种复杂的心绪所笼罩，由于皇命在身，不得不来到异域他乡。等待她的将会是什么，一切都是未知数，唯一可以确定的是，此生恐怕难以再次见到长安璀璨的灯火了。

这是汉朝第二次将公主送到乌孙和亲，上一位名叫刘细君，和亲之前她被武帝册封为细君公主。遗憾的是，在远嫁乌孙五年后，她郁郁而终，而解忧公主成了她的替代品。

强盛的西汉帝国为何要与乌孙结亲，接二连三地将公主送到这里呢？这不得不提到一个人，便是"凿空"西域的张骞。

在霍去病取得河西大捷后，出现了"金城（今甘肃兰州），河西西并南山至盐泽（今新疆罗布泊）空无匈奴"的局面，张骞借机向武帝提出了联合西域最强大国家乌孙并让乌孙人东迁至此，以切断匈奴右臂的建议。

武帝欣然接受，派张骞第二次出使西域，到了乌孙。此时乌孙内部不稳，面临内乱，张骞的使命没有完成。不过乌孙王猎骄靡虽然没有答应结盟，但派遣十几名乌孙使者随张骞来到长安。

不看不知道，一看吓一跳，这些使者被长安的繁华所震撼，回去后向猎骄靡进行了全面汇报，这让猎骄靡不由心动，开始考虑与汉朝结盟的事宜。但是他又担心匈奴知道此事，兴兵来报复，于是请求联姻，从而能够得到大汉的安全保障。

武帝接到了乌孙和亲的请求，没有犹豫满口答应，这正是他派遣张骞去乌孙的目的所在，遗憾的是，张骞在此之前就已病故，无法见证这一历史时刻。

只是派哪位公主去呢？武帝当然舍不得自己的女儿，最终选定的便是刘细君。"细君"并非真实名字，而是对诸侯王妻的一种称谓，刘细君的真名叫什么无从知道，也无从考证。

武帝之所以选择她，大概有两个因素：一来刘细君的祖父刘非是武帝的亲兄长，算起来她是武帝的侄孙女，具有纯正的皇室血统；二来她是罪臣之女，其父江都王刘建因涉嫌谋反而畏罪自杀，远嫁乌孙相当于给她一个为父亲赎罪的机会。

刘细君一生命运的悲摧都是因为她的父亲。江都王刘建算是西汉王室中最为淫乱之人。

当刘建还是世子时，邯郸人梁蚡带着一个年轻貌美的女子，想献给刘建的父亲江都易王刘非。刘建听说此事，私下将女子"截胡"，留在自己的府上不让出来，梁蚡逼得没办法，到处说："儿子竟与父亲争妻。"刘建听后大怒，派人杀了梁蚡。

后来刘非死了，还没有下葬，刘建便迫不及待与先父留下来的十多个姬妾通奸，更让人惊骇的是，他还将魔爪伸向了自己的亲妹妹。

刘建的妹妹刘征臣是盖侯的儿媳妇。她从洛阳回娘家，为父亲守孝时，刘建看到妹妹出落成一个美女，不顾伦理道德，竟然将妹妹强暴了。

除了荒淫之外，刘建还相当残忍，根本不把人当人。有次他去章台宫游玩，命四个女子坐一条小船，然后把船弄翻，看着女子溺水而死，他在一旁看热闹。

刘建府中侍女或手下有犯错的，有的会被脱光衣服站在院子里不停敲鼓，或者直接绑到树上，过了三十日才让穿上衣服；有的被剃去头发，用铁圈束颈用铅杵捣谷，如不符合要求，就用鞭打或放狗咬死；还有的关起来不给饭吃，不少人被活活饿死。除此之外，刘建还有更为禽兽的作为，罄竹难书，不堪入目。

刘建的荒淫暴虐自然引发了众怒，不少人告发他。刘建担心武帝下诏杀他，深感不安，竟找来越女诅咒武帝，这和巫蛊之术大同小异，论律应当灭门。

刘建在错误的道路上越走越远，暗中铸造兵器，制作皇帝玉玺，而且经常佩戴他父亲受赐的将军印，载着天子旗出游。他对近臣表示，由于受到皇上监督，日子过得不快活，不能坐以待毙，要做常人所不能做的事，并说："如汉廷使者治罪于我，我绝不独自死掉。"

多行不义必自毙，终于东窗事发。朝廷派丞相长史来江都查办，搜出了兵器、玉玺、绶带、旌旗等造反器物，查办官员请求捉拿诛杀刘建，武帝开始没有同意，而是让朝臣进行讨论。大家都认为刘建失职已经很长时间，现在居然图谋不轨，罪恶堪比桀纣，绝对不能继续姑息，应当以谋反罪将其诛杀。

武帝于是派宗正、廷尉前去审问刘建，刘建惊恐不已，自尽而亡。他的妻子成光等人被斩杀于市，江都王的封号被废除，封地并入中央朝廷，变成了广陵郡，也就是今天的扬州地区。

刘建被杀的时候，刘细君仅仅十一岁。或许是因为年龄小，抑或是因她是一个女孩子，没有受到株连，被寄养在叔父家中。作为罪臣之女，她的少女时代不堪回首，受尽委屈的她始终抬不起头。

在绝望和无助的环境中，刘细君渐渐长大。不过，人生之路并未因年龄的改变而迎来久违的光亮，最终等来的是武帝的一纸诏书，册封她为公主，然后嫁到遥远的异域。她早已无力对抗命运的安排，只能选择无条件的顺从。

元封六年（前105），细君公主从江都踏上了前往西域的道路。身后这片故土给了她太多痛苦的回忆，而眼前这条漫漫长路，以及远在天边的乌孙，又将带给她什么呢？一切都是未知的。

相传当车行至今安徽省灵璧县时，刘细君从马车上下来，手抚岩石，久久凝望着故乡的方向，心中无限感伤与留恋，石头上清晰地留下了她的手印。这手印后来被称为"灵璧手印"。

经过几千里的长途跋涉，细君公主见到自己的夫君。让她感到意外的是，站在面前的这个男人，竟然是一位迟暮老人，年龄比她要大几十岁，堪称祖父级的辈分。

更让细君公主没想到的是，由于乌孙不敢与匈奴彻底撕破脸皮，在同汉朝提出和亲时，向匈奴提出了同样的请求。

因此，在与她前后脚踏上乌孙土地的还有一位匈奴公主，被猎骄靡立为左夫人，而她被封为右夫人，地位在匈奴公主之下。这意味她不是乌孙王的正牌夫人，只能算猎骄靡的一个妾。

尽管做了足够的困难准备，刚到乌孙时，细君公主还是显得极不适应，生活习惯完全不同，更重要的是语言不通。

刘细君独自居住在自己的宫室里，一年中见不到几次猎骄靡，时常被孤寂所笼罩的她，不由得思念起故土，怅然中作了一首《悲愁歌》："吾家嫁我兮天一方，远托异国兮乌孙王。穹庐为室兮毡为墙，以肉为食兮酪为浆。居常土思兮心内伤，愿为黄鹄兮归故乡。"

歌词大意是：我家里把我嫁到遥远的地方，从此和家人天各一方，远远地寄身于异国他乡的乌孙国王！在广阔天地下的毛毡房里，以肉为食，喝甘甜的乳汁！住在这里常常想念家乡，心里十分痛苦，我愿化作黄鹄啊，回我的故乡！

一如诗名，《悲愁歌》浸透着孤独和忧伤，寂静无人时，细君公主经常哼起这首歌，以此排解心中的苦闷，哪知越唱心里越难受，经常以泪洗面。

这首歌后来传到了长安，武帝听后心有戚戚，顿时有些怜悯细君公主，为了表达安慰之意，每隔一年都会派使者送去帷帐、锦帛等礼物。

细君公主心里清楚已无回朝的可能，只能尽力融入当地生活。当初出嫁时，武帝为她准备了大量的嫁妆，时常还会送一些礼物来，她将这些嫁妆和礼物派上了用场，"以币帛赐王左右贵人"，以此来收买乌孙高层的人心，争取乌孙向汉朝靠拢。

就在细君公主逐渐适应乌孙生活时，不幸再次降临到她身上！

猎骄靡垂垂老矣，身体日益衰竭，自感去日不多，打算将王位传给自己的孙子军须靡。按照当地的风俗，新国王要继续娶没有血缘关系的上一任国王妻子为夫人，这样的习俗称之为"转房婚"，这意味着细君公主要嫁给自己名义上的孙子。

对于从小接受汉民族传统教育的细君公主来讲，这样的做法根本无法接受，她可以守活寡，可以忍受异域生活的各种不便，但无法做出如此有违伦常的荒唐事，迫不得已只好上书武帝，请求允许她回国。

只是，她的命运从被选为和亲公主那刻便已注定，最后等到朝廷的答复是"从其国俗，欲与乌孙共灭胡"。雄才大略的武帝心里，满是平灭匈奴的宏图大愿，细君公主这样小小的代价，完全可以忽略不计。

太初四年（前103），细君公主成为新国王军须靡的右夫人，两年之后，她为军须靡生下了一个女儿，名叫少夫。过了不久，在乌孙生活了五年的细君公主于郁郁寡欢中病逝。

病榻之上，她又哼起了《悲愁歌》，心里多么想变成诗中的那只黄鹄，展翅翱翔，一路向东，飞回故土。但一切注定只是一场梦，留下的只有衣襟上的几滴泪痕。

二

细君公主之死，对于她而言，或许是一种解脱，但对于汉朝，却失去了一个稳住乌孙的棋子。为了维护双方友好关系，和亲还得继续。接下来被命运转盘的弹珠击中的就是刘解忧。

刘解忧的身世和刘细君极为相似，祖上身份显赫，到她却成了罪臣之后。

刘解忧的先祖叫刘交，是高祖刘邦同父异母的弟弟。从刘邦在沛县起兵起，刘交就一直跟随着三哥刘邦打天下，立了不少功劳，是刘邦兄弟中最优秀的一个，也是与刘邦最为亲近的，汉朝建立后被封为第一代楚王。

细君公主命运逆转是因为有一个荒淫残忍的父亲，而刘解忧则是遇上了一个"不靠谱"的祖父。

刘解忧的祖父叫刘戊，是第三代楚王，管理的地盘囊括了彭城郡、东海郡和薛郡等三十六县，管辖面积不小，实力也很强。刘戊因此渐渐有些发飘，连皇帝都不放在眼里。

汉景帝即位后的第二年，薄太后去世，朝廷颁布了举国上下为太后"服丧"的指令。而刘戊觉得山高皇帝远，一如既往吃喝玩乐，丝毫没有节制，甚至与他人发生奸情，被以"大不敬"之罪告发。

汉景帝念其有同宗之情，没有采纳诛杀刘戊的建议，而是削去了部分封地。刘戊对此大为不满，与吴王刘濞等合谋反叛，掀起了"七王之乱"，最终兵败自杀。

元狩三年（前120），就在霍去病大破匈奴连连告捷时，在彭城一个残破不堪的屋子里，一个女婴呱呱落地，家人给她取名"解忧"。由于刘戊叛乱兵败而死，他的家族受到株连，早已衰败没落，几乎没有人关注到这个小生命的到来。

和刘细君一样，刘解忧从小生活在恶劣的环境中，童年和少女时代几乎没有留下什么美好的回忆，但与刘细君不同的是，她并没有因此而愁怨，所经历的种种苦难磨砺了她，使其性格更为坚毅和刚强。

太初四年（前101）的一天，武帝在未央宫接见来自乌孙的使臣，他们带来了细君公主去世的消息，同时希望再次迎娶汉朝公主，延续双方联盟。

武帝曾经收到细君公主回朝的请求，知道她在乌孙过得很不容易，但没想到如此年轻就死在了异域，看来让一个汉族女子在乌孙扎下根来绝非易事。

这次该选择谁呢？对于长安城里的王公贵族千金和大家闺秀们，遥远的西域简直就是人间地狱，宗亲贵族都不愿将自己的女儿远嫁。经人提醒，武帝想起了被遗忘许久的罪臣之后刘解忧。于是，一份诏书送到了破败萧索的楚王府，这一年，刘解忧十九岁。

在刘解忧看来，一切似乎都是命中注定，她丝毫没有想要反抗的念头。这些年来经历了太多的冷漠和白眼，让她对苦难有了深刻的认识，更让她拥有了超越年龄的成熟。她知道为了让整个家族摆脱厄运，自己必须要踏上这条西去的道路，以此来替祖父赎罪。

西去的道路极其漫长，经过千里的颠簸，好不容易到了阳关，前面便是陌生的西域。从长安出发后，刘解忧一路上心静如水，既然命运选择了自己，前方那片异域的土地，注定才是一生最后的归宿。

到了乌孙后，迎接她的是一场足够热烈的欢迎宴会，人们在篝火旁喝着葡萄美酒，载歌载舞，初来乍到的解忧公主被这份热情所打动，在新婚宴会上弹奏了《幽兰》和《白雪》，这里的人们从来没有听过如此古朴典雅的音乐，顿时觉得这位大汉公主不仅容貌娇美，还拥有出众的才艺。

乌孙王军须靡起初对解忧公主还算不错，但这样的日子没持续多长时间，语言成为彼此沟通很大的障碍，更重要的是匈奴公主为军须靡生下一子，取名泥靡，成了王位的继承人。而解忧公主多年无子，因此地位一落千丈，逐渐被军须靡冷落。

解忧公主虽被冷落，却引发了匈奴公主的忌恨，因为两人都身负使命，不单单是作为女人为得宠而争，而是大汉王朝和匈奴的地位之争。流传的一个民间故事说明了彼此斗争的白热化。说是有次解忧公主生病，让跟随她一起出行的大汉的太医找一些药材来对其诊治。但是他们当时又担心匈奴的夫人会对她下手，所以这些药物就没有口服，而是大胆地采用了用药物泡脚和按摩的方法进行治疗，结果却真的治好了解忧公主。于是她觉得这个方法非常好，就将这种医病的方式推广到西域，今天的足浴便由此而来。

解忧公主得不到夫君的宠爱，又深陷与匈奴公主的争斗中，为此感到非常苦闷，但她没有像细君公主那样天天悲戚伤怀。她知道，这样做无济于事，丝毫改变不了现状，不仅无法赢得别人的同情，还会使自己陷入自怨自艾无法自拔的境地。

解忧公主开始自我救赎，刻苦学习当地语言文字。她走出后宫，深入民间，了解风土人情，帮助牧民抵御自然灾害，哪里有灾情，哪里就有她的影子。

解忧公主还鼓励牧民植树造林，发展农业，支持商人和周边国家进行贸易往来。在她的建议下，乌孙开通了多个通商口岸，促进了当地经济发展。她以自己优秀的表现，渐渐赢得了乌孙民众的爱戴。

除此之外，解忧公主还做了一件大事：派遣身边侍女冯嫽出使西域其他国家，将武帝赠送的礼物分发给各国国王，宣扬大汉的威名和教化。

冯嫽是跟随解忧公主前往乌孙的众多侍女中的一个，但是她与其他侍女不同，史书上说她生性聪慧，知书达理，善写隶书，具有一定的文化素养。更重要的是，冯嫽的学习能力很强，到了乌孙后，她也入乡随俗，经常驰马牧场，出入毡帐，用了不长的时间，便通晓西域的语言文字和风俗习惯。

冯嫽成了解忧公主身边的重要依靠。在陌生的异域，两人相互慰勉，不像是主仆，倒像是闺蜜，解忧公主对冯嫽非常信任，自己不方便出面的一些事情，都交由冯嫽去处理。

出使西域各国，是解忧公主交给冯嫽的一个重要使命，事实证明，冯嫽是绝对值得信任的。"尝持汉节为公主使，行赏赐于城郭诸国，敬信之，号曰冯夫人。"冯嫽不辞辛劳，奔走于各国之间，馈赠礼品，沟通交流。

各国君臣见到一位女性使节，原本就感到很惊讶，没想到这位女使臣非同一般，不仅落落大方，善于辞令，而且熟悉各国语言，与当地人交谈连翻译都不用，因此各国对她都十分敬重，尊称为"冯夫人"。

因此，冯嫽被誉为中国历史上第一位女外交家。

就在解忧公主逐渐打开局面时，她的夫君乌孙王军须靡死了。由于军须靡与匈奴公主所生的泥靡年纪尚幼，为了维持内部的稳定，临终前军须靡将王位传于堂弟翁归靡，同时他提出一个要求，那便是将来翁归靡死后，要将王位传给泥靡。

对于逝去的这位夫君，解忧公主谈不上有太深的感情，毕竟她长期被冷落。按照当地的风俗，解忧公主嫁给了新的乌孙王翁归靡。没想到，本来对未来生活不报太多希望的她，在第二段婚姻中迎来了人生最美好的时光。

翁归靡号称"肥王"。当年，老乌孙王猎骄靡痛惜长子之死，将王位交给长孙军须靡继承，这引起猎骄靡另一个儿子大禄的强烈不满。拥兵自重造成了乌孙的内部分裂，而翁归靡便是大禄的儿子。

翁归靡对这位才貌皆备的大汉公主原本非常欣赏，没想到有一天她会成为自己的夫人，他没有像军须靡一样将其视为一段政治婚姻，而把所有感情都给了解忧公主。

解忧公主生平第一次感受到了爱情的滋味。两人琴瑟和鸣，恩爱异常，后来解忧公主为翁归靡生下了三个王子和两个公主。

翁归靡和解忧公主甜蜜的生活，使得他对汉朝有了进一步的认识，意识到想要巩固统治，消除匈奴的威胁，让乌孙强盛起来，就必须改变以往在匈奴和汉朝间摇摆不定的态度，彻底坚决地依附大汉。

翁归靡于是多次上书汉朝，表达了友好亲近之意。解忧公主由此终于实现了来到乌孙的目的，回顾走过的路，尽管经历了不少波折，但她勇敢地坚持下来，现在看来，一切的付出都是值得的。

翁归靡与汉朝交好，惹恼了匈奴，很快一个重大考验来临了。匈奴单于发兵先是胁迫车师降服，然后联合车师大举进攻乌孙，叫嚣着让翁归靡交出解忧公主。

面对来势汹汹的敌军，乌孙王庭人心惶惶，这样的局势给了亲匈奴派难得的机会，他们纷纷跳出来，主张满足匈奴单于的要求，将解忧公主交出去，否则乌孙将有倾亡覆灭的危险。

翁归靡当然不会听从，却也陷入了左右为难的境地。交出解忧公主，他办不到，一个男人保护不了自己心爱的女人，那还叫什么男人，更何况是一国之君。但是不交出解忧公主，只能和匈奴开战，无论胜负，都将会给百姓带来莫大的灾难，这同样是他所担忧的。

解忧公主明白夫君心里的想法，她不在乎自己的生死，却不愿因此折损大汉的威名，更不能葬送汉朝和乌孙的联盟。于是，她建议翁归靡不要向匈奴低头，而向汉朝求援抵抗匈奴的进犯。

翁归靡见解忧公主意志坚定，便不再犹豫，立即上书汉廷，奏明乌孙国的危难情势，请求汉朝出兵支援。只是非常不赶巧，正当西汉朝廷接到奏报、研判形势、商议出兵时，汉昭帝驾崩了。整个朝廷忙着为昭帝送葬以及迎立新君，根本无暇他顾，因此这份求援信石沉大海，迟迟得不到任何回复。

没有汉朝的援兵，解忧公主陷入了巨大的压力之中，不仅要抵御匈奴的入侵，还要对付内部亲匈奴派的威逼。这种考验不是第一次摆在她的面前，但与过去不同，这次她无法依靠大汉这个坚强的后盾。

对于解忧公主如何度过这场危机，史书没有详细记载，想必是坚定的意志和出众的智慧发挥了重要的作用，在她的支持下，翁归靡严整军队，坚决抵抗，使得匈奴大军自始至终没有进入伊犁河谷。

汉宣帝即位后，派遣常惠出使乌孙，解忧公主这才知道汉廷的变故。她和翁归靡通过常惠再次向汉朝求援，表示乌孙能够派出五万精骑与汉军东西夹击匈奴。

一年多后，终于等到令人兴奋的消息，宣帝下诏发兵十六万，由赵充国、范明友等五位将军率领分道而出，又令常惠为校尉，持节到乌孙与翁归靡一起反击匈奴。从人数来看，这是汉朝最大规模的一次对外征战。

只是这场大战的主角并不是十六万汉军，而是五万乌孙骑兵。汉军五路出击，但斩获很少，斩杀匈奴总计不过数千人。倒是乌孙军队借助汉军强大的威慑力，在常惠的运筹帷幄下，翁归靡抓住战机，率军千里奔袭，直捣匈奴右谷蠡王的老巢，俘获匈奴单于的父辈与公主、名王、骑将等三万多人，牲畜七十多万头，取得了辉煌战绩，使得匈奴元气大伤，从此一蹶不振。

三

　　成功化解这场危机,有个人发挥重要的作用,此人便是常惠。从此他与西域以及解忧公主的命运紧紧联系在了一起。

　　常惠是个具有传奇经历的人物。年轻时家里非常贫寒,为了改变命运,不到二十岁的他主动应募,成为苏武出使匈奴使团中的一员。出使匈奴期间,遇到了突发情况,匈奴发生内乱导致使团被扣押,苏武被流放到今西伯利亚贝加尔湖一带去牧羊。

　　本来想着建功立业的常惠,没想到竟然在漠北度过了十九年,可以说,他一生的黄金时光都留在了这片苦寒之地。

　　汉昭帝始元六年(前81),常惠无意中听说一个消息,说是汉朝派使者来匈奴找寻苏武下落,同时得知匈奴人对汉使谎称苏武早已死了。焦急万分的常惠想尽办法见到了汉使,告知了实情,匈奴见谎言被识破,只好放了苏武。

　　苏武和常惠回到汉朝后,苏武被封为博望侯,"苏武牧羊"的故事从此传遍天下,苏武成了受人敬仰名垂青史的光辉人物。常惠受封光禄大夫,但大部分人不知道常惠在其中所发挥的重要作用。

　　常惠对此并不在意,能活着回来,他已经非常感恩。十九年艰难的岁月,没有磨灭他的雄心壮志。虽然年过不惑,在当时已算是老年人,但常惠并不想颐养天年,依然渴望着为大汉建立新的功业。

　　这个机会很快来临了,本始二年(前72),常惠被宣帝选中,作为出使西域的使者。

当时乌孙的情况非常危急，常惠经过几千里艰苦跋涉，终于到了乌孙的赤谷城，了解局势后接受了翁归靡和解忧公主的请求，上书宣帝出兵，才有了十六万汉军支援乌孙的行动。紧接着常惠与翁归靡率领乌孙军队大破匈奴。这一仗打得干脆漂亮，使得匈奴失去了对西域的控制权，常惠凭借此战，因功被封为长罗侯。

在别人看来，常惠已经实现了人生价值，可以安度晚年了。但没想到，这只是他高光表现的开始，从此后他经常辗转奔波与长安和西域之间，成为宣帝经略西域战略最重要的执行者。

1990—1992年，甘肃省考古队对悬泉置进行了抢救性考古发掘，在出土的一万五千多枚汉代简牍中，有一套《元康五年悬泉置过长罗侯费用簿》的简牍记载了长罗侯常惠率领乌孙迎亲使团在悬泉置的吃穿用度，使团人数等细节。根据史料记载，常惠出使西域至少有六次之多。

常惠帮助翁归靡和解忧公主击败匈奴、稳住乌孙局势后不久，又干了一件大事——收拾龟兹国（今新疆库车）。龟兹国曾经杀害汉朝屯田校尉，不过已经是历史旧账。

常惠此时提出复仇的建议，并非仅针对龟兹国，而有更深的用意。在出使西域的过程中，常惠发现大部分"国家"采用了"骑墙"政策，一会儿倒向汉朝，一会儿又投靠匈奴。惩治龟兹就是为了杀一儆百，让这些"墙头草"能够坚定向汉朝靠拢。

常惠的上奏获得批准，只是他手下只有五百官兵，根本无力单独进攻龟兹。不过，这难不倒常惠，他用金银财宝买通了龟兹东边和西边的邻国，调集了三万大军，再加上乌孙支援的七千骑兵，从三面围攻龟兹。

龟兹王被这样的阵势吓破了胆，赶忙派人求和。常惠斥责龟兹曾杀害西汉校尉的恶行，龟兹王表示那是他父王听信权臣姑翼所为，随即将姑翼交给了常惠，常惠杀掉了姑翼，觉得达到了出兵目的，因此罢兵回朝。

常惠此次征伐龟兹，对其他"国家"起到了警示作用。更重要的是，开创了一种经略西域的新方式。他几乎没有使用汉军，而是调动了西域其他"国家"三万余人的军队，实现了"以夷制夷"的目的，常惠这种方式被后来东汉王朝的班超发扬光大。

内忧外患消除后，解忧公主在乌孙的日子回归了正常。这是她人生最美好的时光，有深爱她的夫君，有拥戴她的臣民，而且乌孙彻底断绝了与匈奴的联系，完全归附于大汉，她不再是大汉的罪臣之后，而成了有功之人。

美好的日子总是短暂的，随着时间的推移，一个现实问题摆到了解忧公主面前，便是翁归靡逐渐老去，到了选定接班人的时候。

按说这原本不是问题，因为按照当初翁归靡和上一任国王猎骄靡的约定，应该将王位传于猎骄靡和匈奴公主所生的泥靡。但如此一来，解忧公主的处境会变得非常艰难，汉乌联盟也有破裂的危险。因此，翁归靡思来想去，最终改了主意，决定将王位传于自己和解忧公主所生的长子元贵靡。

元康二年（前64），翁归靡上书汉宣帝称："愿以汉外孙元贵靡为嗣，得令复尚汉公主，结婚重亲，畔（叛）绝匈奴。"这里包含两层意思：一是决定立大汉的外孙元贵靡为继承人，这样能保证对汉政策的连续性；二是请求将汉朝的公主嫁给元贵靡，双方亲上加亲，汉孙友谊就会变得更加牢不可破。

宣帝欣然同意，在他看来，这样的处置方式对汉朝最为有利，送一个公主过去,能够继续维持两国联盟关系,这样的性价比着实不错。

这次选定的和亲公主和解忧公主有关,是她侄女刘相夫。汉廷先让刘相夫到长安上林苑居住,专门学习乌孙的语言,了解乌孙的风俗,为即将成为新的乌孙国母做准备。接着又派熟悉乌孙情况的常惠作为助手,带着四名持使节者,护送刘相夫到乌孙和亲。

然而,计划赶不上变化,常惠等人刚刚走到敦煌,还没踏入西域,从乌孙国传来一个爆炸性的消息,翁归靡去世后元贵靡并没有成为新国王,登上王位的是泥靡。

原来在翁归靡死后,乌孙朝廷发生了权力斗争,乌孙贵族们坚持要依照老乌孙王军须靡的遗嘱,扶立泥靡为新的乌孙王。

在这场王位争夺战中,解忧公主和元贵靡完全处于下风,除了乌孙贵族人多势众外,重要的是他们在道义上不占优势,毕竟当年翁归靡答应过猎骄靡,在自己死后将王位传给泥靡。如果没有这个承诺,恐怕翁归靡当初不会成为乌孙王。而翁归靡后来改变主意,将位置传给元贵靡,显然是违约在先。

常惠得知这个消息,只能让大汉的送亲队伍暂时在敦煌停留,然后上书朝廷请求派自己前往乌孙,想办法让乌孙改立元贵靡为王,然后回来迎护刘相夫。

宣帝将此事交由朝臣们讨论,大臣萧望之认为乌孙摇摆不定,难以结为盟友,元贵靡作为权力斗争的失败者,无望登上王位,既然乌孙违约在先,最好的方式就是立即单方面解除婚约。宣帝觉得有理,下诏让刘相夫从敦煌回朝。

解忧公主再次陷入了孤立无援的境地。夫君翁归靡死了,大汉的和亲队伍也走了,如今王位上坐着与自己格格不入的泥靡。

在解忧公主看来，个人的命运可以完全不顾，却不能让苦心经营多年的汉乌联盟瓦解。为了维护汉朝在乌孙的势力，解忧公主做出一个惊人的决定——再嫁泥靡，当时她已经五十多岁，由此解忧公主成了三任乌孙王的夫人。

泥靡有一个别号叫作"狂王"，顾名思义，脾气暴躁，喜怒无常，这样的秉性可能和翁归靡执政时，他在精神上感到畏惧受到压抑有关。虽然解忧公主后来为他生下了儿子鸱靡，但泥靡并没有展现出丝毫关爱和友善，反而变本加厉折磨解忧公主，两人的矛盾越来越深。

泥靡不仅对解忧公主如此，对臣子和部众也是残暴不仁。史书上说他"暴恶失众"，所推行的暴政不得人心；又说"狂王为乌孙所患苦"，乌孙人对泥靡很不满，非常忧虑国家的前途和命运。

眼见泥靡倒行逆施，已经到了众叛亲离的地步，为了乌孙也为了大汉，解忧公主决心除掉"狂王"。此时正好汉使魏和意和任昌来到乌孙，此行的目的是护送解忧公主在长安入质的儿子大乐回国。

解忧公主找到两位汉使，讲述了乌孙人对泥靡的不满，希望能与他们联手除掉泥靡，重新修复汉乌关系。两位汉使欣然同意。

解忧公主深知成败在此一举：如果成功了，可以名正言顺扶助长子元贵靡即位，成为新的乌孙王，到时公布泥靡的罪行，必能得到乌孙人的拥戴，就算有部分亲匈派闹事，凭借汉朝和乌孙联手，应该很快就能平息；但如果失败了，不仅她和元贵靡的性命堪忧，乌孙与汉朝的关系有可能彻底破裂。

于是，乌孙历史上著名的一场"鸿门宴"上演了！

解忧公主以招待汉使为名设宴，邀请泥靡出席。席中安排刺客刺杀，遗憾的是，因为剑法不精，没有刺中要害，泥靡负伤逃走，精心策划的行刺行动宣告失败。

从"鬼门关"走了一趟的泥靡，又惊又恨，下令让儿子带兵将解忧公主和汉朝使臣围困在乌孙都城赤谷城。乌孙顿时陷入了一片混乱，情势一度非常危急，直到几个月后，西域都护郑吉发动诸国联军来解救，"狂王"的兵马才撤走。

虽然解了围，但解忧公主心里清楚，刺杀失败将会产生严重的后果。事实证明了她的判断，首当其冲是乌孙发生了分裂，形成了三股势力，分别为泥靡父子、解忧公主母子和乌就屠父子。乌就屠是翁归靡与匈奴公主所生，他趁乱逃出了赤谷城。

在三个阵营中，解忧公主无疑是最弱的。更重要的是，如果仅仅是解忧公主组织刺杀行动，只能算是乌孙内部纷争，但是汉使参与其中，性质就变了，变成了汉朝干涉乌孙内政，如果处理不好，乌孙可能会与汉朝交恶，重新投靠匈奴。

宣帝听闻消息，意识到了问题的严重性，为了安抚泥靡，他下令将参与刺杀行动的两位汉使魏和意和任昌就地拘拿，押解到长安后斩首——用两颗人头向泥靡表明，参与行刺只是汉使的个人行为，和汉朝官方无关。

不过，杀掉魏和意和任昌还可以从另外一个角度解读：并非因为两人参与了刺杀，而是因为没有成功。如果除掉泥靡，扶立元贵靡即位，这两位想必不仅能保住脑袋，还会被当作功臣论功行赏。

为了进一步表示诚意，宣帝还派中郎将张遵带着医生前往乌孙给泥靡治伤，并赏赐黄金二十斤及若干丝织品。另外，派遣车骑长史张翁到赤谷城调查刺杀案的真相。

插上权力翅膀的张翁还真当回事，到了乌孙后下令收押解忧公主，解忧公主为自己辩解，一下子惹怒张翁，竟然搞起了"刑讯逼供"。他抓住解忧公主的头发一阵痛斥，并辱骂解忧公主的先祖。

张翁智商实在堪忧，显然错误领会了宣帝的意图，以为汉朝将执行扶持泥靡的政策，所以要查明真相，然后顺藤摸瓜找到真凶。

但张翁不清楚，解忧公主和汉使刺杀"狂王"泥靡，其实是汉廷的本意，只不过是失败了。为了维持两国关系，派人去调查只是装装样子，做给泥靡看，没想到张翁却当了真，居然暴力侵犯为汉乌联盟立下首功的解忧公主。

张翁为判断失误付出了惨痛代价，回到长安后被立即处死。另外一个倒霉的是留在乌孙为泥靡治伤的副使季都，他为泥靡治好了伤，但回到长安后被宣帝下令处以腐刑，罪名是"坐知狂王当诛，见便不发"，明知道应当诛杀狂王，有很好的机会却没有下手。

泥靡的伤治好了，命却很快没了。不过，杀掉他的不是解忧公主，而是乌就屠。乌就屠逃出赤谷城后，聚集了一部分人马上了北山，对外声称要请匈奴外祖父家派兵来帮助自己。

作为上一任乌孙王的长子，乌就屠声望本来就很高，追随他的人越来越多，成为三足鼎立中实力最强的一支。他由此膨胀起来，觉得乌孙王位应该归他所有，于是发兵杀死了泥靡，自立为乌孙王。

四

乌孙的内战一触即发！

汉朝朝廷此时意识到，通过乌孙的一系列变故，不能再搞"绥靖政策"，归根到底还是要靠实力说话，于是派遣破羌将军辛武贤率领五千人进驻敦煌，测量地形，开凿井渠，建仓运粮，摆出要讨伐乌就屠的态势。

时任西域都护郑吉考虑到汉军远道而来，兵马疲惫，如果与乌就屠交战，没有十足取胜把握，不如先礼后兵，建议派人与乌就屠谈判，如果谈判破裂，再发兵也不迟。

只是派谁深入虎穴呢？当郑吉说出她的名字时，属下们惊讶不已，因为是一个女使者，被称为"冯夫人"的冯嫽。

郑吉做出这样的决定，看重的是冯嫽曾经以使节身份代表解忧公主出使西域诸国，取得了巨大成功，具有丰富的外交经验和谈判技巧。还有一个重要因素是冯嫽嫁给了乌孙的右大将军，而右大将军和乌就屠私交不错，因而她是纷争双方都很敬重和信得过的人。

冯嫽没有丝毫退缩，勇敢接受了这个使命，只身一人前往北山去见乌就屠。临行前，解忧公主召见了她，嘱咐说自从汉乌和亲以来，从来没有发生大规模的冲突，如果一旦开战，无论胜负，多年辛苦构建起的同盟关系将会土崩瓦解，所以此次谈判至关重要，要努力说服乌就屠，以不战而屈人之兵。

冯嫽深感责任重大，但她也知道，说服乌就屠并非易事，搞不好还会有性命之虞。但是为了完成解忧公主的嘱托，为了大汉和乌孙的关系，她早已将生死置之度外。

乌就屠起初对冯嫽的态度并不好，之所以同意见冯嫽，主要是看在她夫君右大将军的面子上。但令他惊讶的是，冯嫽像吃了豹子胆，刚见面就说了一句狠话："以汉兵方出，必见灭，不如降。"——汉朝大军倾巢而出，乌就屠必被剿灭，不如趁早投降，以避免乌孙百姓遭遇生灵涂炭。

看着冯嫽坚定的眼神，听着掷地有声的话，乌就屠内心升腾起一份恐惧，一时沉默不语。他其实心里很清楚，凭借自己的实力，不是汉军的对手，如果真打起来，最后的结局恐怕是鱼死网不破。

好不容易自立为王的乌就屠，当然不肯主动放弃王位，在冯嫽的劝说下，他提出一个折中方案：王位可以让给元贵靡，但请求汉朝给他一个封号。冯嫽当即答应。

就这样，冯嫽以过人的胆识和才智成功劝降乌就屠，避免了一场箭在弦上的战争，将汉乌之间的兵戈化为无形。

远在长安的宣帝听闻这个喜讯，感到非常高兴，很想见见这位奇女子，于是特召冯嫽归朝。接到诏令，冯嫽喜出望外，四十年前她随解忧公主来到西域，根本就没想到还能回到大汉。更让她激动的是，这次居然是皇帝亲自下达的诏命。

返回长安的路途中，冯嫽心中一直都难以平静。斗转星移，回想起几十年前，正是沿着这条道路去往西域，如今她又回来了，不同的是，自己已经由最初一个不起眼的侍女变成了一位令人崇敬的巾帼英雄。

尽管冯嫽见过不少大场面，但再次看到长安城时，还是禁不住泪流满面。让她更为感动的是，宣帝下令让文武百官到城郊迎候，给了冯嫽极高的礼遇。

长安城里的百姓听闻这样一位奇女子返京，争先恐后出城来目睹冯嫽的风采，一时间人山人海，导致道路堵塞，成了轰动京城的事件。

宣帝在冯嫽抵京的当日便召见了她，详细询问有关情况，冯嫽奏报了整个谈判经过，并建议赐给乌就屠一个封号以安其心。

宣帝盛赞冯嫽的远见卓识和忠胆豪气，对她提出的建议全部采纳，封解忧公主之子元贵靡为乌孙大昆弥、乌就屠为小昆弥，并派遣冯嫽到乌孙宣布旨意。

和上次受解忧公主之托出使西域各国不同，如今冯嫽是皇帝敕封的正使，她手持汉节，乘坐驷马锦车，到达乌孙传达皇帝圣旨，成为中国历史上第一位也是唯一官府派遣的女性使者，即使放眼世界历史也极为罕见。

乌孙自此成为西汉的属国，汉朝为大小昆弥划分了地界和民众，大昆弥六万多户，小昆弥四万多户。

解忧公主实现了生平夙愿，当年远嫁乌孙，就是为了能让汉乌结盟，如今乌孙完全归附大汉，两国关系已牢不可破。为了这来之不易的局面，她几乎将整个人生都献给了这项事业，献给了这片土地。

解忧公主此时已是将近七十岁的老人，身体每况愈下，更让她感到心力交瘁的是儿子元贵靡和鸱靡先后病逝，年已古稀的她今生已别无所求，唯一的念想是返回故土，最终叶落归根。

于是，解忧公主上书宣帝，表示说："年老土思，愿得归骸骨，葬汉地。"当年细君公主也曾向武帝提出归汉的请求，但没有被准许，最终使得她在乌孙郁郁而终。

今非昔比，解忧公主已经完成了历史使命，而且年事已高，这应该是她人生中的最后一个请求。宣帝见到上书，心里顿生怜悯，下诏恩准，并派出使者迎接解忧公主回朝。

五

解忧公主踏上归途时已是秋天，一望无际的草原被秋色浸染，层层绿意逐渐被漫天的金黄覆盖，天空依旧湛蓝无比，只是云朵比夏天显得更加高远。

解忧公主在众人的簇拥下走向了车驾，虽然几十年过去了，但她依然清楚记得当年来到这里的情景，如今在这个异域生活了五十年，没想到最后竟然还能活着回到大汉故土。

解忧公主不由想起这些年经历的风风雨雨，有初来乍到的陌生和不适应，有和翁归靡之间的浓情蜜意，还有惊天骇浪和血雨腥风。

她曾经感到恐惧、无助，也曾拥有过欢欣和幸福，所有的酸甜苦辣，最终染白了一头青丝，如今她这个散落天涯的游子，终于可以回家了。

尽管充溢着归乡的欣喜，但对于即将离开的这片土地，解忧公主同样深感不舍，相对于只生活了十几年的中原，这里更像是家乡，她早已与这片土地融为一体。只是无论走了多远多久，魂魄却始终属于千里之外的故土，如今生命已经步入倒计时，是时候回到自己最初来到这个世界的地方。

迎候解忧公主的是老朋友常惠，他们算是生死之交。在常惠的护送下，解忧公主由阳关入塞，返回了大汉故土，同她一起归汉的还有自己的两个孙女和一个孙子。

经过长途跋涉,解忧公主终于再一次看到长安城,当年离开时,她还是一个年轻貌美、充满活力的姑娘,如今却已是满脸皱纹的垂垂老妇,一切都物是人非了,就连下诏让她和亲的武帝也已经故去三十六年,而下诏恩准他回朝的宣帝,则在她远嫁乌孙十年后才来到了这个世界。

宣帝亲自出城迎接,能够享受这样的礼遇极为罕见,特别是对于这样一位女子。长安的民众也很好奇,当解忧公主的车驾出现在宣帝和大众的视野中时,他们看到的是一个身穿汉族服饰的老妇人和三个身穿异域服装的小孩子。

回到长安的解忧公主,由衷体味到了人生的无常。五十年过去,这里已经没有她相识的人,父母、兄弟和四邻都已经去世。不过,这对解忧公主不再重要,她压根儿没想到能活着回来,在她之前的和亲公主大多葬身于草原或大漠,她无疑是最为幸运的一个。

宣帝对解忧公主的生活非常关照,"奉养甚厚",下诏赐予公主级别的田宅、奴婢,朝见礼仪也比照公主。就这样,解忧公主在长安度过两年时光后,安详地离开了这个世界。

临终前,想必她的脑海会再次萦绕异域的那片土地,回想起草原上一个个美丽的清晨和黄昏,她曾在那里欢唱,也曾在那里祈祷,到最后草原消失了,所有的过往好像是做了一场梦,此刻终于到了落幕的时刻。

解忧公主虽逝去,汉朝和乌孙的联盟关系还在继续,但在中间发生了一个变故。

元贵靡死后,他的儿子星靡代行大昆弥职责。星靡生性懦弱,治国无方,乌孙政局发生动荡,亲匈奴的势力开始抬头。在长安的冯嫽听到这个消息,心里万分焦急,她不想让解忧公主的努力付之一炬,不顾自己年事已高,主动请缨请求再次出使乌孙。

宣帝此时已驾崩,汉元帝即位。他起初不忍心让一个古稀老人千里奔波劳累,但考虑到乌孙的情势以及冯嫽的拳拳赤子之心,最终同意了她的请求,并派遣百名士兵护送她到乌孙。

初元元年(前48),冯嫽第三次踏上了西去道路,经河西走廊远赴西域。在整个西域地区,"冯夫人"始终是一个令人尊敬的响亮名号。乌孙民众听说冯嫽回来了,纷纷出城迎候,甚至有人跑出几百里地去远道迎接。

冯嫽到达乌孙后,凭借崇高的威望迅速稳定了乌孙局势。白天,她协助星靡和大臣们一起处理国政,晚上还不辞辛劳教星靡学习经史,讲授做仁君的道理,她用人生最后的时光使得乌孙实现了国泰民安,汉朝和乌孙的友好关系继续得以维系。

和解忧公主一样,冯嫽的一生也足够传奇,原本只是侍女的她,凭借非凡的外交才干,破天荒地成为大汉的正式使节,为强化汉朝同西域各国的友好关系,做出了杰出的贡献,赢得了后世由衷的赞美。

唐代虞世南在《拟饮马长城窟》一诗中写道:"前逢锦车使,都护在楼兰",这里的"锦车使"源于《汉书》中所说:"冯夫人锦车持节,诏乌就屠诣长罗侯赤谷城,立元贵靡为大昆弥,乌就屠为小昆弥,皆赐印绶。"

著名历史学者蔡东藩称赞说,"锦车出塞送迎忙,专对长才属女郎,读史漫夸苏武节,须眉巾帼并流芳"。并说,"苏武后,复有冯夫人之锦车持节,慰定乌孙,女界中出此奇英,足传千古"。蔡东潘将她与苏武相提并论,给予了极高的评价。

冯嫽最后一次出使乌孙时,解忧公主已经故去。如果地下有知，一定会为自己的好助手好姐妹而喝彩，她当初没有看错人，冯嫽用自己的一生兑现了解忧公主对她的信任。

解忧公主去世十六年后，有了著名的昭君出塞。相比于王昭君和后来的文成公主，解忧公主的名气显得很暗淡。但放在历史的长河中，就影响范围和历史作用，解忧公主理应得到更多尊敬。她在乌孙深耕五十多年，建立和巩固了汉朝同乌孙的友好关系，极大促进了和西域各国的政治、经济、文化等联系和交流。

特别值得一提的是，在解忧公主的努力下，乌孙和汉朝联手大败匈奴主力，使其元气大伤，不仅彻底解决了匈奴的威胁，还大大加快了汉朝统一西域的步伐。

法国著名历史学家鲁保罗教授在名著《西域的历史和文化》中指出："汉朝对该地区（西域）的真正占领应断代为公元前70—前60年之间"，讲的就是当时形势的巨大影响力。

匈奴退出西域后，宣帝神爵二年（前60），汉朝设立了西域都护府，在西域地区设官、驻军、推行政令，不仅确保了丝绸之路的畅通，也使得西域成为中国不可分割的一部分，正如《汉书·郑吉传》中所称："汉之号令班西域矣！"

不久后匈奴内部发生分裂，分为南匈奴和北匈奴，后来南匈奴选择归附汉朝，提出了和亲请求，这才有了昭君出塞的历史事件。

更为称道的是解忧公主不仅身体力行，她的子女同样也为汉朝和西域各国发展友好关系做出了重要贡献。例如她的长女弟史嫁给了龟兹王绛宾，使得龟兹与汉朝的关系变得非常密切。

绛宾和弟史曾带着多种龟兹乐器来长安朝贺，宣帝封弟史为汉家公主，并留他们在长安住了一年。宣帝赐予他们"车骑旗鼓，歌吹数十人"，中原的乐舞和乐器从此传到了龟兹。这是西域与中原第一次大规模的乐舞交流。

在弟史公主的支持和指导下,龟兹的音乐舞蹈艺术发展很快,各种音乐形式对撞交融,形成了辉煌的龟兹乐舞,龟兹国因此变成了举世闻名的歌舞之乡。

江山如画,美人如歌,如今距离解忧公主踏上西去的道路已经两千多年,一切都湮没在历史的尘烟中,汉朝没了,乌孙没了,只是那片土地上依然流传着解忧公主的故事。

一如她的名字一样,解忧公主用一生的付出和努力为大汉解了西域之忧。

陈汤

一

汉元帝建昭四年（前35），长安未央宫，一场朝议正在进行中，议定的结果将直接决定两个人的最终命运，到底是人头落地还是要封官晋爵。

即将接受命运审判的这两位，是西域都护校尉甘延寿和副使陈汤，不久前，他们率军剿灭了与大汉为敌的北匈奴郅支单于。按说这对汉朝来讲是一桩大喜事，问题出在采用的方法犯了大忌，在没有皇命的情况下，假托圣旨兴兵讨伐。

朝臣们对如何处置两人意见并不一致，重臣石显、匡衡认为理应下狱，不杀头已算是格外开恩，绝对不能封赏，理由是："甘延寿、陈汤擅自假托皇帝命令兴师动众，如果再晋爵位赐食邑，那么以后奉命的使者就会争先恐后冒着危险以取得侥幸，在蛮夷中惹起祸端，给国家带来危难，这个头不难开！"

坐在龙椅上的元帝听着朝臣们陈述，同时阅看着陈汤的上奏："臣闻天下之大义，当混为一，昔有唐虞，今有强汉。匈奴呼韩邪单于已称北藩，唯郅支单于叛逆，未伏其辜，大夏之西，以为强汉不能臣也。郅支单于惨毒行于民，大恶通于天。臣延寿、臣汤将义兵，行天诛，赖陛下神灵，阴阳并应，天气精明，陷陈克敌，斩郅支首及名王以下。宜县头藁街蛮夷邸间，以示万里，明犯强汉者，虽远必诛。"

这段话翻译过来的大致意思是：臣等听说天下的大道理，应当

陈汤

是天下一统,以前有唐和虞,如今有强汉。匈奴呼韩邪单于已经归附,只有郅支单于反叛对抗而没有受到惩罚。大夏以西的地方,都以为强大的汉朝不能使郅支单于臣服。郅支单于残害百姓,罪大恶极。臣甘延寿、陈汤率领仁义的军队,替天诛伐,依赖陛下的神灵,阴阳调和,天气晴朗明丽,冲锋陷阵打败敌人,斩了郅支单于的首级并杀死名王以下的人。应把所砍的头悬挂在长安城南门蛮夷官邸所在的藁街,用以昭示万里之外的人,让他们明白胆敢违犯强大汉朝的,即使再远也一定要诛杀。

元帝读到最后一句,眼睛顿时一亮,好一个"明犯强汉者,虽远必诛"!一股浓烈的豪气跃然纸上,使得他不由想起霍去病那句名言——"匈奴未灭,何以家为!"

只是陈汤的这句话似乎更为霸气。元帝顿时觉得,单凭这句话,这样的功臣都应该封赏。但转念一想,石显等人说得也有道理,如果开了这个先河,有变相鼓励臣子矫诏行事的嫌疑,由此会乱了朝纲,甚至威胁社稷,因此元帝陷入犹豫之中,一时没有做出决断。

结束朝议,元帝回到寝宫,"明犯强汉者,虽远必诛"一直萦绕在他的脑海中。大汉立国到今天,已经过了一百七十年,从来没有人说过如此豪言壮语,里面透出的是一种超级自信和独属于大汉的威严。更重要的是,甘延寿、陈汤不是单纯喊口号,而是付诸实践,建立了奇功。

元帝越来越觉得,对于如此有胆识的忠勇之人,不加以奖赏反而给予处罚,实在有些说不过去。就在他犹豫不定时,刘向上奏为甘延寿、陈汤请功。

刘向是皇亲国戚,曾直言石显是奸佞小人,被石显所陷害,贬为庶人。他非常痛恨石显等专权，看到他们又要迫害立下大功的甘延寿和陈汤，站出来仗义执言。

刘向表示郅支单于杀害汉朝使节和官兵，严重挫伤了大汉的威望。本来就应该讨伐诛杀郅支单于，但由于种种关系没有来得及实施，而西域都护甘延寿、陈汤统帅军队，深入绝域，九死一生，斩下郅支单于的首级，为谷吉等人报仇，洗刷了大汉的耻辱，建立了卓越功勋，使得万夷臣服，保障了后代的安宁，群臣中所建立的功勋没有比他们更大了，但是他们如此大的功劳却没有得到表彰，小的过失却被到处传布，使人深感痛惜！应该免罪不究，封授爵位，用以奖励有功之人。

刘向的话说到了元帝的心坎上，让他做出了最后的决定。他于是下诏说："匈奴郅支单于背叛礼仪，扣留并杀害了汉朝使者、官兵，面对如此耻辱，朕岂能忘记！之所以犹豫不决没去讨伐，是虑及兴师动众，劳苦将士，因此一直选择克制。如今甘延寿、陈汤见机行事，擅自假托皇帝的命令，征集西域各国兵力征伐郅支单于，并斩得他的首级，以及阏氏、贵人、名王和其他一千多人，两人虽然违反了国法，但于国内没有劳烦一人，没有动用国库，于万里之外建立功勋，威震百蛮、名扬四海，为国家除去残暴，边境为之安宁。虽然立下如此之功，但由于未遵守法令而有性命之虞，朕深为哀怜！特赦免甘延寿、陈汤，不再追究他们的罪过。"元帝的这份诏书有理有据，有情有义，朝臣们不好再说什么。

元帝赦免两人的罪行只是一个铺垫，主要是为论功行赏做准备。没过多久，下诏加封甘延寿为义成侯、陈汤为关内侯，每人赐食邑三百户，另赐给黄金一百斤。

陈汤听闻这个消息后喜出望外，这段日子简直就像坐过山车一

陈汤

样，原以为人头很难保住，但没想到峰回路转，不仅没受到任何处罚，到最后居然封了侯。有人告诉他这个消息时，他有些不相信自己的耳朵，直到前来宣旨的宦官让领旨谢恩时，才意识到一切都是真的。

陈汤心里笼罩着一种复杂的情绪，如果不是有外人在，想必早已潸然泪下。因为他从一个穷小子如今成为大汉的王侯，这一路走来实在太不容易了！

陈汤是山阳郡瑕丘县（今山东兖州东北）人，史书上说他"少好书、博达善属文"——从小就喜欢读书，而且涉猎广泛，颇有学识，写得一手好文章。按说拥有这样的个人素质，应该有一个很好的前程。

遗憾的是，陈汤出身不好，生在一个贫困的家庭，"家贫丏贷无节，不为州里所称"，穷得没有办法，只能四处借款，但时常又还不起，因此被很多人瞧不起。

这直接影响到了陈汤的前途，由于当时实行"察举制"，有才有德之人经过推荐才能走上仕途，陈汤虽然有才但家贫不被认可，所以州县向朝廷举荐时，他因为生在"老赖"之家而被一票否决。

心气颇高的陈汤不想这样度过一生，他觉得虽然无法选择出身，但可以选择自己要走的路。既然在老家混不出来，就决定去京城长安碰碰运气，毕竟京城机会更多，说不定能谋个一官半职。

在长安漂泊的陈汤几经周折，终于谋得了一个叫作"太官献食丞"的官职，即皇宫内廷食物采购员。职位虽然不高，但总算在京城有了立锥之地。同时，这份工作需要经常与宫廷打交道，有了这个平台，头脑灵活的陈汤主动结交了一些有头有脸的人物。

很快，陈汤遇到了生平的第一个贵人——富平侯张勃。

张勃大有来头。祖上是汉武帝身边的红人，著名的酷吏张汤。祖父张安世是三朝元老，担任车骑将军，曾经辅佐过昭帝、宣帝两位皇帝，"麒麟阁十一位功臣"排行第二，仅次于大权臣霍光，获封富平侯。父亲张延寿世袭富平侯，而叔叔张彭祖更是汉宣帝的心腹，获封阳都侯。由此看出，张家是名副其实的名门大族。

至于陈汤是如何攀上这位高枝，史书没有记载。想必陈汤出色的交际能力起了作用，他不仅结识了张勃，还让富平侯对自己非常赏识，两人打得火热，陈汤将升迁的希望完全寄托在这位贵人身上。

张勃没有让他失望，初元二年（前47），元帝下诏要求公侯大臣推荐年轻的才俊，张勃第一时间向朝廷举荐了陈汤，陈汤由此获得了"待迁"的孝廉资格，下一步就等着升官了。

富平侯带来的这个消息，使陈汤激动得几乎夜不能寐。作为一个苦寒家庭出生的孩子，他能走到今天实属不易。他觉得终于可以摆脱出身带来的桎梏，一条人生坦途摆在眼前。事实证明，当年决意离开家乡来到京城，这个选择相当英明，想尽办法讨好富平侯更是无比正确。

就在梦想即将照进现实时，生活却给陈汤开了一个大大的玩笑。家人带来了一个噩耗——他的父亲病故了。当时规定，官员的父母去世后，必须回家守孝三年，因此陈汤要放弃官员候选资格，意味着好不容易等来的升官希望将会泡汤了。这对升迁望眼欲穿的陈汤而言，简直难以接受。

富贵险中求，陈汤决定赌一把。他刻意隐瞒了父亲的死讯，想等朝廷的任命下来，找机会回老家办理丧事。陈汤心里很清楚这样做的严重后果，因为"孝"是当时儒家最高的道德准则，以孝治天下已深入人心。所以，从民间察举官员，叫"举孝廉"，要想做官，至少具备"孝顺"和"廉洁"两个基本素质。

陈汤不回乡奔丧无疑是严重不孝,如果这件事被发现,不仅升官要竹篮打水一场空,还有可能被下狱问罪。只是不想放弃唾手可得机会的陈汤,实在无法再等三年。自此之后,陈汤的日子过得胆战心惊,每日暗自祈祷不要东窗事发。

但没有不透风的墙,负责监察京官的司隶校尉很快得知此事,于是上奏弹劾陈汤"无循行",陈汤被逮捕下狱。此事还连累了举荐他的富平侯张勃。"勃选举故不以实,坐削户二百。会薨,因赐谥曰谬侯。"

张勃被割去两百户的封邑,这使得他非常郁闷,只怪自己看走了眼,举荐了这样一位不肖子孙。不知是否与情绪郁闷有关,不久,张勃就病死了,由于受到此事牵连,最后只得到一个叫作"谬"的谥号。

陈汤为这场赌局付出了惨重的代价,顶着"不孝"之名的他,以后想要出人头地,几乎没有任何希望。更何况,有了富平侯张勃的前车之鉴,不会再有达官贵人举荐他。这样看来,张汤接下来似乎只能是自生自灭了。

二

陈汤不愿意轻易接受命运的安排,不久之后,在别人的保举下他被释放。出狱后的他静下心来,对将来进行了认真的盘算:继续待在长安很难再有出头之日,回老家又不甘心。想来想去,陈汤把目光转向了西方。在他看来,想要通过自救而改变命运,唯一的途径就是到边塞建功立业。

陈汤于是主动请求出使西域，并且私下找人帮自己说话，这份努力终于获得了回报，建昭三年（前36），他被任命为西域都护府副校尉，与西域都护甘延寿一起奉命出使西域。

汉朝西部边境最强悍的对手是北匈奴，它是从匈奴中分出的一支。当年汉高祖刘邦被匈奴围困七天七夜，此后被迫采用和亲政策。到武帝时开始绝地反击，卫青、霍去病连战连捷，匈奴元气大伤，一度退到漠北。

昭帝、宣帝时继续采用强硬政策，特别是宣帝本始三年（前71），西汉联手乌孙大败匈奴，使得其实力大损，"人民死者十之三，畜产十之五"，从此一蹶不振。趁胜，西汉设置了西域都护府，将西域纳入了统一管理。

一年后，匈奴又发生内乱。老单于死后，五个单于为了争夺王位陷入混战，打得不可开交，实力更为衰减，"死者以万数，畜产大耗什八九，人民饥饿，相燔烧以求食"，打来打去，最后只剩下郅支单于和呼韩邪单于，匈奴自此分裂为北匈奴和南匈奴。

两位单于意识到想要战胜对方，必须得到汉朝的支持，为此都放下面子，向曾经的死敌汉朝遣使朝献，甚至争相派自己的儿子到长安做人质。汉朝"均待之优厚"，采用了平衡策略。

只是这种平衡注定不会长久，甘露二年（前52），被郅支单于打败的呼韩邪单于率南匈奴降汉，为了表达诚意，他单身入长安觐见汉宣帝，向汉朝俯首称臣，受到了空前隆重的接待。得到这个消息后，郅支单于也立即派出使者到长安进贡。

两位单于都表现出了足够诚意，只是实力上呼韩邪单于稍逊一筹。汉朝不愿意让郅支单于一支独大，于是对呼韩邪单于更为优厚，不仅赏赐更多，还派兵护送他返回故地。

在南匈奴归降汉朝后，郅支单于趁机出兵吞并了呼韩邪单于的地盘，他觉得呼韩邪单于既然降汉，返回的可能性很小。没想到，汉朝派兵护送呼韩邪单于回到了大漠，并帮他收复了失地，而且留下一些兵马保卫呼韩邪单于。

郅支单于对此感到非常愤怒，觉得自己对大汉毕恭毕敬，但汉朝却拉偏架，过于袒护呼韩邪单于。于是，他一方面"困辱汉使"，以此表明自己的态度；另一方面向西扩展，攻击乌孙，吞并乌揭、坚昆、丁零三个小国，试图割据一方。

郅支单于虽然占了不少地方，但心里很清楚，自己的实力还不足以与汉朝分庭抗礼，因此不能完全撕破脸皮，所以依旧派使者到汉廷进贡，表示愿意归附汉朝，同时提出一个请求，希望能让在长安做人质的儿子回国。

元帝答应了郅支单于的请求，决定派卫司马谷吉护送郅支的质子回国。不过在将质子送到哪里的问题上，朝臣间产生了分歧，一些大臣认为郅支单于并非真心归顺，将质子送到边境即可，没有必要送到北匈奴的王庭。

不过，奉命出使的谷吉认为这样做有些不妥，显得汉朝有戒心，有损大国形象，而且会使得郅支单于"弃前恩，立后怨"，给了其不归附的理由。

谷吉大义凛然说道："臣下持强汉的符节，秉承圣明的诏令，宣明深厚的恩义，郅支单于应该不敢凶暴。如果他怀有禽兽之心，对臣实行无道，那么他就会长期背负深罪，一定会逃得远远的，不敢靠近边境。失去我一个人而使百姓安定，是国家的利益，也是臣下的愿望。"

谷吉的话打动了元帝，同意将郅支单于的质子送到北匈奴王庭，但没有想到，谷吉所言竟然一语成谶，他千里跋涉护送郅支单于质子回国，郅支单于竟然恩将仇报，将谷吉等人残忍杀害。

郅支单于为什么这样做，不得而知。只是图了一时之快后，他却感到了后怕。两国相争不斩来使，他却杀掉了大汉的使节，这样一来相当于断了后路，如果汉朝和呼韩邪单于联手报复，自己将死无葬身之地。

不过事情已经做了，没有任何挽回的余地。当务之急是考虑如何能躲过灭顶之灾。想来想去，没有什么好办法，三十六计走为上计，如今只有"逃跑"一条路。

但能逃往何方呢？就在郅支单于犯愁的时候，康居国的国王派使者前来。因为康居和乌孙接壤，乌孙实力更强，经常攻击康居，康居王请求联合北匈奴来对付乌孙。对于郅支单于来说，这简直就是天上掉下的馅饼，想什么来什么，安身之处的问题迎刃而解。

郅支单于爽快答应康居王的请求，带着部众踏上了西迁之路。未曾想，一路上非常不顺利，遭遇到了强大寒流的袭击，随行的部属大多冻死，仅余三千人到达康居。

康居王对请来的郅支单于很热情，双方娶了对方的女儿，互为翁婿，亲上加亲，表面看关系非常亲近，实际各怀目的，康居王想依仗郅支单于的声威，达到胁迫各国的目的，而郅支单于想在这里恢复实力后东山再起。

在康居王的支持下，郅支单于借兵数次攻击乌孙，烧杀抢掠百姓无数，甚至攻到了乌孙都城赤谷城下，赶着抢来的牲畜慢悠悠地退兵而去，就是如此，乌孙也不敢追击。

不过，这对翁婿的甜蜜期并不长，实力不断增长的郅支单于渐渐看不起收留他的康居王，而康居王觉得郅支单于羽翼渐丰，盛气凌人，两人闹起了矛盾。

郅支单于恩将仇报，"怒杀康居女及贵人、人民数百，或支解投都赖水中"，不仅杀了自己的老婆，也就是康居王的女儿，还杀了贵族大臣以及百姓数百人，并将他们肢解后投入了都赖水之中。此外，他还驱使康居民众为自己修建城池，历时两年多才完成，称作郅支城（今哈萨克斯坦江布尔）。

汉朝对西逃的郅支单于鞭长莫及，虽然后来知道谷吉被杀一事，却采取了冷处理，没有兴师动众，只是三次派遣使者，要求归还谷吉等人的尸体。

汉朝的做法更加助长了郅支单于的嚣张气焰，他不仅严词拒绝，扣留侮辱汉朝使者，而且更为过分的是，托都护给汉朝的信中说："居困厄，愿归计强汉，遣子入侍"，意思是说：在这里过得很不好，正打算投奔你们大汉王朝，还准备再次把儿子送过去当人质。言辞间充满戏谑骄慢之意。

郅支单于如此张狂。因为他觉得手握两大护身法宝：一是实力，虽然西迁路上损失不少，但到了康居站稳脚跟，通过不断扩张，实力有所恢复，而且部众大部分是骑兵，来去如风，飘忽不定，机动性要比汉军强；二是距离，康居和汉朝相隔万里，中间有重重艰难险阻，汉朝不一定有出兵的勇气，即使出兵，就算汉军打过来，他还有充裕时间选择战或逃。

就在郅支单于打着如意算盘时，一个改变他命运的人来到了西域。

三

这个人便是陈汤。

首任西域都护郑吉年老多病，请求退休，元帝任命甘延寿接替郑吉。陈汤自告奋勇，作为西域副校尉随甘延寿一同赴任。

甘延寿的出身和家境要比陈汤好得多。他是名门之后，年少时便擅长骑马射箭，稍大些以良家子身份加入了羽林军，成了羽林郎。史书上说"投石拔距，绝于等伦"，甘延寿很有力气，投掷石块，跨越障碍，远远超过同伴。据说能轻松逾越羽林军驻地的楼台阁亭，因此升任了郎官。

甘延寿最初的职业生涯非常顺利，由于格斗考试成绩优秀，成为期门郎，受到了皇帝的关注，升迁为辽东太守。但在任上不知犯了什么事，官职被一撸到底。后来在车骑将军许嘉的推荐下，重新担任郎中、谏议大夫。

此次奉诏担任西域都护，对于甘延寿而言，算不上一个好差事。毕竟远离京师，职业生涯从此受限，而且那里条件艰苦。但诏令已下，不得不执行。

对陈汤而言，来到西域却有另一番意义。他渴望建功立业，使自己从黯淡的人生中走出来。因此，与甘延寿略感失落不同，陈汤则显得非常兴奋。他的名声在长安已经臭了大街，很难再有翻身的机会，只能把一切希望寄托于此次西域之行。

陈汤一路上表现得与众不同。"每过城邑、山川，常登望"，作

陈汤

为文官,却对军事和地形表现出浓厚的兴趣,每当经过山川或城池,都要登高察看,了解当地的战略位置。

陈汤到达西域都护府后,根据各方传来的情报,意识到郅支单于的势力对西域安全已经构成了巨大威胁。无力抵御北匈奴的西域诸国,眼巴巴等着靠山汉朝的支持,但令他们失望的是汉朝迟迟没有动作,就连使者被杀这样的奇耻大辱最终也选择了隐忍。如此下去,西域诸国很有可能脱离汉朝,重新投靠北匈奴,大汉历经多年辛辛苦苦建立的西域秩序面临土崩瓦解。

陈汤为此感到焦虑,觉得与北匈奴必有一战,与其坐等郅支单于势力进一步壮大,不如先发制敌。他同时意识到,这将是建功立业的大好机会,如果能为汉朝除掉这一大患,想必能一刷前耻,甚至加官晋爵。

不过,陈汤只是一个副手,任何行动都要得到主官甘延寿的同意。于是他找了一个机会对甘延寿进言说:"郅支单于凶悍好战,不断侵犯邻国,意图吞并乌孙和大宛,一旦被他得逞,其余国家都将面临危险。如果不有所动作,姑息郅支,一定会使其成为西域的重大隐患。虽然郅支单于距离我们非常远,但他们没有坚固的城墙和强劲的剑弩来防守,如果我们发动屯田的官兵,再请乌孙提供军队,可以一直打到郅支城下,到时他们无处可逃,又不能坚守自保,千秋功业可以一朝而成。"

陈汤的表达能力确实很强,短短的一席话将利害得失以及战略战术说得一清二楚。甘延寿"以为然",不过和陈汤不一样,甘延寿是行伍出身,经久官场,履历丰富,很清楚朝廷和军中的规矩,出征打仗这种事情必须事先要得到朝廷的批准。更何况他现在已不是武将,只有一个负责西域管理的官员,没有决定对外作战的权力。

陈汤觉得朝廷大概率不会批准用兵的请求，连谷吉被杀这样的事情都能忍，怎么会无故批准远征。他对甘延寿表示战机万变，不容错过，再说朝廷官员根本不知这里的实际情况，得到的答复只会是"事必不从"，如果想消灭郅支单于，只能当机立断，来一个先斩后奏。

甘延寿陷入犹豫之中，虽然觉得陈汤说得有道理，但未经皇帝授权而擅自发兵是大罪，掂量再三，还是决定先上书朝廷。就在节骨眼上，甘延寿却意外地病倒了，而且病得不轻，只能卧床休息。

陈汤以副校尉的身份暂时代理都护之职，他觉得这是上天在冥冥之中帮助自己，机不可失时不再来。于是他做了一个惊人的决定，以都护名义假传皇帝圣旨，调集汉朝在车师的驻军，还向汉朝在西域的各个属国发出征召令，短短的时间，便迅速筹集了四万人马。

卧病在床的甘延寿得知这个消息，大为震惊，没想到陈汤如此胆大妄为，赶紧从病床上挣扎起来，试图阻止陈汤，但一切都晚了。

此时大军已经集结完毕，正准备听令开拔。陈汤看到甘延寿出面阻挠，怒发冲冠，手按剑柄，厉声道："大众已聚会，竖子欲沮众邪？"意为大军已经集结完毕，你难道想坏众人的大事吗？

甘延寿被陈汤的气势镇住了，冷静下来一想，已经到了如此地步，仅凭他也改变不了什么。只是作为西域都护，发生这种事情，无论如何都要承担责任。唯一可能免责的途径是和陈汤一起打个大胜仗，杀掉大汉的仇人郅支单于，到时候再请皇帝法外开恩。

于是，甘延寿选择了屈从，表示愿意和陈汤一道出征。两人将大军编成六支分队，统一了指挥体系，增设了扬威、白虎、合骑三校。出发时，二人联名向汉元帝上表，自劾矫诏之罪，并"陈言兵状"。就这样，大汉多年未动的战争机器，被陈汤这个默默无闻的小人物重新发动起来。

元帝建昭三年（前36）冬天，郅支单于西逃康居八年后，大汉西域都护甘延寿、副校尉陈汤率领大军寻他复仇来了！

六路纵队分为南北两路，南边三路纵队沿塔里木盆地，越过葱岭，经大宛直指康居。北面三路纵队由陈汤和甘延寿率领，从温宿国（今新疆温宿）出发，经过乌孙国王城赤谷城，进入康居境内，直达阗池（今吉尔吉斯坦境内）西。

西域都护府的治所在乌垒，距离郅支城的直线距离有一千多公里，中间还有塔克拉玛干大沙漠、帕米尔高原等天险，道路艰险难行，只是对于一心想建立奇功的陈汤而言，任何天堑都算不得什么，无法阻挡前进的步伐。

汉军首先遇到的是康居副王抱阗率领的几千骑兵，这些骑兵进犯赤谷城东部，抢夺了乌孙大昆弥手下一千多人，还掠走了许多牲畜和财产。在与汉军小股队伍遭遇后，康居骑兵又抢夺了一些辎重。

陈汤闻讯大怒，发兵攻打，很快击溃康居骑兵，杀了四百多人，解救了被劫掠走的乌孙百姓，交还给了乌孙大昆弥，所得到的马、牛、羊充作军用，就地进行了后勤补给。

小试牛刀后，陈汤率部来到康居国东部边境，从未带兵打过仗的他却表现出丰富的斗争经验，下令严守军规，不得烧杀抢掠。同时暗中召见康居贵族大臣屠墨，向他说明来意，双方饮酒结盟。

这样做取得了显著效果，当地的康居人怨恨郅支单于的残暴，看到汉军军纪严密,主动将北匈奴的情况告知汉军,使甘延寿、陈汤掌握了大量宝贵的情报。接着在康居向导的指引下,汉军顺利抵达郅支城外三十里扎营。

郅支单于陷入了惶恐,做梦也没有想到汉军会来,昨日还无任何异样,仿佛就在一夜之间,眼前突然出现了黑压压的敌军。他们从哪里而来,真正的目的是什么呢?郅支单于并不清楚,于是遣使去问汉军的意图。

陈汤的回答很有趣,说:"单于上书说现在的处境困难,愿意归附汉朝,亲自入长安朝见,大汉天子哀怜单于离开匈奴的土地,在康居委屈寄身,所以派都护将军来迎接单于的妻子儿女,恐怕惊动了您,因此军队不敢直达城下。"陈汤引用的是当年郅支单于上书汉廷的内容,言辞间充满了反讽之意。

双方使者几次来回转达通报,甘延寿和陈汤最后不耐烦了,下达了最后通牒:"我们为了单于远道而来,而至今为止,没有一位名王大臣面见都护将军并接受命令,单于怎能如此无礼!汉军千里跋涉,人马都相当疲惫,粮草也快吃完了,恐怕不能自行退军,希望单于同大臣商量后,抓紧拿出一个详细的计划安排。"

郅支单于还是没有反应,此时的他再次动了逃跑的念头,而且一度离开了郅支城,只是心里担心康居王怨恨自己,有可能给汉军做内应,又听说乌孙等国的军队都出动了,觉得实在无处可逃,只好又灰溜溜地返回城中。

一场大战已不可避免,甘延寿和陈汤下令汉军继续前移,在离郅支城三里处扎营。北匈奴军队早有准备,数百名身穿盔甲的兵士在城头守卫,又派出百余名骑兵在城下来回驰骋,城门口有一些步兵摆出鱼鳞阵,进行操练演习,城上的守军还不断地向汉军进行挑衅。

甘延寿、陈汤指挥军队严阵以待,静观局势发展。就在这时,一些匈奴骑兵突然冲向汉军营地,汉军张开弓弩,吓得这些骑兵纷纷后退。随后,汉军转守为攻,射击城门口炫耀武力的匈奴步兵、骑兵,这些匈奴兵见状,扭头逃回城内,然后紧闭城门不敢出来。

经过一来一往的试探性进攻,甘延寿、陈汤二人认为北匈奴战力不过如此,不像传说中那般厉害。于是,下达了总攻命令。一时间战鼓齐擂,箭如雨下。

郅支单于认为汉军远道而来,如果据城坚守,挫败几次进攻,汉军后勤补给跟不上,定会不战自退。于是他亲自披甲上城楼,他的几十位阏氏也成了弓箭手,在城上放箭射击。

但所有的抵抗都是徒劳的,他们的弓箭无论是射程和杀伤力都远不及汉军,在一阵紧似一阵的箭雨中,北匈奴守军根本抬不起头来,郅支单于亲临战场未能带来任何转机,自己反而被射中一箭,几十位阏氏也大多中箭而死。

郅支城是一座土城,外面有两层坚固的木城。在汉军猛烈的攻势下,木城的守军率先溃败,汉军乘机纵火焚烧。到了晚上,数百名匈奴骑兵受不了烈焰灼烤,想着趁夜色突围,遭到汉军迎头射杀,几乎全部被歼。

匈奴守军被迫退入土城坚守,眼看汉军破城在望,此时却出现了搅局者,一万多康居骑兵突然出现在战场,他们分为十队,在城门外奔驰号叫,与城内的守军遥相呼应。面对突发情况,甘延寿、陈汤沉着应对,迅速做出调整,汉军攻防有序,面对康居骑兵的冲击,阵地始终岿然不动。

终于到了天亮,郅支城四面火起,汉军士气大震,战鼓声震天动地,康居骑兵见势不好,迅速逃离战场。汉军从四面推着很大的盾牌,攻入土城,郅支单于抵挡不住,率几百人边战边退,试图到内宫负隅顽抗。

汉军突破城防后,争相进入后宫,想抢立头功,郅支单于伤重而死,军侯代理丞杜勋率先斩得了他的首级。

郅支单于的阏氏、太子、名王以下一千五百多人被杀,活捉了一百四十多人,一千多人投降,汉军还找到了汉朝使节的节杖和谷吉所带的帛书。建昭四年(前35)正月,郅支单于的人头被快马送至长安,八年前惨死的谷吉等人九泉下终于可以瞑目了。

四

陈汤站在硝烟尚未散尽的战场,四周被火烧着的木头还在噼啪作响,城头上匈奴的旗帜全部倒下,地上还有不少战死者的尸体未来得及运走,空气中依然充满一种血腥的气味。

陈汤心中的喜悦远胜于悲壮,这场战斗比想象中轻松一些,千里远途奔袭,没想到,只用了不到两天的时间,就攻下了郅支城,斩首了郅支单于。

能够如此顺利,首先应归功于长途奔袭取得了奇效。甘延寿、陈汤率四万大军千里跃进,通过康居人做向导,神不知鬼不觉出现在郅支城外,搞得郅支单于措施不及,连逃跑的机会都没有,只能坚守孤城。

匈奴军队从来都是长于野战而不善防守,这样一来,机动性强的优势完全丧失,只能画地为牢,被动挨打,在汉军的强攻下,一天一夜丢了郅支城，就显得自然而然了。

其次是双方的实力对比。甘延寿、陈汤率领四万人的联军，里面既有屯田的汉军，也有西域几国的骑兵，不仅拥有攻防兼备的武器装备，还有能够互补的兵种组合，无论数量上还是质量上，对北匈奴都形成了压倒性的优势，这场战争的结局实际上早已注定了。

抛开这些客观原因，取胜最重要的因素是陈汤的决心。他精准分析了敌我的优劣，从一开始就树立了必胜的信念。整个战争进程，几乎和陈汤先前分析的如出一辙。

消灭郅支单于产生极大的后续效应，作为南匈奴头领的呼韩邪单于听到这个消息，既感到高兴又感到恐惧。开心的是长期与自己分庭抗礼的郅支单于终于灰飞烟灭，匈奴内部再没有人敢与自己叫板。不安的是汉军的实力太强大了，汉廷并没有派出军队，仅凭陈汤带着屯田汉军和西域援兵，就将北匈奴彻底覆灭，如果哪一天汉朝动了灭掉南匈奴的念头，后果不堪设想。

呼韩邪单于由此变得更加谦恭，生怕哪里得罪了大汉，第三次来到长安觐见汉元帝，表示："愿守北藩，累世称臣"，极力请求与汉朝和亲，进一步巩固双方关系，这才有了著名的"昭君出塞"。

郅支单于的覆灭意味着西汉北方边患基本消除，这是历代大汉天子的人生梦想，高祖刘邦想，文帝景帝也想，但由于实力不济，只能忍气吞声。武帝雄起，虽然将匈奴一度赶到漠北，但没有取得完胜，到了统治后期，匈奴死灰复燃，再度南犯，搞得大汉国库空虚，难以支撑。

没想到，到了看似文弱的元帝时代，这个问题得到了最终解决，而这一切来自陈汤的神来之笔。

不过，取得大胜的陈汤无从知道此战的重大历史意义，在经历短暂的喜悦后，一个前所未有的忧虑向他袭来。结果很圆满，却严重"踩了红线"，将来如何能妥善地收场，连他自己也不知道。

虽然他与甘延寿发兵前联合上书，表达了自劾之意，但假托圣旨的罪名无法逃掉，更重要的是，这个罪名实在太大了，大到可以瞬间让他的脑袋搬家。

甘延寿比张汤更为焦虑，虽然是被迫同意用兵，但他是西域都护，陈汤只是一个副手，如果朝廷真怪罪下来，首当其冲的是他这个主官。

从内心来讲，甘延寿不后悔打这一仗，心里充满着一种胜利的快感，但是这远不能抵消被追责的恐惧，想到这里，他有些后悔当初屈从于陈汤。只是，世上没有后悔药，再怎么说，事情已经做了，所幸打了一个大胜仗，现在需要好好琢磨如何善后的问题。

两人商议许久，最终决定再次联名上奏，向皇帝和朝廷汇报整个出征的过程并做出解释说明，这便是写有"明犯强汉者，虽远必诛"的著名奏疏。

两人得胜回朝的路上，就遇到了一些麻烦，司隶校尉听说陈汤部所缴获的财物进入汉界后不依法上交，就寄信给道上的官员，逮捕陈汤手下来审查这件事。

陈汤为此上奏说道："臣下同官兵一同诛杀郅支单于，幸亏能把他们消灭，军队万里之外得胜归来，应有使者在路上迎接犒劳。现司隶逆其道而行，逮捕官兵审查，这是为郅支单于报仇啊！"汉元帝立即派出吏士，命令各县在路上备好酒食犒劳路过的军队。

回到京城后，经过激烈的朝议，结果要比两人想的要好得多，不仅逃过一劫，还加官晋爵。但就在他们得到赏赐的那一年，汉元帝驾崩，汉成帝即位。

陈汤

皇帝的更迭给陈汤带来了新的麻烦。因为有个人始终不愿放过他，此人是当时朝中丞相匡衡，他是著名典故"凿壁偷光"的主角——匡衡少年时家里太穷，买不起点油的灯，只好将与邻居间的墙缝凿大，借着透过来的光读书。这个成语后来成为刻苦用功的代名词。

匡衡对陈汤矫诏之事一直耿耿于怀，觉得应该杀鸡儆猴，但元帝没有采纳。汉成帝刚刚坐上龙椅，匡衡再次对陈汤发难。

不过匡衡这次换了一个罪名，由假托圣旨变成了贪污腐败。他上奏说："陈汤当年在西域的时候，不上奏朝廷就擅自下令，而且把从康居国缴获的财物窃为己有，虽然这些事先皇都赦免了，但是他不适合再当官。"

匡衡虽是旧事重提，小辫子却抓得很准。或许是因为小时候穷怕了，陈汤对金钱一直非常执着，就连很赞赏他的班超，在《汉书》中也直言不讳地写道："汤素贪，所房获财物入塞多不法"。

匡衡直击痛处，搞得陈汤百口难辩，只好认栽。成帝下诏免去陈汤射声校尉的职务，只保留了关内侯的爵位。如果这件事就此打住，陈汤以王侯的身份完全可以从容幸福地安度下半生。

但是陈汤是个不认命的主，就如同当初离开家乡来做"长安漂泊者"，后来假托圣旨征伐北匈奴一样。他从来不愿被动接受命运的安排，总是想着主动寻求改变，而且非常幸运的是每次都能成功，从来没有失过手。

受到如此大的挫折，陈汤急于翻身，决定再赌一次。于是向成帝上书说，康居国派到汉朝来做人质的王子是个假王子。他想凭借举报有功恢复原职，成帝命人核实，确定这位王子是"如假包换"的真王子，就是说陈汤所言不实。

第一次失手的陈汤面临着严重后果，虽然不是矫诏，却是欺君之罪，他先前是利用皇帝骗别人，这次直接骗到了皇帝头上。成帝怒不可遏，陈汤再次被逮捕入狱，经审理后判处了死刑。

大部分朝臣对判决结果保持了沉默，只有一个人站出来为陈汤求情，此人是太中大夫谷永，他的父亲正是被郅支单于杀害的汉使谷吉，对于谷永来讲，陈汤是报了杀父之仇的大恩人，知恩图报的他，关键时刻要来救陈汤。

谷永主要还是拿陈汤的军功说事，其中说道："关内侯陈汤以前以都护身份出使西域，愤恨郅支单于没有人道，忧虑君王无法惩处他，怒发冲冠，率领军队疾驰而行，横穿乌孙，集合于都赖水上，攻破三层城墙，斩下了郅支单于的首级，报了十几年没有能诛杀他的冤仇，洗刷了往日的耻辱，威风震动百蛮，武功远扬四海。自汉朝建立以来，征讨外国的将领，还未曾有过这样的情景。"

谷永简直把陈汤夸上了天，好像卫青、霍去病都不在话下。而且这道奏疏引经据典，谈古论今，说得头头是道，成帝读后颇为感动，赦免了陈汤的死罪，但官职和王侯之位全部被撸掉，贬为普通百姓。

对于陈汤而言，可谓一夜回到从前，为了出人头地，改变命运，几十年来费尽心思，甘冒风险，到头来却是竹篮打水一场空。出狱后回到家中的陈汤，打了胜仗，周身却被一种巨大的失落和痛苦所笼罩。

这份失落当年因没有为父亲服丧而失去升迁机会时曾经有过，但这次显得更为深重，因为那时他还很年轻，以后还有翻盘的机会。如今年过中年，行将垂垂老矣，转了一大圈又回到人生原点，几乎看不到任何东山再起的希望。

不过，心灰意冷的陈汤决定了此残生时，上天又给他了一个机会。

五

汉成帝建始四年（前29），西域都护遭到了乌孙军队的围攻，请求朝廷尽快发兵救援。大将军王凤急召朝臣来商议此事。这些臣子内斗内行，外斗外行，讨论了几天也没有想出好的办法。

这时候，王凤想起了陈汤，他知道此人善于谋划，更关键的是熟悉西域情况。成帝下诏召见陈汤，已是普通百姓的陈汤处境一落千丈，得了严重的风湿病，以至于两臂不能屈伸，成帝见到他后特意表示不用行跪拜之礼。

时隔几年，陈汤再次见到成帝，心里并没有太多的感动，反倒是郁积不少怨气。因此当成帝问其退敌之计时，陈汤没有直接回答，说："将相九卿都是贤才，通晓事理，小臣衰弱多病，不足以来策谋大事。"

成帝听出陈汤话里有话，直言道："国家有急事，你就不要退让了。"见到皇帝有些急了，陈汤不敢再卖关子，说这件事根本不足为虑。

成帝问其原因，陈汤答道："一般情况下，五个胡兵相当于一个汉军，因为他们的武器原始笨重，弓箭也不锋利。如今他们学习汉军的技巧，有了较好的刀箭，就是如此，战斗力也不及汉军的三分之一。所以围攻西域都护的乌孙军队不会取胜。如果发兵去救，轻骑每天只能走五十里，重骑才能走三十里，远水解不了近渴。"

陈汤太熟悉西域的情况了，对敌我的战力相当了解，因此说"一汉当五胡"。在他看来，乌孙军队只是乌合之众，没有持久进攻的能力，因此不足为虑。

陈汤推算了一下日期后说："现在那里的包围已经解除，不出五天，会有好消息传来"。果不其然，只过了四天，前方传来战报说乌孙退兵了。

陈汤简直神了，千里之外的事情尽在掌握中，使得大将军王凤对他崇拜得五体投地。于是，他上奏说陈汤经验丰富，料事如神，这样的人才被埋没实在太过可惜，强烈请求成帝重新起用陈汤。于是陈汤被任命为从事中郎，辅助王凤处理军中事务。

陈汤虽然重回官场，但早已没有渴望建功立业的激情和冲动。经历了几次沉浮的他看透了官场，却始终没有看淡金钱。尽管有过前车之鉴，陈汤却没有吸取教训，在敛财的路上越走越远。

陈汤赚钱的主要手法是为人请托，然后收取钱财。他替骑都尉王莽上书请求封地，事后得到了好处；收了五十斤黄金后，为皇太后同母的弟弟苟参的儿子苟伋取得了封地；弘农太守张匡因贪污百万以上，被下诏审问，求到陈汤门上，陈汤为其伸冤，事后张匡为了感谢，送了两百万钱，陈汤全部笑纳。

更为甚者，陈汤还打起了成帝陵墓工程的主意，他和负责陵墓建设的将作大匠里应外合，大肆捞钱。陈汤如此肆无忌惮，主要因为有大将军王凤罩着，没有人敢动他。但好景不长，没过几年，这位大靠山病故了，王商取代了王凤的位置。

王商平素就不喜欢陈汤，上台后怂恿一批御史弹劾，屁股不干净的陈汤被捅出了许多事，件件都可以查实，在劫难逃的陈汤被定罪为"大不敬"，再度被削官为民，发配到敦煌。

陈汤

陈汤又一次体验了命运的轮转,没想到几十年后,会再次踏上了西去的道路。不同的是,上次是怀揣着梦想上路的青年才俊,渴望到西域立功而改变命运;而这次则是一个万念俱灰的垂垂老人,以罪臣的身份颠沛流离。

离开长安时,陈汤甚至没有回望一眼,哀莫大于心死,他知道此次西去再回来的机会微乎其微。甚至想,或许这一辈子自己真的与西北有不解的缘分,曾在那里建立了不朽功勋,到最后还要将这一身枯骨留在那里。

陈汤在敦煌待了一年,敦煌太守不喜欢他,上奏说:"陈汤以前亲自诛杀郅支单于,在西域很有威望,不宜接近边塞。"于是,陈汤被流放到安定郡(今甘肃平凉),相比于敦煌,这个地方更加荒凉。

陈汤在安定郡度过了八年时光,至于如何在这个荒芜之地活下来,史书上没有记载。直到汉成帝绥和二年(前7),汉朝皇宫的龙椅上又换了主人,陈汤再次迎来了转机,朝中终于有人站出来为他说话,议郎耿育向刚刚即位的汉哀帝上书,为陈汤鸣不平。

耿育在上奏中说甘延寿、陈汤这两位老臣当年为大汉立下了不世之功,但"使汤块然被冤拘囚,不能自明,卒以无罪,老弃敦煌",遭到排挤和迫害,以至于下狱流放。"复为郅支遗虏所笑,诚可悲也",这样做不仅使有功之臣寒心,更让郅支单于的后代以及那些曾被汉军打败的蛮夷所耻笑。如今大汉没有文帝、景帝时那样多年积累的财富,更没有武帝时代满朝都是文武俊才,能震慑国外的王牌人物,只有一个陈汤了。

耿育最后总结说:"陈汤有幸生活在如今的圣明时代,距他建立功勋的时间还没有过去多久,为什么反而听任奸佞之臣把他排斥，流放边塞，让他家族逃亡分窜，死无葬身之地呢？眼光远大的人士，对此无不忧虑，陈汤的功劳几个时代都没有人能比得上，而陈汤所犯的罪过是人之常情。陈汤尚且如此，即使再有人为国流血牺牲，抛尸沙场，还要受制于唇舌，被嫉妒他的大臣所迫害，这是臣下为国家深感忧虑的。"

陈汤是不幸的，每次到达人生高点时总会遇到极大的挫折。但同时也是幸运的，总有人站出来为他仗义执言。起初是刘向，接着是谷永，最后是耿育。

汉哀帝采纳了耿育的意见，将风烛残年的陈汤召回了长安。一年之后，尝尽了人间冷暖的陈汤在长安离世，结束了不凡而又坎坷的一生。尽管生命的最后十年，他过得异常清苦，但最后能回到长安，在家中与世长辞，算得上是善终了。

十几年后，陈汤被彻底平反，这应是意料中的事情，只是没想到的是，为他平反的竟然是篡汉自立的王莽。

王莽这样做并非是因为陈汤曾经为他讨得封地，而是有自己的政治目的。当王莽还是安汉公时，为了讨好皇太后王政君，以讨伐郅支单于的功劳尊称王政君的皇帝老公汉元帝为高祖，因此就需要对头号功臣的陈汤予以平反昭雪，恢复名誉。陈汤被追封为破胡壮侯，他的儿子陈冯被赐爵破胡侯。

对于一生致力于出人头地、光宗耀祖的陈汤，有这样一个结局，称得上圆满，只是黄泉之下的他再也无法感受到了。

陈汤无疑是一个复杂的人物，因此为其盖棺定论并非易事。作为抗击匈奴的名将，他和许多将领很大的不同，在于一生只打过一次胜仗，但正是这一仗给汉朝带来了百余年的和平，可以说性价比超高。

陈汤

放在更广阔的历史视野，虽然在神爵二年（前60），宣帝设置了西域都护府，开始行使对西域的管理权，保障丝绸之路的安全，但当时西域的情况并不稳定，特别是郅支单于西迁后，处处与汉朝对着干，强迫周边各国向其进贡，对丝绸之路构成了巨大了威胁。

正是陈汤敢于冒险，建立奇功，使得形势彻底逆转，汉朝的声望在西域大增，绿洲丝绸之路重新变得安全和畅通。仅凭此点，陈汤便可彪炳史册。

人无完人，陈汤为自身的人性弱点付出了巨大的代价。不过，相对于所建立的历史功绩，陈汤的过错显得微不足道。但长期以来，这些污点在很大程度上遮掩了他身上的光芒，以至于陈汤在历史上被严重地"低估"，无论是知名度还是历史地位都与他所建立的功勋不相匹配。

事实上，成就西汉王朝最后一份辉煌的陈汤，创造了不少第一。他是第一个斩杀匈奴单于的西汉将军，这点卫青、霍去病等都没有做到。他是第一个假托圣旨还能加官晋爵的西汉官员，这大概也是前无古人后无来者。同时他也第一个喊出了"明犯强汉者，虽远必诛"的铿锵誓言，那份豪气和自信至今依然使人动容。

遗憾的是，创造了历史的一代名将，死后便默默无闻，被历史的尘埃一层层掩埋，以至于后世不少人以为"犯强汉者，虽远必诛"的原创者是霍去病，根本不清楚历史上有陈汤这样一个人，更不知道他所建立的功勋。

历史总是令人嘘嘘不已，所幸的是，今天通过深入史料，能够拨开历史的迷雾，回到两千多年前，听到击破长空的那一声呐喊，追忆那个从来不向命运低头的人……

耿
恭

一

东汉章帝建初元年（76）三月，虽已是早春时节，但玉门关关外的风依旧凛冽，寂寥的戈壁上难见一丝绿意，处处透着一股萧索的气氛。

守关的兵士像往常一样眺望巡视，突然间眼帘中出现一个个小小的黑影，从远处缓缓地向前移动，突如其来的一阵狂风，卷起了阵阵沙尘，短暂遮掩了他们的身影。

守关兵士不知来者是敌是友，抑或是过往的商旅，于是赶紧通报长官中郎将郑众。郑众来到城关上安静地观察，远远看上去这支队伍不过十余人，随着距离越来越近，郑众看得越发清楚，只见他们相互搀扶，步履蹒跚，几乎是用尽生平最后一丝力气努力往前挪，似乎随时都有跌倒的危险。

再走近些，郑众终于看清他们的真面目，样子像是汉人，而非游牧民族，只是都没有了人样，形销骨立，面容沧桑，有些人脸上隐约还有伤疤，衣衫破烂到仅仅能够遮体而已。

郑众觉得没有什么危险，赶紧派人下去接应，将十余人迎入关内。入关后，这些人顿时有种劫后余生的感觉，面目全非的他们终于露出了一丝难得的笑容。

郑众问他们是什么人，从何方而来。为首的一位告诉郑众，他的名字叫作耿恭。

郑众听到这个名字，顿时惊坏了，他早就听说过耿恭的名字，知道他们困守孤城,以血肉之躯抵挡匈奴大军的事迹,但有消息说他们早就战死了,没想到,耿恭竟然带着手下勇士从千里之外的疏勒城活着走到了玉门关。

郑众赶忙让部属给耿恭一行安排洗浴,更换衣帽,然后准备饭肴酒食。看着这些勇士脱下的鞋都已穿洞,又见他们因许久没有饱食而狼吞虎咽的样子,郑众心里五味杂陈,席间听耿恭讲述了来龙去脉,使得郑众心潮澎湃,感动得留下眼泪。

郑众几乎一夜未眠,天还没亮,便起床掌灯提笔向朝廷写了一道奏疏:"耿恭以单兵固守孤城,当匈奴之冲,对数万之众,连月逾年,心力困尽。凿山为井,煮弩为粮,出于万死无一生之望。前后杀伤丑虏数千百计,卒全忠勇,不为大汉耻。恭之节义,古今未有,宜蒙显爵,以厉将帅。"意思是说:耿恭以微弱的兵力固守孤城,抵抗匈奴数万大军,经年累月,耗尽了全部心力,凿山打井,煮食弓弩,先后杀伤敌人数以千计,忠勇俱全,没有使汉朝蒙羞,应当赐给他荣耀的官爵,以激励所有的将帅。

这道奏疏中最使人动容的是"不为大汉耻"五个字,这是对这些勇士浴血奋战的精神动力和坚定信念的高度概括。

耿恭是一个什么的人,有过什么样的壮举,能够赢得郑众如此高的评价呢?

先说说耿恭其人,他的出生年份并不清楚,只知道他是上谷太守耿况的孙子,而耿况在扶助光武帝刘秀建立东汉过程中起了重要作用。

当初刘秀被派到河北镇抚各路起义军,遇到了王郎起兵。刘秀的力量非常单薄,被王郎派出的兵马到处追杀,形势一度非常危急。上谷太守耿况联合渔阳太守彭宠一起发兵支持刘秀,才使得他在河北站稳脚跟，继而发展壮大，消灭各路割据政权，实现一统天下。

刘秀登上帝位后，对耿况的"雪中送炭"非常感恩，将其封侯。耿况的六个儿子也全部加授官爵，一时荣宠无双，其中就包括耿恭的父亲耿广。

遗憾的是，耿广很早就过世了。不过幸运的是，耿恭有一个叱咤风云的叔叔耿弇，他从小就将叔叔当作自己的人生偶像。

耿弇号称东汉第一名将，为刘秀夺取天下立下汗马功劳。他打仗喜欢身先士卒，经常率领精骑发动冲锋，敌人闻之丧胆，不敢与他正面对决，赤眉、绿林等各路起义军先后被他率部击破。

刘秀称帝后，拜耿弇为建威大将军、好畤侯。当时对新生王朝构成最大威胁的是称霸山东的张步，刘秀将这个硬骨头交给了耿弇。

耿弇在此战中将军事才能发挥得淋漓尽致，综合应用心理战和攻坚战，采用围城打援、声东击西、避强击弱等一系列战术，连战连捷，步步紧逼，使得张步无路可走。

最后决战时，发生了意外情况，流矢击中了耿弇的大腿，顿时血流如注，部下见状都感到有些慌乱。但耿弇镇定如常，只见他亲手斩断箭矢，继续指挥大军冲杀，将士们受到鼓舞，士气大振，个个杀红了眼，敌军死伤无数，只得匆忙撤军。

耿弇紧紧追击，张步无力抵抗，亲自向耿弇负荆请罪，愿意投降刘秀，山东就此平定，降服兵马十余万人。

面对实力强大的张步，耿弇只用了不到半年时间便锁定胜局，进程之快大大出乎刘秀的意料，由此盛赞耿弇说："过去韩信破历下开创基业，现在将军攻克祝阿，连战连捷，两功相仿……从前你在南阳曾建议平定张步,我担心恐怕难以成功,如今才知道,有志者事竟成啊!"

由此,世上多了一个成语——有志者事竟成。

耿弇随后参加了平定陇西的作战,消灭了隗嚣建立的割据政权。汉明帝时下诏令画师作建国之初能力最强的前二十八位大将的画像,并将其悬挂在洛阳南宫云台阁。耿弇以其彪炳的战功位列云台二十八将第四,有这样的地位实至名归。

《后汉书》作者范晔在总结耿弇辉煌的军事生涯时,用了一句话作概括:"弇凡所平郡四十六,屠城三百,未尝挫折。"

难能可贵的是,耿弇并不是一个只会打仗的武将,他心思缜密,聪慧敏感,在政治上是个明白人。刘秀曾经将他比作韩信,由此看得出耿弇在其心目中拥有很高的位置,不过在耿弇看来,这并不是什么好事,相反是个危险的信号。为了避免同韩信一样的下场,他知道要处处小心,以免功高盖主。

东汉建武三年(27),渔阳太守彭宠起兵叛乱。当初正是耿弇说服彭宠和父亲耿况一起支持刘秀,但彭宠后来因为没有得到预想中的封赏而不满,竖起了反旗。

刘秀命耿弇率部前去平叛。想到自己父子与彭宠的交情,为了避嫌,耿弇上书请求派其他将领前去而自己返回洛阳,但被刘秀拒绝,令他放心平叛。尽管如此,耿弇还是有所担心,为此主动派自己的弟弟耿国前往洛阳,自己留在刘秀身边做人质。从这件事上可以看出,耿弇有非常敏感的政治嗅觉。

建武十三年(37),天下基本平定,年仅三十五岁的耿弇急流勇退,主动交出兵权,上缴大将军印绶,以列侯身份列席朝会,不再拥有任何实权。

对于耿弇的举动，刘秀深表欣慰，不仅下诏增加他的食邑，并且每当遇到一些疑难的事情，总是征询耿弇的意见，耿弇恪守本分，不该参与的从不乱说话。谨小慎微，使得耿弇没有重蹈韩信的覆辙，最终得以善终。

榜样的力量是无穷的，耿恭从小的梦想就是将来成为叔叔一样的大英雄。因此他苦学兵法，很快显露出不同一般的军事才能，史书上说"慷慨多大略，有将帅才"。

耿恭第一次登上历史舞台是在永平十七年（74），这一年汉朝发兵攻打反叛的车师，耿恭在骑都尉刘张的帐下出任司马，跟随一起出征。

车师原本是西域一个小国，长期以来，一直在西汉和匈奴之间左右摇摆，哪边势力强些就投靠哪边。汉朝和匈奴扶持车师国内的不同势力，最终导致车师一分为二，汉朝扶立的叫车师前国，将匈奴作为靠山的是车师后国。

汉宣帝神爵二年（前60），西汉王朝设置西域都护，将匈奴势力逐出了西域，开始统一管理西域事务，在车师前国设置戊己校尉。

王莽建立新朝取代西汉后，国内统治不稳，对西域事务无暇顾及，很快西域又乱了起来。车师前王、后王在混乱中屡遭杀害，重新投靠北匈奴。特别是绿林、赤眉起义爆发后，中原大乱，王莽朝廷更加无力控制西域，西域都护也被攻灭，包括车师前国、后国在内的西域各国开始各自为政。

刘秀建立东汉后，车师前国、后国和鄯善等国遣使赴洛阳，请求东汉重新恢复西域都护。但刘秀集中精力医治战争创伤，恢复经济，重建西域秩序并没有提上议事日程。到汉明帝时，天下安定，经济恢复，他想效仿汉武帝，痛击北匈奴，重新恢复与西域各国的联系。

永平十六年（73），明帝下诏派遣奉车都尉窦固和驸马都尉耿秉率部进军西域，这是汉军时隔一百多年后，再次对匈奴大规模用兵，大破匈奴和车师的联军，车师前国、后国俱降，俘获车师后王安得。

耿恭虽然参加了此次作战，但作为一个初出茅庐的小人物，似乎没有什么可圈可点的战绩，倒是他的堂弟耿秉大放异彩。

耿秉是耿弇弟弟耿国的儿子，此次出征作为窦固的副将。还未开战，主副二将在一个重大问题上发生了分歧，这个问题是到底先攻打哪个王庭。

车师前国和车师后国王庭相距五百余里，窦固认为车师后王所在地路途遥远，山谷深险，路上还要经历严寒的折磨，因此打算先打车师前国。但耿秉觉得车师前王是车师后王的儿子，集中兵力先收拾父亲，作为儿子的车师前王定会不战而降，所谓"并力根本，则前王自服"。就在窦固犹豫之际，耿秉肃然起身"请前行"，作为前锋率部向北挺进。

一如耿秉所料，击败并受降车师后王后，车师前王随即跟着投降，就此车师全部平定，东汉朝廷重新设置了西域都护。

二

灭掉车师后，东汉大军班师回朝。留下了西域都护陈睦驻守，另外分别在金蒲城（今新疆奇台北）和柳中城（今新疆鄯善西南鲁克沁北）设置戊己校尉，每处屯兵数百人，担任金蒲城戊己校尉的正是耿恭，而关宠担任柳中城戊己校尉。

耿恭作为将帅之门的一员，职业生涯的起点并不高，堂弟耿秉已率领千军万马在西域纵横，而他仅仅带着几百士卒驻守金蒲城。

但耿恭并没有感到失落，反倒是有一种不安始终弥漫在心间。他知道东汉大军撤走后，北匈奴不会善罢甘休，肯定会卷土重来，汉军在西域的兵力非常单薄，很难抵抗住匈奴的进攻，看来一场血战已不可避免。

于是，耿恭未雨绸缪，整军备战。果如他所料，就在东汉大军前脚刚走不到一个月，北匈奴的左鹿蠡王率两万骑兵迫不及待攻打归降汉朝的车师前国、后国。

耿恭得到战报，派遣三百兵士火速驰援车师后国。对于来势汹汹的北匈奴大军，这点援兵实在少得可怜，但耿恭手下不过千人，这已是尽其所能。之所以不可为而为之，是因为车师后国乃大汉的属国，如今遭到攻击，派出援兵是应尽的义务。

悲剧还是发生了，三百人在途中遭遇北匈奴大军，寡不敌众，全军覆没。北匈奴军队攻破车师后国，杀掉了车师后王安得，随后将兵锋直指耿恭驻守的金蒲城。

耿恭的视野里很快出现了匈奴骑兵的身影,人数越来越多,顿时有种黑云压城城欲摧的感觉。他知道如今无险可守,更无路可退,选择突围更无可能,因为没有装备的汉军肯定跑不赢机动性十足的匈奴骑兵,能做的只有拼死守住孤城。只是回头望望手下的几百名士卒,再看看城外数不清的敌人,他心里觉得要想守这座城实在太难了。

再难也没有其他选择,耿恭已做好了战死的准备,作为耿门弟子,宁死不降是不可逾越的底线。他作了战前总动员,表示自救者天救,为了捍卫大汉的尊严,只能以命相搏,将士们用震天的吼声相呼应,在他们眼中看不到一丝畏惧和退缩,只有同仇敌忾奋战到底的决心。

耿恭从容登上城楼,指挥士卒们投入金蒲城保卫战,他下令将毒药涂到箭矢上,向城外的匈奴骑兵大喊道:"汉家神箭,其中疮者必有异。"匈奴兵以为汉军搞心理战,故意吓唬他们,因此没当回事。没想到,中箭者果然伤口溃烂,无法医治而死,匈奴骑兵由此以为汉军真的得到了神灵的佑护。

除发射"神箭"外,耿恭还抓住了难得的反击机会,变被动为主动。

西域地区常年干旱少雨,不过由于地势关系,金蒲城气候复杂多变,有一天突然下起了瓢泼大雨。一直生活在塞外的北匈奴骑兵根本没见过如此暴雨,耿恭抓住战机,乘着雨势突然率军出击,打了匈奴人一个措施不及,"杀伤甚重"。

大漠戈壁突然出现这样的天气,使得匈奴人颇感震惊,一而再发生奇怪的事,使他们觉得汉军确实有上天神灵的帮助,不由叹息"汉兵神,真可畏也。"随即撤军而去。

长达两个月的金蒲城之围，竟然以这样的方式奇迹般地得到了化解！

耿恭的兴奋没有持续多久，他心里清楚匈奴只是暂时被唬住了，实力上没有多大折损，等他们回过神来，随时有可能回来。金蒲城规模小，旁边又没有水源，恐怕很难守得住，必须另寻他处。

耿恭选择的地方是疏勒城（今新疆喀什），看重这个地方有两个原因，一是城边有溪流，能够就近取水。对于久旱无雨的西域，水实在太重要了，有水意味着能够活下去。另外一个原因是疏勒城正处在山北山南间的要冲地带，可以与汉军驻守的柳中城相互呼应，断绝匈奴入侵山南诸国的念想。

耿恭刚刚移兵疏勒城，立足未稳，就有一个噩耗传来，焉耆和龟兹两国反叛，攻打西域都护府，汉军全军覆灭，都护陈睦也被杀死。

两国的反叛对耿恭和汉军来说是致命的。焉耆是西域三十六国之一，东通高昌（今新疆吐鲁番东），西临龟兹。原本和西汉王朝关系颇为亲近，特别是西汉设置西域都护后，包括焉耆在内的西域诸国都接受西汉的管理。王莽代汉后，北匈奴势力重新进入西域，焉耆率先投靠，攻杀了西域都护但钦，随后西域诸国皆反，从此焉耆成了北匈奴的忠实追随者。

窦固、耿秉率军平定车师前国、后国，焉耆暂时消停一下。等东汉大军撤走，北匈奴骑兵卷土重来，焉耆又一次反叛，"焉耆与龟兹共攻没都护陈睦、副校尉郭恂，杀吏士二千余人。"这次动静非常大，居然攻杀了东汉的西域都护，导致天山南麓的汉军全部覆灭。

同时传来的还有一个坏消息，北匈奴军队包围了柳中城！

耿恭

耿恭移兵疏勒,本来想与驻守柳中城的戊己校尉关宠彼此呼应,出了事能够相互救援,如今这一打算已然破灭。西域都护被灭,柳中城被围,耿恭知道,匈奴人下一个攻击目标就是疏勒城了。

果不其然,北匈奴骑兵很快到了。率先到达的是前锋部队,耿恭见来得敌军并不多,率部主动出击,击溃了敌人。随后,北匈奴大军到来,将疏勒城团团围住,耿恭第二次陷入了重围。但与上次不同的是,这次匈奴人并没有着急攻城,而是切断了城外的水源,妄图逼着汉军不战而降。

耿恭意识到问题的严重性,下令让士卒在城内掘井取水,要求每日都要通报进展。令他失望的是,尽管不分昼夜连续作业数日,已经掘了十五丈,但还是没有见到水,守城将士干渴至极,不得不"笮马粪汁而饮之",靠饮用挤榨的马粪汁坚持下去。

耿恭心急如焚,如果再找不到水,只有死或降两条路。就在所有人感到绝望时,耿恭突然想起了历史上的一件事,西汉时期,贰师将军李广利征伐大宛时也遇到了缺水的困境,据记载,李广利拔出佩刀刺山,于是飞泉涌出。

这显然是个传说,但已经到了如此境地,什么方法都要尝试一番。"今汉德神明,岂有穷哉",耿恭觉得天无绝人之路,上天的神明既然可以保佑李广利,同样也会保护自己。于是他重整衣冠,在掘井处虔诚膜拜,口中念念有词,"为吏士祷"。

奇迹终于发生了!没过一会儿,泉水从井中喷涌而出,疏勒城的守军"众皆呼万岁",欢呼雀跃,相拥而泣。看着清澈的泉水,泪水同样模糊了耿恭的双眼。他已经做了最坏的打算,但没想到会绝地逢生,或许是他们的坚守真的感动了上天。

不过，耿恭很快冷静下来，掘井成功虽解了燃眉之急，但疏勒城还在围困之中。他命令兵士从城上向下抛水，表明城内水源充足，以此向匈奴人示威，妄图困死汉军的阴谋宣告破产了。

匈奴人觉得明明已经断了城中水源，不知汉军从哪里取得如此多的水，更加坚信汉军有神明保佑，再一次撤围而去。

三

就在耿恭深陷重围时，一份加急的军报送到了几千里之外的长安，这是关宠从柳中城发出的求救信。

关宠的奏疏中汇报了西域危难的局势，请求朝廷火速派兵援救。但不巧正赶上明帝驾崩，整个东汉朝廷都忙于举行大葬，并迎接新皇帝章帝即位，没有人顾得上理会这份求援信。

没有外援的耿恭遇到了更为严重的危机，趁着东汉皇位更迭，车师再度反叛，联合北匈奴进攻耿恭，形势雪上加霜。耿恭仅有的支持来自车师后王的夫人。

这位夫人是远嫁塞外的汉人后裔，非常敬重耿恭的忠勇爱国。见到汉军久久被围，暗中给汉军提供支持，想尽办法派人将汉军急需的粮草送到疏勒，又多次将北匈奴和车师军队的动向告诉汉军。有了这份支持，使得汉军又多支撑了一段日子。

不过这样的援助毕竟是杯水车薪，几个月后，城内汉军的粮食耗尽，将士们饥肠辘辘，找寻各种能够充饥的东西。到最后，只能"煮铠弩，食其筋革"，不得已将盔甲弓弩上的皮革抠下来煮了吃。能否完全消化此时已不重要，重要的是不能眼睁睁地饿死。

城内的汉军不断有人病死或饿死,到最后只剩下了数十人。尽管如此,没有一个人逃走,更没有人劝说耿恭投降。他们就像一片片枯叶,随风飘落,无人知晓,忠诚的本色却未曾有一丝褪色。

耿恭看着部下一个个倒下,心里感到隐隐作痛,每个人都是生死与共的兄弟,都像亲人一般。他觉得自己这条命也终将留在这里,这些兄弟不过是早走了一步。但只要还有一口气在,就绝不投降,一定要将大汉的尊严坚守到最后。

匈奴单于知道耿恭深陷绝境,改变了策略,不再发兵攻城,而换成"糖衣炮弹",派人向城里喊话:"若降者,当封为白屋王,妻以子女。"意思是如果耿恭肯投降,封他为白屋王,并赐美女为妻。

耿恭丝毫没有心动,倒是冒出一个新的想法。他将计就计,佯装答应,要求匈奴派使者入城商谈具体细节。匈奴使者来后,耿恭立即翻脸,亲手将其杀死,坐在城头上将其肉割下来烤着吃。

汉军如此疯狂举动把匈奴人看傻了,单于大怒,下令攻城,耿恭和数十名勇士拼死坚守,疏勒城依然岿然不动。后来,岳飞在著名的《满江红》中写道:"壮志饥餐胡虏肉,笑谈渴饮匈奴血",讲的就是这个故事。

就是耿恭准备为大汉献出最后一滴血时,东汉朝廷终于开始讨论出兵援助事宜。章帝即位后,支援西域汉军被提上了议事日程,他令朝臣讨论是否应出兵援救以及其中的利害得失。

朝堂上分成了两派,司空第五伦等认为不应出兵救援。理由很简单,耿恭、关宠二部孤军在外已经有一段日子,大概率已遭遇不测,在这种情况下,救援没有任何意义。

更重要的是塞外天气恶劣,路途遥远,后勤供给困难。派出的援兵很容易被匈奴击破。如今西域的汉军已经覆灭,再让援兵受损,实在得不偿失。至于暂时失去对西域的控制并不要紧,等将来条件成熟还可以收复,所谓"留得青山在,不怕没柴烧"。

第五伦等人想法不无道理,对于西域汉军覆灭的推理也算正常,因为没人会想到,耿恭带着几百士卒能抵挡着住数万匈奴骑兵的持续攻击。因此,大部分朝臣都站到第五伦一边,主张不应出兵。

只有司徒鲍昱持不同意见,他在朝堂上慷慨陈词,坚决主张派兵救援,说:"今使人于危难之地,急而弃之,外则纵蛮夷之暴,内则伤死难之臣。诚令权时后无边事可也,匈奴如复犯塞为寇,陛下将何以使将?又二部兵人裁各数十,匈奴围之,历旬不下,是其寡弱尽力之效也。"

这段话的意思是说,将士奉命远征,危难之际,如果不救援他们,对外是纵容了残暴的蛮夷,对内则伤了那些忠臣良将的心。匈奴抢占西域之后,再来入侵边关,到时还会有谁愿意为大汉效命!况且耿恭、关宠二部虽然兵不多,但匈奴围困几个月都不能攻下,可见匈奴并没有那么强。

鲍昱核心意思可以用六个字来概括——"不抛弃,不放弃"。无论如何,大汉不应该冷了英雄的热血,即便只有百分之一的希望,也要做百分之百的努力。退一万步讲,即便这次救援行动失败,也可向天下宣告,大汉帝国从来不会放弃为之战斗的勇士!

年轻的章帝被鲍昱充满激情的话所打动,觉得所言极是,虽然耿恭、关宠情况不明,但危难之际不伸出援手,以后没有人再会为大汉拼死效命,因此采纳了鲍昱的建议,下诏发兵救援。

汉廷的具体部署是征调张掖、酒泉、敦煌三郡以及鄯善国的军队共七千人,出玉门关去找寻那些或许已经不存在的汉军。

第二年的正月，汉军经过长途跋涉到达了天山南麓的柳中城，大败北匈奴和车师联军。"斩首三千八百级，获生口三千余人，驼、驴、马、牛、羊三万七千头，北虏惊走，车师复降"，但遗憾的是，守军主将关宠在此之前已经以身殉国。

汉军援兵完成了第一阶段任务，按照计划接下来要去救疏勒城的耿恭。但在这个问题上，军中却发生了分歧。

援军的副将王蒙不同意继续北进，觉得就此打住是最好的选择，原因有三。一是疏勒城在数百里之外，耿恭完全失联，不知生死。况且刚打完一场大仗，士卒疲惫不堪，需要休整。二是救援耿恭，必须要翻越天山，此时正值数九寒天，大雪封山，有的地方积雪超过一丈，行军难度相当大，即便能够到达疏勒城，援兵在路途上也会有很大折损。三是耿恭即使还活着，想必手下所剩无几，大军前往救援付出的伤亡，恐怕要比救出的人还多，这样做实在得不偿失。

王蒙的意见得到了绝大多数人的支持，如他所言，再往北走确实凶多吉少。几位将领由此商定不再去疏勒城而转头班师回朝。就在关键时刻，一个人站出来表示坚决反对撤军。

此人名叫范羌，原本是耿恭的部将，此前受派遣前去敦煌郡领取过冬的寒衣，后来发生了一系列变故，使他一直无法返回疏勒城，这次随大军回到西域。

范羌不忍心放弃长官耿恭和众位兄弟，泣血陈词，坚持要前往疏勒城救援。不少士卒纷纷表示愿意前往，虽然几位将军已决意撤军，但看到范羌态度异常坚决，同时又被他的忠勇所打动，同意派两千士兵，由他带着翻越天山去接应耿恭。

在疏勒城苦苦支撑的耿恭，早已断绝了一切对外联系，对汉廷发兵救援情况一无所知。眼见非战斗减员持续增加，人数越来越少。所幸由于大雪笼罩，天气恶劣，敌人已暂时撤走。但尽管如此，耿恭和部下还是无力突围，因为他们饥寒交迫，实在走不动了。

耿恭被一种深深的绝望所笼罩，真正体验到度日如年，因为每过一天，就会有人死去。他已经不奢望援兵到来，要能来早就来了，如今大雪封山，连鸟都没有了踪影，更何况援兵。

尽管如此，一个信念在耿恭心中始终没有磨灭，便是"人在城在"，投降和放弃从来没有在他的脑海中出现过，即使最终死在这座孤城里也在所不惜，因为他们用生命捍卫了尊严，这份尊严属于疏勒城中的每个人，更属于千里之外的大汉帝国。

一天夜里，耿恭刚刚入睡，城外突然传来了阵阵兵马之声，这种声音已经消失了很长一段时间。声音由远及近，越来越大，听上去不是小股人马，至少应在千人之上。守城将士的第一反应是匈奴再次来袭，他们用最后的力气纷纷拿起兵器，耿恭也赶忙起身来到城头，准备迎接或许是生命中最后一次战斗。

正当耿恭和手下准备以死相搏时，突然听到有人在远处大喊："我范羌也，汉遣军迎校尉耳！"耿恭似乎听清了，但好像又没听清，他有些不敢相信自己耳朵，以为出现了幻听。

只是喊声越来越大也越来越清晰。在火炬的映照下，终于看清了城下的人马穿着汉军的衣服，打着大汉的旗帜，耿恭和手下这才相信真的是援军来了。

疏勒城仅剩的守军抑制不住内心的激动，纷纷扔掉武器，用仅有的力气在城头齐声大呼"万岁"，激动的泪水夺眶而出。他们上演了生命的奇迹，用血肉之躯坚守弹丸之城，顶住了匈奴人一次次的进攻，几乎看到了死神在朝自己招手，如今上天把生的希望又还给了他们。

耿恭的心情变得非常复杂，他兴奋激动的同时又升腾起一股辛酸。说心里话，他没想到朝廷援兵会来。最初曾经抱有这样的念想，但随着时间推移，这份希望越来越渺茫，直至破灭。

只是没想到，在"千山鸟飞绝"的时节，援军会翻越白雪皑皑的天山，神兵天降般出现在面前。这已经不能用常识来解释，在耿恭看来，完全是天意，或许是因为将士们用自身的壮举感动了上天。

耿恭急令打开城门，放援军进城。当看到援兵主将是曾经的部下范羌时，耿恭似乎明白了什么，两人紧紧相拥在一起，都流下了热泪。

耿恭和范羌商定此地不宜久留，应乘着敌人暂时撤围抓紧行动。于是第二天全军开拨，踏上归国之路。此时包括耿恭在内，最终活着离开疏勒城的汉朝守军只剩下了二十六人。

匈奴人派出骑兵跟踪追击，汉军边走边打，击退了敌人的围追堵截，翻越天山成功脱险。到达玉门关时，从疏勒城撤退的勇士，只剩下了十三人。其余的或死于与匈奴人的战斗，或由于体力不支而倒在归国的路途中。

"十三勇士归玉门"的感人故事，通过郑众的上书在朝堂引发了热议，无论章帝还是大臣都甚为感动。

耿恭等人回到洛阳后，受到了隆重欢迎。司徒鲍昱上奏称耿恭的气节超过了苏武，应当封爵赏赐。章帝下诏拜耿恭为骑都尉，手下恭司马石修为洛阳市丞，张封为雍营司马，范羌为共县丞，其余九人都补为羽林卫士。

耿恭回到洛阳后，得到了一个噩耗，他的母亲在此之前病故了。这位老母亲一直等待着儿子的消息，却始终渺无音讯，在忧虑中离开人世。耿恭为母亲举行了葬礼，章帝特意下诏，派五宫中郎将馈赠牛和酒，并解除丧服，给予了很高的礼遇。

四

建初二年（77），已经升任长水校尉的耿恭得到了新的任务。这一年八月，金城和陇西的羌人反叛，耿恭上书陈述对付羌人的策略。章帝觉得他讲得很有见地，于是派他作为车骑将军马防的副手，率军平定羌人叛乱。

一年后，羌人烧当部落首领布桥被马防大败，烧当部落投降，马防得胜回朝，留下耿恭继续进剿。他率部围攻各处没有投降的羌人部落，斩首俘虏千余人，缴获牛羊四万余头。最终十三个羌人部落数万人向耿恭投降。

按说耿恭立下大功，理应受到赏赐。但没想到，一份上奏让他陷入牢狱之灾。上奏的是监营谒者李谭，但背后的主使却是马防，他弹劾耿恭不关心军事，接受诏书时心怀不满，而且在军中为所欲为。章帝大怒，召耿恭回朝，然后直接投入牢狱。

马防这样做，是因为耿恭先前的一份上疏得罪了他，奏疏里说："故安丰侯窦融昔在西州，甚得羌胡腹心。今大鸿胪固，即其子孙。前击白山，功冠三军。宜奉大使，镇抚凉部。令车骑将军防屯军汉阳，以为威重。"

耿恭的意思是安丰侯窦融久居西州，和当地的羌族部落相处得很融洽，朝中大鸿胪窦固是窦融的亲侄子，上次窦固出征勇冠三军，应该派其作为大使去镇抚羌人。另外可以派马防屯军汉阳，作为接应。

耿恭提出这样的建议，完全是出于公心，但他不知道，这样做无意中陷入一场政治争斗中。

马、窦两家都是外戚，马防的父亲伏波将军马援在平定五陵蛮夷的叛乱中病逝，窦固等人给光武帝刘秀打了小报告，告了马援的黑状。刘秀大怒，剥夺了马援的爵位。从此两家结下了梁子。

本来马家和窦家有婚约，因为这，马家单方解除了，将三个女儿都送进了宫里。没想到，最小的一个女儿被选为了太子妃，进而成为皇后，后来成了当朝的马太后，马防则是马太后的亲弟弟。

耿恭大力推荐窦家的人镇抚凉州（今甘肃武威），这在马防看来，是想从自己手中夺权，因此必须要给耿恭一点颜色看。马太后执掌权柄，马家在朝中炙手可热，因此耿恭遭遇到如此厄运在所难免。

耿恭不久后从狱中释放，但被罢免所有职务，遣送回原籍，永不叙用。没过多久，他在家中郁郁而终。

"大汉军魂"耿恭最后的结局堪称凄凉，不免使人扼腕唏嘘。不过，相比于长眠于大漠戈壁的众多兄弟而言，耿恭无疑算是幸运的。

耿恭回到洛阳后，时常想起那段艰苦难忘的岁月，一个个坚毅的眼神以及不断倒下的背影，常常会出现他的梦中。他始终觉得自己未曾离开疏勒城，未曾离开一起浴血奋战的兄弟，如今终于可以与他们地下相会了。

耿恭带着些许遗憾离世，但足以使人欣慰的是，在他死后，耿氏一族的雄风没有泯灭，而是越战越强，最终完成了对北匈奴的最后一击，实现了他未尽的夙愿。

永元元年（89），汉朝三路大军齐发征伐北匈奴，其中窦宪、耿秉从朔方郡鸡要塞（今内蒙古磴口县西北）出发，三支队伍约定在涿郡山（今蒙古西部、阿尔泰山东脉）会师。

窦宪、耿秉派遣耿弇的侄子耿夔、耿谭在稽落山（今蒙古西南部额布根山脉）之战中大破北匈奴，单于逃走，汉军乘胜追击，一直追到私渠北鞮海（今乌布苏诺尔湖），共斩杀大部落王以下一万三千人，生擒者甚多，还俘获各种牲畜百余万头。由副王、小王率众前来投降的，先后有八十一部、二十余万人。

窦宪、耿秉接着出塞三千余里，登上燕然山（今蒙古境内杭爱山），命令中护军班固刻石建立功碑，记录东汉的国威和恩德，然后班师回朝，这就是有名的"燕然勒功"。

两年后，窦宪再次率部征伐北匈奴残余势力。此战中表现最突出的还是耿门子弟耿夔，他率轻骑八百，出居延塞（今内蒙古额济纳旗），直奔北匈奴的王庭，在金微山（今新疆西北部阿尔泰山）包围北匈奴单于，大败北匈奴军队，俘虏北匈奴单于的母亲，斩杀大部落王以下五千余人。

北匈奴单于仅与几名骑兵仓皇逃走，不知去向。汉军缴获北匈奴大量财宝和牲畜，追出塞外五千余里后而回。"自汉出师所未尝至也"，一举打破了自汉朝出兵匈奴以来距离最远的历史记录。

历经二百多年的汉匈战争终于落下帷幕，耿氏家族的最后一击使得北匈奴彻底崩溃，或降东汉，或降南匈奴，有的还投降了后来崛起的鲜卑，对中原不再构成威胁，逐步淡出了史书记载。

耿家子弟凭借智勇忠义打破了古代"三世为将必败"的谶语，

《后汉书》作者范晔对此评论说："三世为将，道家所忌，而耿氏累叶以功名自终。将其用兵欲以杀止杀乎？何其独能隆也！"

有人作过统计，扶风茂陵（今陕西兴平东北）耿氏从汉光武帝建武三年（27）起兵辅助刘秀开始崛起，到汉献帝建康元年（220）东汉终结，近二百年间整个家族一共出两位大将军、九位将军，十三位公卿，还有三位驸马，共有十九人封侯，另外还有数百人被封为"中郎将、护羌校尉及刺史"或俸禄"二千石"，声名极其显赫。

在耿氏家族中，耿恭是个特殊的存在。

论军功，耿恭与叔叔耿弇差得很远，和同辈的耿秉、耿夔、耿谭等也不可同日而语。他只经历过金蒲城、疏勒城两个守城防御战，没有指挥过千军万马。论待遇，他既没有拜将也没有封侯，最高的官职仅仅是个长水校尉，这个职位在耿家子弟中实在不值一提。

但要论起铁血精神，耿家其他人恐怕没有人能与耿恭相提并论。

耿恭和手下的勇士面对"万死无一生之望"的绝境，没有退缩和放弃，而用一腔热血奋战到底，为的就是"不为大汉耻"。如果没有对国家无限的忠诚，没有坚决不愿让民族蒙羞的信念，恐怕无法做到如此义无反顾。

同时，正是靠着这种精神力量，耿恭和他的手下创造了奇迹。没有饮水，就喝马粪榨出的汁水；没有粮食，甚至吃弓弩上的皮革。数百个日夜，击败大量的敌人，让大汉的军旗一直飘扬在疏勒的城头。敌人一直以为有上天的神灵保佑着他们，但哪里有什么神明，他们靠的就是宁死不屈血战到底的决心。

范晔为这份风骨所动容，不禁将耿恭和苏武联系起来，在《后汉书》中写道："余初读《苏武传》，感其茹毛穷海，不为大汉羞。后览耿恭疏勒之事，喟然不觉涕之无从。嗟哉，义重于生，以至是乎！"

就是说，范晔刚读《苏武传》的时候，感到他茹毛吃雪，在北海无人处牧羊数年，没有让大汉蒙羞已经是很荣耀的事了！后来他看到耿恭守疏勒的事迹后，感动得竟然涕泪俱下，这不就是把忠义节操看得比自己的生命还重要吗？

"只解沙场为国死，何须马革裹尸还。"耿恭和他手下勇士的热血忠魂不仅使得范晔折服，也注定铭刻史册，流传千古。

细细想来，我们这个民族历经磨难，却生生不息，不断孕育新的希望，创造新的辉煌，靠的不就是这种精神吗？

班超

一

东汉明帝永平十六年（73），鄯善国的都城，一群汉人正在屋内豪饮。在这个沙漠边缘的国家有如此多汉人聚在一起非常少见，他们不是普通人，而是来自东汉的使团，前些日子刚刚抵达这里。

领头的叫班超，是一个已过不惑之年的中年人。今天的聚会也是他张罗的，把大伙儿聚在一起不单单是为了犒劳出使的辛苦，而是准备做一件大事，这件事成功与否，不仅关系到是否能够完成出使任务，还有可能关乎使团每个人的性命。

班超筹划的"大事"就是除掉来到鄯善的匈奴使者。事实上，他并没有见过这些匈奴人，鄯善国王也没有透露过这方面的消息，班超之所以觉得匈奴使者已经来到鄯善，完全依赖于自己敏锐的直觉。

班超一行刚到这里时，鄯善王对汉朝使团非常热情，嘘寒问暖，礼数周到。但没过几日，却像换了个人似的，先前的好客荡然无存，态度变得粗疏怠慢，一副爱答不理的样子。

班超觉得同一个鄯善王，几日之内冰火两重天，一定事出有因，而且是外因。他的第一反应是匈奴使者来了，于是对部下说："你们不觉得鄯善王的态度变得冷淡了吗？一定是匈奴使者来到这里，让他犹豫不决，不知道该服从哪边。头脑清醒的人能够预见到还未发生的事情，何况是已经明摆着的呢。"

为了证实自己的判断，班超把负责招待他们的当地侍者找来，冷不丁问他："我知道北匈奴使者都到了好几天了,他们现在在哪里呢?"侍者仓促之间不知该如何回答,以为班超已经知道此事,就将匈奴使者的住处据实告知。

班超害怕走漏消息,把侍者关了起来,然后召集三十六个部下吃饭喝酒,酒过三巡菜过五味后,班超突然大声说道:"我们来这里是为了建功立业,但如今北匈奴的使者也来了,鄯善王见风使舵,开始疏远我们。这样下去非常不利,如果鄯善王将我们绑去送给北匈奴,大家都难以活命,现在该怎么办呢?"

这些部下原本有些喝多,听到班超说得如此严重,都被吓得酒醒了,齐声表示道:"现在是生死存亡之际,一切都听从司马你的决定。"

班超由此说出了流传千古的名言——"不入虎穴,不得虎子",接着又说:"如今的方法只有连夜袭击匈奴的使者,他们不知道我们究竟有多少人,一定会感到害怕,正好趁机消灭他们。如果匈奴使者被灭,鄯善王会吓破胆,如此这般大功可成。"

众人觉得这个主意不错,但有人提议说:"当以从事议之。"这里的"从事"是指班超的副手郭恂。按理说,这样的说法没问题,如此大的事情应该找副手商议一下。只是班超看不上郭恂,认为他生性胆小,如果告知真相,他必然害怕坏事而反对,因此商议此事时没有请郭恂来。

如今火烧眉毛之事岂容瞻前顾后,班超有些急了,大怒道:"是凶是吉就在今天,郭恂是个文弱之人,他听到这个计划定会恐惧,说不好还会泄露机密,让我们白白送命。"看到班超态度坚定,众人不再说话,收拾武器,准备行事。

当天夜里,班超带着三十多人悄悄摸到匈奴使者营地,他原本就想用火攻，这天恰好刮起了大风，班超大喜，觉得如有天助，让十余人拿着战鼓，隐藏在营地的后面，命他们只要见到火光，就擂起战鼓大声呼喊，剩余其他人拿着武器，埋伏在营地大门的两侧。

一切准备就绪，班超命人去纵火，大火借着风势迅速燃烧起来，匈奴使者一时间搞不清楚怎么回事，只听到外面战鼓齐鸣，杀声四起，顿时惊慌失措，乱作一团，纷纷往营门外跑，被早已埋伏的班超及手下射杀，其中班超亲手杀了三个，部下杀掉三十多人，其余一百余人都被烧死。

收拾完匈奴使者，班超紧接着面见鄯善王，把匈奴人的首级拿给他看，鄯善王吓得险些昏过去。鄯善国举国震惊，没想到这些汉使如此勇猛。班超觉得目的达到，便对鄯善王好言相劝，被吓破了胆的鄯善王表示愿意归附大汉，并将自己的儿子送到汉朝当人质。

班超第一次出使就一鸣惊人，不过这只是他放飞自我、实现梦想的开始。

班超起初并没有如此远大的梦想，考虑的问题非常简单，就是如何解决温饱。不过，他并非出生于赤贫之家，父亲是著名的历史学家班彪。只是班彪去世后，家道开始中落。

永平五年（62），班超的哥哥班固被召入京，任校书郎。班超和母亲随之迁居洛阳。虽然到了大都市，但家境并未好转，相反，由于京师生活成本高，日子过得更为拮据，班超只能靠给官府抄写文书来供养母亲，维持生计。

由于生活的磨砺，班超从小就很懂事，《后汉书》中说："为人有大志，不修细节。然内孝谨，居家常执勤苦，不耻劳辱。有口辩，而涉猎书传。"说他有自己的想法，不拘小节，却孝顺恭谨，懂得居家操持，不辞辛苦，同时非常喜欢读书，因此博学多闻，能言善辩。

遗憾的是,知识并没有改变命运,班超每天伏案做着重复劳动,然后拖着满身疲惫回家,过着一种毫无意义和价值的生活,日复一日,年复一年,眼见年华老去,却看不到命运改变的迹象。

班超尽管心有不甘,却也无可奈何,毕竟物质生活是基础,理想再远大,首先还是要解决吃饭问题,更何况除了自己,还要供养老母亲。

生活的疲态每天都冲击着班超,终于有一天,他忍无可忍,扔掉了手中的笔,感叹道:"我身为大丈夫,尽管没有什么突出的计谋才略,应该学习在异邦建功立业的张骞和傅介子封侯晋爵,怎么能够老干这种笔墨营生呢?"

班超所提到的两个偶像,世人对其中一位"凿空"西域的张骞非常熟悉。另外一位傅介子虽然名气不大,却干了一件惊人的大事。

西汉昭帝时,西域有个叫作楼兰的国家,不仅在匈奴和汉朝之间首鼠两端,还曾暗地里杀害汉朝商队。傅介子只是一个朝中的马倌,负责喂养御马,尽管身份非常低微,却不甘于此,主动请求带着皇帝的诏书去谴责楼兰、龟兹国。

傅介子来到楼兰,义正辞严斥责楼兰王怂恿匈奴截杀汉朝使者。楼兰王表示服罪。他又到了龟兹,龟兹王也表示服罪。傅介子率领手下一举斩杀了匈奴使者,回京后向朝廷汇报前后经过,昭帝下诏任命傅介子为中郎将,升为平乐监。

改变命运的傅介子没有自我满足,向朝廷提出新的请求,说:"楼兰、龟兹多次反复无常,一直没有受到惩戒。此次经过龟兹时,发现龟兹王距离人群很近,容易得手。我愿意前往将其诛杀,以此在各国树立大汉的威信。"

当时执掌朝政的霍光不完全相信傅介子,没批准他去龟兹,而是让他在距离更近的楼兰先试试手。

傅介子于是带着大量金银财宝来到楼兰,发现楼兰王身边常有人护卫,不好接近,于是心生一计,假意离开楼兰都城往边境走,边走边放风说:"汉朝使者有大量财宝,赐予各国国王,如果楼兰王不来领取,就要往西到其他国家了。"

楼兰王素来贪财,立即带人来见傅介子。两人把酒言欢,傅介子将财物取出给他看,楼兰王心情大好,不由喝多。傅介子起身请楼兰王进入帷幔中,说是有要事商议,结果早已埋伏在帷幕中的武士将楼兰王杀掉。

傅介子当众宣布楼兰王的罪行,说:"楼兰王有罪于汉朝,天子派我来诛杀他,改立以前留在汉朝为人质的太子为新王。汉军将到,你们不要轻举妄动,只要敢反抗,就把你们国家消灭了!"楼兰人果真被唬住了,表示愿意臣服大汉。傅介子重新立了国王,带着老楼兰王的首级回到长安。昭帝非常欣赏他的忠勇,加封他为义阳侯。

孤身入敌境、万里取首级的傅介子,由此成为班超心中的榜样。但他自知和两位偶像的距离实在太远了,所以才发出如此感慨。身边的同事并不理解他,甚至嘲笑他好高骛远,不切实际。班超对此不以为然,觉得"小子安知壮士志哉"。

班超不是说说而已,而是真动了这方面的念头。他去找相面的人看相,相士仔细端详班超的容貌后,说:"你的先辈是平民百姓,但你日后定当在万里之外封侯。"班超问其原因,相士说:"你额头如燕,颈脖如虎,飞翔食肉,这是万里封侯的相貌啊。"

相面先生的话无疑给了班超很大的信心，不过，就在他蠢蠢欲动，想着改变命运的时候，班家又出事了。

哥哥班固整理父亲的遗物时，发现了《续史记》的手稿。对历史颇有研究的他读后，觉得父亲写成的部分内容还不够详备，没有写成的部分还需要继续，于是在父亲遗稿的基础上，班固正式开始撰写《汉书》。

没想到这竟然引来了牢狱之灾，有人向朝廷告发班固"私修国史"，在当时这是个很大的罪名，汉明帝下诏将其逮捕并关进了洛阳的监狱。眼见班家的顶梁柱即将倒下，班超挺身而出，上书朝廷为哥哥鸣冤。他说班固这样做不是为了诋毁大汉，而是要"颂扬汉德"。

班超的上书引起了明帝的注意，令人找来被查抄的书稿阅读，觉得班超所言不虚，下诏将班固释放，并官复原职。

这件事情对于班家兄弟而言，可以说是因祸得福。有一天，明帝问班固："卿弟安在？"班固说弟弟班超在为官府抄书，用换来的钱奉养老母。明帝原本对班超印象不错，此时更觉得有些大材小用，便任命班超为兰台令史，掌管奏章和文书。

只是好景不长，不知班超犯了什么过错，官职被罢免。但是金子总是要发光的，班超很快迎来了改变自身命运的机会。

二

永平十六年（73），汉军分四路攻打北匈奴。班超听闻这个消息，觉得机会来了，主动请缨随军出征。他的请求被批准，跟着奉车都尉窦固北征，在军中担任代理司马一职。

这是班超的第一次军旅生活，他对一切都感到很新奇，走在茫茫戈壁，不由想起了张骞和傅介子，当年他们正是沿着脚下的道路走向了西域，也走向了各自人生的顶点，而自己会像他们一样在异域建功立业吗？

班超觉得好的开端是成功的一半，如今最重要的是抓住这次难得的机会。

事实证明，班超确实不适合抄书，更擅长行军打仗。第一次上战场，就显示出与众不同的才干。他奉命进攻伊吾（今新疆哈密），在蒲类海（今新疆巴里昆湖）遇到了北匈奴的军队，大获全胜，斩获甚多，一战成名。

窦固对班超的表现非常满意，于是派遣他和郭恂一同出使西域。他接到任命，心里充满欢喜，终于有机会在异域建功了。不过，欣喜之余，班超清醒意识到这趟差事并不轻松，因为经历了王莽篡权后的中原大乱，东汉王朝和西域各国几乎断绝联系，这里重新成为北匈奴的势力范围。

经过一番准备，已经四十一岁的班超带着三十六人上路了。过了阳关，便进入了完全陌生的异域，班超不知道等待他们的将会是什么，但无论如何，既然作为大汉的使节，就要不辱使命。

在鄯善，班超留下了"不入虎穴，焉得虎子"的故事，实现了"开门红"。胜利回师后，他将在鄯善国的情况向窦固做了汇报，窦固听后很高兴，觉得自己没有选错人，上奏为班超请功；同时请求明帝趁热打铁，另选使者再度出使西域。

明帝接到窦固的捷报，满心欢喜。北匈奴得到西域物力、人力后实力大增，屡次进犯河西诸郡，边关城池时常告急，边地军民苦不堪言，因此明帝下决心要与西域诸国重新建立联系，压缩北匈奴的活动空间，消除其对汉朝西边边境的威胁。正愁没有合适人选，没想到冒出了一个名不见经传的班超，上演了如此精彩的经典好戏。

高兴归高兴，明帝对窦固的请求却感到很纳闷：放着如此出色的人才不用，为何提出另选他人呢？于是，他下诏给窦固说："有班超这样的使臣，为什么不派遣他，而要另选别人呢？提拔班超为军司马，派他继续完成出使任务。"

窦固奉诏行事，但觉得班超的手下太少，想多拨给他一些人马，没想到遭到了班超的拒绝。班超认为原来的三十多人已经足够，船小好调头，如果出现意外情况，人多了反倒成了累赘。

就这样，班超带着三十多人再次踏上前往西域的道路，这次的目的地是于阗国。于阗是当时西域的强国，于阗王广德刚刚攻破了车师国，在天山南道称雄。北匈奴的势力同样深入于阗，派出的使者常驻这里，名为监护，实际上掌控着于阗的大权。

因此，于阗王对班超等人态度非常冷淡，班超对此早有心理准备，他认为根子还是在北匈奴，当务之急是寻找机会逆转局势。

于阗王信奉巫术，因此整个国家巫风盛兴，一个于阗王非常信任的巫师说如果归附汉朝会惹得天神发怒，只有把汉使骑的一匹黑马要来祭祀，才能平息天神的怒火。

巫师的目的是让于阗王和班超翻脸，班超却觉得这是改变现状的好机会，决定以进为退，痛快地答应了要求，并让巫师亲自来取马。等巫师来到后，班超不由分说，手起刀落将其杀掉，接着带着巫师的首级来见于阗王。于阗王没想到会发生这样的血案，又惊又怕，班超乘势说明利害，并义正词严对其责备一番。

于阗王看着眼前大义凛然的班超，早就听说他在鄯善国奇袭匈奴使者的故事，知道此人是个狠角色，如果把他惹急了，什么事情都有可能干出来。于阗王于是主动认怂了，当即下令杀掉匈奴使者，重新归附汉朝。班超给于阗王及其臣子们不少赏赐。

就这样，班超略施小计便成功镇抚于阗国。更重要的是这件事情引发了涟漪效应，西域各国纷纷派出王子入汉朝为人质，西域与汉朝中断了六十余年的关系，至此得以恢复。

班超没有就此满足，将下一个目标锁定在疏勒国。此时疏勒国的权力实际掌握在龟兹人手中。龟兹国王依仗北匈奴这个靠山肆无忌惮，横行霸道，派兵攻破疏勒国，杀掉了原来的疏勒王，另立龟兹人兜题为新的疏勒王。

永平十七年（74）春天，班超带着手下从于阗出发，通过小道向疏勒进发。对于如何镇抚疏勒，班超心中早有盘算。走到距离兜题居住的槃橐城（今新疆喀什东南部多来巴提格路南）九十里的地方，班超派手下田虑去招降兜题。

班超嘱咐田虑说："兜题本非疏勒种，国人必不用命。若不即降，便可执之。"就是说，兜题不是疏勒人，所以疏勒民众不会替他卖命，如果他不肯投降，就将他扣押起来。

兜题根本没有投降的意思，看到田虑只身前来，势单力孤，更加不放在眼里，言语间充满轻蔑之意。田虑见其敬酒不吃只能吃罚酒，按照既定方案，乘其不备，疾步上前，劫持了兜题。由于事发突然，兜题的手下先是一惊，然后顿作鸟兽散，田虑得手后找人疾马飞驰向班超报信。

班超随即带人赶到槃橐城，将疏勒的文武官员都集中起来，向他们陈述了龟兹种种野蛮霸道的行径，宣布废掉兜题，另立被杀的疏勒王的侄子为新王。

对于如何处置兜题，新的国王和官员们都要求杀掉他，但班超没有同意，认为此时杀掉兜题没有任何意义，倒不如从大局出发，将其释放，以宣扬大汉的威德信义。众人被他说服，疏勒就此平定。

班超两次出使，凭借智勇，先后平定了鄯善、于阗、疏勒。更让他感到高兴的是，永平十七年（174）十一月，明帝派窦固、耿秉率大军进入西域，击败了北匈奴和车师联军，平定车师前国、后国，重新设置了西域都护府和戊己校尉，恢复了对西域地区的管理。

就在班超觉得西域大势已定时，局势却发生了翻天覆地变化！

西域都护重置仅仅过了不到一年，汉明帝就驾崩了。焉耆国乘汉朝大丧起兵反叛，攻杀了西域都护陈睦，驻守柳中城的戊己校尉关宠被北匈奴围困。车师国跟着反叛，另一位校尉耿恭困守孤城，西域的汉军人数本就很少，现在不是被消灭就是被围困，形势急转直下，岌岌可危。

这样的变故完全出乎班超的预料，坏消息接踵而来，龟兹、姑墨等国见风使舵，发兵进攻疏勒，班超陷入孤立无援，只得与疏勒王忠互为犄角，首尾呼应，据城坚守。

班超艰苦守卫槃橐城一年多，这些日子他最盼望的是朝廷派出援兵，平定各国叛乱，重新控制西域的局势。但希望越大失望也就越大，不仅迟迟没有等来援兵，最终等来的却是让他回国的诏命。

东汉朝廷认为陈睦已死，诸国反叛，西域大势已去，没有必要继续兴师动众，而班超独木难支，为了避免全军覆灭，所以下诏让他离开西域回国。

接到诏令后，班超夜不能寐，虽然在这样的情势下，回国无疑是最安全的选择，但是他心里非常不甘，就在一年前已经看到成功的曙光，没想到形势很快被逆转。

如今陈睦死了，关宠、耿恭生死不明，如果他走了，不仅意味着先前所有努力都付之东流，同时标志着东汉王朝从此退出西域，将这里的控制权再次拱手让给北匈奴，接下来边关的烽火会再次燃起。

尽管班超不愿意走，但他毕竟是东汉的臣子，皇命在身，不得不从。这份纠结以及由此产生的痛苦一直笼罩着他，让他茶饭不思。同样受到煎熬的还有疏勒的君臣和民众，他们知道班超一走，疏勒将很快不保。

班超何尝不清楚疏勒军民的担忧，但他也无能为力。很快到了启程的日子，在与众人依依惜别时，疏勒的都尉黎弇突然站出来，来到班超马前，泪流满面说："汉使如果离开我们，我们必定再次被龟兹所灭。与其日后被灭，不如今日魂归汉使，送你回国。"说罢，竟然抽出长刀自刎。

班超赶紧下马，扶起倒在血泊中的黎弇，泪如雨下，没想到黎弇会以命相送。更令班超痛心的是，尽管如此，他还是必须要奉诏归国。

离开疏勒后，班超到了于阗，当年他在这里怒斩巫师，使得于阗重新归附大汉。于阗国王和百姓看到班超东归，反应同样非常激烈。王侯以下都放声大哭说："依汉使如父母，诚不可去。"——我们依靠汉使就好像孩子依靠父母一样，汉使千万不能走。不少人抱着班超坐骑的腿苦苦挽留。

班超见到这样的情形，再次被深深打动。他深知对于疏勒和于阗的民众，自己和手下是靠山，更是希望。为了能留住这份希望，黎弇不惜舍弃自己的生命，于阗的臣民则长跪不起。

班超顿时陷入了一种空前的痛苦和纠结之中，左思右想，最后决定不走了。为了这些信任他们的民众，为了大汉的尊严和威名，他认为自己必须留下来，完成未尽的使命。

于是，班超掉转马头，带着手下重返疏勒。走到半路时，得知在自己离开后，疏勒发生了内乱，有两座城重新归降了龟兹，叛军与尉头国联合，意图制造更大的混乱。

班超快马加鞭，到了疏勒，在臣民的支持下，逮捕了反叛首领，接着击破尉头国，斩杀了数万人，使得疏勒重获安定。

三

明帝建初三年（78），重新站稳脚跟的班超征召疏勒、康居、于阗等国的士兵一万多人，攻破了姑墨国，斩杀了七百多人，孤立了一直与大汉为敌的龟兹。

班超觉得是时候给朝廷上疏了。当初他没有遵照诏令回国，事后朝廷并没有怪罪下来。事实证明，他留下是正确的，五年间，西域的形势发生了新的变化，经略西域到了一个关键时刻。

班超深思熟虑后上了一道奏疏，提出了"以夷制夷"的全新策略。班超分析西域各国形势后，说："现在拘弥、莎车、疏勒、月氏、乌孙、康居等国愿意归顺汉朝，共同出兵攻灭龟兹，开辟通往汉朝的道路，如果我们攻下龟兹，西域不归顺的国家就屈指可数了。"

班超得出这样的结论，是因为深耕西域多年，对这里的情势有着独到和敏锐的判断，正如上奏中所说："臣前与官属三十六人奉使绝域，备遭艰厄，自孤守疏勒，于今五载，胡夷情数，臣颇识之。"

如何能收服龟兹呢？班超给出的办法是"以夷狄攻夷狄"，他说："现在我们应该封龟兹国的侍子白霜为龟兹国王，派几百名骑兵护送他回来，联合其他国家共同出兵，要不了多久，就可以擒获现在的龟兹王。"

班超很清楚东汉朝廷的顾虑所在，因为内地距离西域路途遥远，每次用兵都耗费巨大，长此以往会造成国库空虚，所以不能持久。

对此班超提出自己的见解，说："臣看到莎车、疏勒两国田地肥广，草茂畜繁，不同于敦煌、鄯善两地，朝廷在那里驻军，粮食可以自给自足，无须耗费国内的财力物力。"在他看来，就地屯田完全可以解决后勤补给问题，不需要朝廷为此额外支出。

班超最后表决心说："臣希望朝廷认真审阅奏章，看能否参照办理。如果能够获得成功，臣就是死了，何恨之有？承蒙上天的保佑，臣不至于马上就死，能够亲眼看到西域平定，陛下举起预祝万寿无疆的酒杯，向祖庙报功，向天下人宣布喜讯的日子。"

写完这道奏疏，天已蒙蒙亮，但班超睡意全无，反而有种直抒胸臆的痛快。这道奏疏是五年来所思所想的结晶，也是对西域大势的分析判断，他多么希望章帝和朝廷能采纳建议，重新夺回西域地区的控制权。

章帝读到这份奏疏，为班超忠勇而感动的同时，觉得他分析得颇有道理，提出的建议也具有可操作性，如果依照班超的策略而行，想必功业可成。

章帝于是下诏发兵支援班超，平陵人徐干素有平定西域之志，主动请缨去西域辅佐班超，朝廷任命他为代理司马，率一千人去增援班超。

就在班超等待朝廷回复时，情况又发生了重大变化。莎车国以为汉军不会到来，于是投降龟兹，与此同时疏勒都尉番辰反叛，一时间风声鹤唳。就在此时，徐干带着援兵来到疏勒，两人联手攻杀番辰及叛军一千多人，平息了疏勒的内乱。

汉军的到来，使得班超感到异常欣喜，说明他的建议已被朝廷采纳，平定西域终于又见到曙光。不过，要想达到这个目的，首当其冲的是收拾龟兹，但难度极大，因为龟兹是西域地区大国，实力很强，仅凭数千汉军没有攻灭它的可能。

西域除龟兹外，乌孙国力也很强盛，班超认为可以借助乌孙的力量攻伐龟兹，于是上书朝廷说："乌孙有十万兵马，当初汉武帝将公主嫁给了乌孙王，发挥了很重要作用。如今可以派使者招抚乌孙，与其合力攻灭龟兹。"

章帝采纳了班超的建议，拜他为将兵长史，借其乐队、旗帜和仪仗，升徐干为军司马，另派卫侯李邑护送乌孙使者，赏赐乌孙大小昆弥以下官员锦帛。

本来是件很好的事，但险些坏在李邑身上。此人胆小如鼠，而且是个不折不扣的小人。他走到于阗时，正赶上龟兹进攻疏勒，李邑吓得不敢继续前行，但又担心无法完成任务被追责。

为了掩饰自己的怯弱，李邑居然上书朝廷说，班超平定西域劳而无功，这些国家绝对不可能归附，又说班超"拥爱妻，抱爱子，安乐外国，无内顾心"，污蔑班超在国外享受安乐，不愿意回中原，根本不是为了国家。

李邑所说显然是无稽之谈，但班超听说后，心里顿感失落和愤懑。这些年在西域过得相当不易，没想到居然会有人如此诋毁自己。更让他担心的是，李邑的话传回朝廷，不明真相的朝臣恐怕还真会信以为真。

班超不由叹息道："身非曾参而有三至之谗，恐见疑于当时矣。"这里的曾参是指曾子，"三至之谗"是指反复传播影响恶劣的诽谤性言语，这句话的意思是我比不上曾子却被造谣诽谤，恐怕现在已经有人怀疑我了。

虽说身正不怕影斜，不过班超觉得还是应该避嫌，不能因为私人的事情影响大局，于是他让身边的妻子离开自己。

班超有两房妻室：一个是他投笔从戎之前，留在京城洛阳的结发妻子，为他生养了两个儿子；另一个，则是在他出任十七年镇守疏勒时期的戍边妻子，她为班超生养了一个儿子——班勇。

对班超来讲，这无疑是个痛苦的决定，在异域的这些日子，无论遇到什么样的境遇，这位疏勒夫人都是最为温柔的依靠。在生活上对班超的关怀无微不至，尽量安排好家务，应酬好来往关系，以便让班超集中精力处理军政事务。夫妻生活可谓甜美和谐，亲密无间。但在班超看来，人言可畏，不得不防，做出这样的决断是必要的，也是必须的。

章帝是个明白人，心里清楚班超是什么样的人，要论忠诚爱国，没有几个朝臣能比得上他。于是，他下诏严厉责备李邑说："如果班超如你说的那般，那么思念家乡的一千多士卒怎么能够与他同心同德呢？"他下诏，让李邑接受班超的节制调度，由班超根据实际情况决定是否让李邑留在西域。

李邑惶恐不已，没想到偷鸡不成蚀把米，不仅没有达到目的，自己还落到了班超手中。他觉得班超会加倍报复，将自己一直留在艰苦的西域。但没想到，班超不仅没有难为他，反而命李邑带着乌孙侍子返回长安。

徐干表示不解，劝说班超："李邑之前诋毁你，险些让你平定西域的功业遭到失败，现在为什么不奉旨将他留下来，另派其他人护送侍子回京呢？"班超答道："以邑毁超，故今遣之。内省不疚，何恤人言！快意留之，非忠臣也。"——正因为李邑毁谤我，所以才派他回京。我问心无愧，还怕别人讲什么呢？为了泄愤的快感而把他留下来，这不是忠臣所为。

有道是"宰相肚里能撑船"，班超如此宽大的胸怀，着实使人叹服！

这场风波过后的第二年，东汉王朝任命和恭为代理司马，率兵八百增援班超。这给了班超极大信心，准备调集疏勒、于阗等国兵力进攻投降龟兹的莎车。就在班超积极筹划用兵时，又发生了意想不到的事情，曾经与他共克时艰的疏勒王忠叛变了。

莎车王听说班超准备发动攻击，暗地派人与疏勒王忠联络，用重金贿赂他。疏勒王忠抵不住诱惑，发动了叛乱。面对此种状况，班超既痛心又无奈，他改立疏勒府丞成大为新疏勒王，调集兵力攻击忠所在的乌即城（今新疆喀什市西），当年同一战壕的战友就此兵戎相见。

班超的进攻起初并不顺利，主要原因是康居国派兵援助忠，使得汉军对乌即城久攻不下。班超听说康居和月氏刚刚通婚，便派人给月氏王送去了重礼，请他向康居王晓以利害，不要再助纣为虐。这招果然好使，康居王下令撤军，并把忠也带了回去。

但是忠并不甘心，从康居借了一些兵马，与龟兹勾结密谋，试

· 159 ·

图夺回疏勒大权。不过，他心里很清楚，依靠自身实力打不过班超，因此想用诈降之术，找机会除掉班超。

班超早就看穿了他的诡计，于是将计就计，佯装答应接受他的投降。忠大喜，轻车简从来见班超。班超为他举行酒宴，席中掷杯为号，斩杀了忠，随后率部击败其部众，杀七百余人。天山南道自此畅通无阻。

四

平息了疏勒内乱，班超将攻灭龟兹提上议事日程。但要想让龟兹臣服，首先要过莎车这关。

章帝元和四年（87），班超调集于阗等国士卒二万五千人，攻击莎车国。龟兹王清楚如果莎车有失，下个倒霉的便是自己，于是派遣左将军带领温宿、姑墨、尉头联军五万余人救援莎车。

面对敌众我寡的形势，该如何打这一仗呢？班超自有高招，他召集手下将校和于阗国王召开军事会议，会上故意显出胆怯的样子说："现在寡不敌众，最好的方法是各自散去——于阗王率军归国，我也率部西去，等到夜里击鼓便出发。"

众人不知他葫芦里卖的什么药，一向勇猛的班超为何突然认怂。原来这是他的调虎离山之计，放出这样的风声后，班超随即指示手下放松对龟兹俘虏的管控，放他们回去报信。

龟兹王果然上当，觉得这是围歼班超的绝好机会，于是亲率一万骑兵赶到西边，准备截杀班超；又派温宿王率领八千人在东边阻击于阗王的部队。龟兹王想毕其功于一役，这样做却将增援莎车的兵马全部调出,给了班超难得的机会。

班超抓住战机,当机立断,避实就虚,率领各部直扑莎车大本营。莎车军队根本没有防备,四散逃窜。班超部斩杀了五千余人,缴获了大量的牲畜、财物。莎车王见大势已去,只好投降。龟兹王此时方知上了班超的当,急忙率军散去。经此一战,班超的名号再一次威震西域。

就在班超击败莎车的同时,大月氏王派遣使者来到班超的驻地,进献珍宝、狮子等礼物,提出娶汉朝公主为妻的请求。虽然当年大月氏王曾经帮助汉军进攻车师,但班超并没有答应,这让大月氏王觉得很没面子,对此怀恨在心。

和帝永元二年(90),大月氏王派遣副王谢率领七万大军,越过葱岭前来攻击班超所部。其军队来势汹汹且人数众多,班超手下觉得双方人数差距太大,恐怕难以抵挡,于是一股惶恐的气氛弥漫在军中。

班超不以为然,对手下说:"月氏虽然兵多,但他们跋涉数千里,翻越葱岭来进攻,后勤补给很难保障,所以没什么可忧虑的。只要收好粮食,拒不出战,敌人很快就会无粮可食,饿着肚子自然无力打仗,走投无路只能投降,不过几十天就会见分晓。"

一切果然都是按照班超的预想发展,大月氏副王谢率领大军异常艰难翻越了葱岭,后勤补给完全中断,本来想着以战养战,抢掠粮食进行补充,但由于班超实行坚壁清野,沿途没有粮食可抢,再加上汉军拒不出战,大月氏军又无法攻克城池,军中很快断粮,陷入了进退两难的境地。

班超看到大月氏军队的攻势越来越弱,估计粮食已经耗尽。他分析大月氏军队唯一的出路是向龟兹求救,于是命令几百名士兵在东边设伏,切断大月氏人的求援线路。谢果然派人带着金玉珠宝前去龟兹求援粮草,汉军伏兵将大月氏使者杀死,并将他们的首级割下送还给大月氏人。

谢见到求援行动失败,大为惊恐,陷入了绝望,只好遣使向班超请罪,希望能给他们一条生路。班超见好就收,同意放他们回国。经过此事,大月氏王大为震惊,不敢再招惹班超,从此开始向汉朝进贡。

班超取得的一系列胜利,使得西域各国皆感惊恐,大月氏人服了,龟兹很快也服了。

永元三年(91),龟兹、姑墨、温宿等国投降,东汉朝廷决定重设西域都护府和戊己校尉,任命班超为西域都护,徐干为长史,以质子白霸为龟兹王,并派司马姚元护送白霸归国。班超命龟兹废掉原来的国王,扶立白霸。为稳定局势,他率部驻扎在龟兹的它乾城(今新疆库车附近)。

自此,西域诸国中除焉耆、危须、尉犁(今新疆尉犁)三国,因为曾经兴兵作乱,杀害了西域都护陈睦,因心怀恐惧而不敢归顺外,其余各国都已平定。

班超决心完成最后一块拼图,用的方法还是"以夷制夷"。永元六年(94),他调集龟兹、鄯善等八个国家共七万余人,再加上汉军及商贾一千四百人,征伐焉耆、危须、尉犁三国,无论是参与国数量还是兵力都是空前的。

拥有如此雄厚的实力,班超想不战屈人之兵。当大军到达尉犁时,他派使者告知三位国王说:"都护这次来这里,只是想抚慰三国,你们如果能改过从善,就应该派首领来迎接我们,王侯以下的人都会得到赏赐,抚慰完毕我们便会撤军。"为了表达诚意,班超还赏赐三位国王每人彩色丝绸五百匹。

班超此举可谓仁至义尽，但三位国王还是担心秋后算账，因此不知该降还是战。焉耆王作了试探，他没有亲自来，而是派左将北鞬支送来肉和酒欢迎班超。班超并不领情，斥责北鞬支说："你虽然是匈奴的侍子，可你掌握了焉耆国大权。我大汉的都护到来，你们国王却不亲自出来迎接，这都是你的罪过。"

班超的手下见状，劝说杀了北鞬支，但他们不知道班超只是摆摆样子，有着更长远的谋略。班超私下对亲信说："这个人比国王还重要，现在还没有进入他们的国境便杀了他，会让他们产生恐惧。如果他们加强防备，守住险要，即使我们能够到达他们都城城下，也要付出比较大的代价。"

班超用的是"先礼后兵"，既然如此，就要把"礼"做足了。于是放北鞬支回国，还给了他不少礼物。焉耆王看到北鞬支平安归来，觉得再不亲自出面有些说不过去，于是带着高官和礼物在尉犁迎接班超。

焉耆王虽然服软，却不愿让班超进入自己的国境，下令毁掉了途中的一个苇桥，以求自保。班超由此判断出他的真实用意，率军从其他道路涉水而进，突然出现在距离焉耆都城仅二十里的地方，并下令在这里安营扎寨。

本以为高枕无忧的焉耆王没想到神兵天降，惊恐万分，准备带着部众逃到山中负隅顽抗。焉耆国的左侯元孟过去在汉朝当过人质，和汉朝较为亲近，悄悄派使者向班超报信。

班超得到情报后并没有抓紧进军，而做了一件令人大跌眼镜的事情，下令将元孟派来报信的使者杀掉。他这样做，主要目的是想将三国的顽固分子一网打尽，一劳永逸解决问题。如果听从元孟所言，想必只会打一个击溃战，因此将使者杀掉以便麻痹三位国王。

班超发出邀请，宴请三位国王及大臣，声称要在宴会上对他们大加赏赐。由于先前表现出足够的诚意，焉耆王舜、尉犁王泛以及北鞬支等纷纷赶来赴宴。但也有担惊受怕的，焉耆国相腹久等人害怕被杀而提前跑路，危须王也因胆怯没有来。

宴会开始后，正当焉耆王等着赏赐时，班超突然脸色大变，责问他们说："危须王为何不来？腹久一班人为何逃跑？"说完，他喝令武士将焉耆王、尉犁王捉住。为了给西域都护陈睦报仇，也为了洗刷大汉曾经的耻辱，班超特意令人将他们带到当年陈睦被杀的地方，将焉耆王、尉犁王杀掉，并传首京师。

班超随即镇压三国的反抗势力，发兵斩杀五千余人，俘获一万五千余人，牲畜三十余万头。另立元孟为焉耆国王，为了稳定局势，班超在那里驻扎了半年。

就这样，"西域五十余国悉皆纳质内属焉"——西域各国都归附了汉朝。经西域前往中亚的丝绸之路重新打通了！

班超终于实现了投笔从戎时立下的誓言，和帝对此盛赞道："超遂逾葱岭，迄县度，出入二十二年，莫不宾从，改立其王，而绥其人，不动中国，不烦戎士，得远夷之和，同异俗之心，而致天诛，蠲宿耻，以报将士之仇。"为了表彰班超杰出的功勋，特意封他为定远侯，此时班超已经是六十三岁的老人了。

班超创造了历史，从一定意义上说，更是创造了奇迹！

当初他带着三十多人出使，在形势错综复杂的西域地区站稳了脚跟。尽管中间经历了许多波折，有时甚至命悬一线，在外无朝廷援兵内有诸国叛乱极端不利的情况下，班超硬是咬牙挺了过来，采取"以夷制夷"的正确策略，使得局面得到完全改观。在几乎没有消耗东汉人力物力前提下，凭借一己之力将西域重新纳入大汉的版图，这份功勋堪称不朽。

五

封侯以后的班超，又做了一件大事——派手下甘英出使大秦。

大秦就是罗马帝国，班超听说在西方有这样一个大国，但具体在哪里，到底什么样，都不是很清楚，所以便有了这样的想法。之所以选择甘英完成沟通东西两个帝国的重任，是因为甘英乃最早随同班超出使西域的三十六勇士之一，班超对他非常信任。

甘英接受使命后，带着使团从龟兹出发，西行至疏勒，翻越葱岭，经大宛、大月氏至安息（即波斯帕提亚王国）都城和椟城，接着经过条枝，到达西海，即今天的波斯湾一带。

甘英一行准备乘船渡过西海，但安息人知道甘英是东汉使者后，告诉他们说："海水广大，往来者逢善风，三月乃得度，若遇迟风，亦有二岁者，故入海皆赍三岁粮。海中善使人思土恋慕，数有死亡者。"意思是说大海非常宽阔很难渡过，运气好的话三个月才能过去，运气差的话要用两年才能到达，所以如果要渡海至少准备三年的粮食，而且在海上航行的人常常因思乡而死。

波斯湾只是一条狭长的水道，安息人显然是夸大其词，故意吓唬甘英一行。究其原因，可能当时安息是汉朝和大秦商贸交易的中转站，从中获得了丰厚的利益，如果汉朝与大秦直接建立联系，会损害他们现在的垄断性利益。

不过，即使甘英顺利渡过波斯湾，也根本到不了罗马。罗马在波斯湾的西北方向,今天需要从波斯湾南下到阿拉伯海,再经红海,穿过苏伊士运河进入地中海,然后北上才能到罗马。当时没有苏伊士运河,甘英去罗马必须走陆路,从伊拉克西北方向,穿过叙利亚,经土耳其到达罗马。

安息人经常和大秦做生意,想必肯定知道这条路线,但并没有告诉甘英,只是一味地渲染海上航行的恐怖。安息人最终达到了目的,"英闻之乃止"——真把甘英给唬住了,于是放弃了渡海,选择回去复命。

就这样,东西两大帝国失去了直接交流的机会。不过尽管如此,甘英作为第一个到达波斯湾的中国人而被载入史册。永兴十一年(99),出使两年的甘英回到西域都护府,向班超详细汇报了出使情况。

做完这件事情后,班超觉得自己的使命已经圆满。从永平十六(73),他第一次踏上西域的土地,在这里已经足足待了三十年,他从一个意气风发的中年人变成了年逾七旬的垂垂老者。

班超觉得去日不多,是时候叶落归根了。长年的征战和繁忙的政务,严重地侵蚀了他的身体,健康状况每况愈下,这使得班超越发思念故乡和亲人。八年前,他的哥哥班固受到窦宪事件的株连死在狱中,而他的小儿子班勇还从未回过故乡。班超希望能在有生之年,带着班勇回到阔别三十年的故土。

永元十二年(100),班超上书和帝,请求准许其卸任并回到中原,这份上疏写得言辞恳切,其中写道:"臣不敢望到酒泉郡,但愿生入玉门关。"令班超颇感失望的是,这份上疏石沉大海,毫无回音。

不觉中两年多过去了,和帝仍未批准班超告老还乡的请求,或许在和帝看来，实在没有人能取代班超，如果他走了，西域有可能重新失控。

妹妹班昭看到哥哥的请求迟迟得不到批准，心里非常焦急，给和帝进呈一份上奏，说："班超刚出塞时，就立志为国捐躯。时逢陈睦被害，班超以一己之力，辗转异域。幸亏有陛下的福德庇佑，得以活到现在，至今已有三十年了，当初跟随他一起出塞的人都已作古。班超年满七十，衰弱多病，即使想竭力报国，已力不从心。如有突发事件，势必损害国家累世的功业。我听说古人十五从军，六十还乡，中间还有休息的时候，因此冒死请求陛下让班超归国。班超在壮年时竭力忠孝于沙漠之中，衰老时则被遗弃而死于荒凉宽旷的原野，这是多么悲伤可怕的事啊！"

班昭的这道奏疏感人肺腑，深深打动了和帝，于是下诏，召班超回朝，派遣戊己校尉任尚接替班超，出任西域都护。

班超临行前，任尚向他请教如何能稳住西域，班超说："塞外的官吏士卒，本来就不是心甘情愿的，都是因为有罪才被迁徙去做充边的屯兵。而蛮夷又怀有禽兽之心，很难顺服而容易坏事。而你秉性严厉而又有些急躁，水至清则无鱼，过于严厉无法得到下面人的欢心，因此你应该宽容冷静，简易行事，对于别人的过失要从宽处理，抓住重要环节，把握住大方向就可以了。"

班超的交代可谓语重心长，这是他在西域三十年的心得体会。西域的情况很特殊也很复杂。民族众多，国家虽然都不大但数量不少，彼此间关系很微妙，甚至矛盾重重，处理稍有闪失，就有可能失控。

在班超看来，有效治理西域，光靠武力不行，还需要有高超的政治手腕。特别是西域各国民俗完全不同于内地，秉性也大相径庭。内地人性情温和顺从，但西域人桀骜难训，如果过于严厉，实行严刑峻法，会适得其反，很容易引发激变。

遗憾的是，班超的话被任尚当作耳旁风，他私下对亲信说："我以为班超有什么奇策，现在说得不过是平常之语罢了。"他没有遵照班超的嘱托，而是我行我素。

班超与任尚交接完工作，就要启程回国了。当地的民众听闻这个消息，扶老携幼，前来送别。望着众人不舍的眼神，班超颇为动情，又想起二十年前奉诏回国时，疏勒、于阗的百姓也是这样的神情。

只是令班超感到欣慰的是今非昔比，情势完全不同了，当年焉耆等国反叛，杀死了西域都护陈睦，朝廷准备放弃西域，班超不得不奉诏归朝，当地的民众感到忧虑和恐惧，而班超的内心同样充满痛楚和不甘。

如今经过多年的经略，西域完全平定，班超完全实现了当年投笔从戎时所说的誓言，功德圆满，可以安心告老还乡了。

班超在随从的搀扶下，于众人的注视中，缓缓登上了车，渐渐消失在人们的视野中。对于班超而言，这条通往故乡的路好长好远，居然走了三十年，如今终于要到头了。

永元十四年（102）八月，班超回到了阔别已久的洛阳。三十一年前，他从这里出发，义无反顾踏上了西去的道路，当时与他一起出使的三十六人，如今只有他一个人活着回来了。从这个意义上说，他不是一个人回朝，而是代表一个整体而归。

和帝给予了很高的礼遇，任命班超为射声校尉。只是所有功名利禄对于班超已经不重要了，他的生命进入了倒计时，回到洛阳不久便卧病不起，后来病情不断加重。和帝听闻，派人登门慰问并让御医前去诊疗,但都无济于事。

一个月后,班超在洛阳离开了人世,结束了七十一年的传奇人生。这个年龄在当时算是超高龄,称得上是善终。

六

班超走得很平静,但没想到,在他死后,西域又一次掀起了惊天骇浪。

原因就在于任尚将班超的建议抛在一边,迷信武力,政策严苛,使得西域各国不满情绪与日俱增,终于在延平元年(106)爆发。各国联合起来反叛,围攻驻守在疏勒的西域都护任尚,任尚发出求援信,请求朝廷出兵。

东汉朝廷令西域副校尉梁慬在河西四郡招募胡羌骑兵去驰援疏勒,梁慬带着招募来的五千人,昼夜兼程,赶赴西域。任尚虽然治理西域不行,却是行伍出身,打仗是一把好手,在援兵到之前,便击溃了叛军,解了疏勒之围。

尽管如此,朝廷认为任尚严重失职,导致西域诸国叛变,撤掉了他的职务;任命段禧为新的西域都护,骑都尉赵博为西域长史,两人一同赴任;同时命令梁慬带着五千骑兵留在西域,以应付时局的变化。

段禧、赵博到任后将西域都护府迁往龟兹它乾城,这是当年班超任西域都护时的驻地。当年正是班超力主废掉反汉的龟兹王、扶立亲汉的白霸为新国王,因此龟兹和东汉的关系一直不错。梁慬认为它乾城城小不坚,说服了白霸,率部进驻龟兹都城,没想到这引发部分龟兹贵族的不满，他们联合姑墨、温宿等国，起兵反叛，将汉军紧紧围困。

梁慬不顾敌众我寡，率军主动出击，他身先士卒，大败叛军，斩敌万余，俘虏数千，迫使叛军仓皇败走，使得龟兹局势转危为安。

虽然成功平叛，段禧、梁慬却接到了朝廷的诏令，命他们放弃西域，悉数回朝。这条命令听上去不可思议，究其原因，是一些朝臣认为西域路途遥远，叛乱此起彼伏，每次都要劳师远征，耗费了大量的费用，长此以往，国家难以负担。

掌权的邓太后觉得言之有理，于是批准了放弃西域的建议。这个重大决策虽是邓太后最后拍板，但实际上代表了长期以来东汉朝廷对经略西域的态度。

光武帝刘秀建立东汉后，起初并不愿意介入西域事务，当时西域诸国受到北匈奴的压迫，联合请求东汉重设西域都护，刘秀没有答应。明帝时为了斩断匈奴右臂，才出兵西域，但是遇到一些挫折便想着要放弃，亏得班超选择坚守，否则东汉早就失去了对西域的控制。

因此在东汉朝廷的治国规划中，西域从来就不是重点，得失并不太要紧。正因为如此，一直以来都没有投入太多人力物力，能守则守，不能守则放弃。

只是后来班超采用"以夷制夷"的策略，几乎没有动用东汉的力量，便搞定了西域诸国，对于东汉朝廷而言，这完全是意外之喜。如今班超已逝，再没有人会有如此大的影响力，如果还想控制西域，只能维持一支规模较大的军队，注定会有一笔不小的开销，长此以往对东汉来讲很难负担，因此就打起了退堂鼓。

永初元年（107）六月，邓太后决定撤销西域都护，派军队出玉门关，接应段禧、梁慬和驻伊吾卢、柳中城屯田的将士退入关内，负责迎接回归将士的队伍中就有班超的小儿子班勇，他被任命为军司马，和哥哥班雄从敦煌出发，迎接汉军西归。

汉军全部退入玉门关，意味着班超三十年辛苦打拼的成果毁于一旦，从此后的十多年，西域完全脱离了东汉的管辖。

或许是冥冥天意，再次让西域重归东汉的正是班勇。安帝元初六年（119），敦煌太守曹宗派长史索班率一千多人驻扎在伊吾卢，车师前王和鄯善王前来投降。

几个月后，北匈奴和车师联合发兵，攻杀索班，赶走了车师前王，占据了往北的道路。鄯善王向曹宗求救，曹宗请求朝廷出兵攻打北匈奴，替索班报仇雪恨，再次收复西域。

邓太后令朝臣商议此事，大部分人认为西域地处偏远，为此投入大量人力物力意义不大，不如干脆关闭玉门关，彻底放弃这块鸡肋之地。

唯独熟悉西域情况的班勇站出来表示绝对不能放弃西域，上奏中陈述了自汉武帝以来经营西域的策略，说："愚见认为边境是中国的唇齿，唇亡则齿寒，理所当然。从前孝武皇帝担心匈奴强大，将成为百蛮的统帅，逼近我们边疆，于是打通西域，分离其盟国，当时的舆论认为这等于夺得了匈奴的内脏，砍断了他的右臂。后来王莽篡位，贪得无厌，向西域索取东西太多，胡夷愤恨已极，于是背叛。光武帝中兴后，没有工夫考虑外事，所以匈奴仗恃自己强大，奴役西域诸国。到了明帝永平年间（58—75），匈奴再进攻敦煌，河西各郡白天都把城门关上。孝明皇帝考虑国家大计，于是派虎将出征西域，因此匈奴逃向远方，边境得到安宁。到了和帝永元年间（89—104），西域地方没有内属的。后来正逢羌人作乱，西域又断绝往来，北匈奴又派遣督促其他小国，收集逃避的租税，把价值抬得很高，严格限期集会。鄯善、车师都怀愤怨之心，想亲近汉朝，可惜找不到门路。"

至于西域各国联合攻击西域都护府之事，班勇认为是当时朝廷用人不当，压迫各国，所以各国是反对任尚，并不是反汉。

班勇立足实际，并不赞成曹宗所提的出兵建议，他说："现在曹宗只是感到前面的耻辱，想报复匈奴洗雪耻辱，而不查一查历史上出兵的先例，没有考虑当时的具体情况。凡是想在荒外建功的，一万个中没有一个成功的，如果兵连祸结，后悔都来不及了。何况现在府库空虚，军队后无援兵，这是向远方的夷狄暴露自己的弱点，向海内展现自己的短处。"

班勇的意见是先恢复戊己校尉，驻守在敦煌，再派西域长史驻扎楼兰，西边挡住焉耆、龟兹的来路，南边给鄯善、于阗壮壮胆子，北面抵御匈奴，东边连通敦煌，这才是万全之策。

班勇的建议引发朝中激烈辩论，主要是围绕重新干预西域事务的必要性展开，有朝臣提出："朝廷从前想抛弃西域，因为西域对中国没有好处，而且经费难以供给。现在车师已属匈奴，鄯善也不可靠，一旦出现意外，你能担保北方匈奴不犯边吗？"

班勇对此回答："国家设立地方官员，为的是防止郡县出现盗贼，如同州牧能保证没有盗贼，我也愿意用腰斩来确保匈奴的势力不成为边害。西域一通，匈奴的势力必然减弱；匈奴的势力减弱了，那么为害的可能性就缩小了。如果放弃不管，岂不等于归还他们的内脏，把他们已砍断的臂重新接上？那么西域各国必然失望，希望断绝后，一定向北匈奴投降，沿边各郡一定会受到危害，恐怕河西各地的城门白天又要关上了。现在朝廷广泛宣传恩德,而只看到驻扎军队要多花几个钱,如果北匈奴重新强大,难道边塞会得到长治久安吗?"

还有朝臣质疑说:"如果设置西域都护校尉,那么西域各国不断派使者来,要钱要粮将无止境,给他们吧,费用难供;不给吧,又将失去他们的支持。一旦北匈奴入侵,西域各国又来求救,会如此左右为难、麻烦不断。"

班勇答道:"如果让西域归附匈奴,匈奴感戴大汉的恩德,我们不妨就把西域交给匈奴。但是情况恰恰相反,匈奴得到西域后,不仅会得到西域各国的租税,而且还会得到不少兵马,转而会侵犯我们汉朝边塞各郡。这等于让敌人富足起来,增添敌人的势力。设校尉的目的,可以宣传大汉的威德,维系各国归附内地的心愿,使匈奴的侵略野心有所收敛,而不必有耗费国家财力的忧虑。何况西域各国要求不高,来到中国,不过供应他们食宿而已。现在如果一概拒绝,他们一定会依附北匈奴,联合起来进犯并州、凉州,那么朝廷耗费的军费绝不止千亿金。"

班勇说得有理有据,最终赢得了这场辩论。邓太后采纳了他的部分建议,设立西域副校尉,驻守在敦煌,名义上维系与西域各国的关系,因为只能防御,不能出关用兵,所以作用十分有限。

后来北匈奴和车师多次联合进犯,使得河西地区遭受了很大损失。东汉朝廷这才觉得班勇是对的,于是决定设立西域长史,并委派班勇担任这个职位,率五百兵士出塞,驻扎在柳中城。

班勇出发前特意到父亲墓前祭拜。二十多年前,父亲带着他离开西域返回中原,如今他要追寻着父亲的踪迹,踏上西去的道路,继承班超毕生为之奋斗的事业。他暗自对父亲承诺,此行必将全力以赴，让大汉的威名再次响彻西域！

  班勇到达楼兰后，先是以恩德和信义进行劝导，使犹豫不决的龟兹王白英带着姑墨、温宿国王一起归降，迅速打开了局面。接着征调龟兹等国的步骑兵一万余人，前往车师前国王庭，赶走了北匈奴的伊蠡王，收容车师国军队五千余人。班超的"以夷制夷的"策略在自己儿子手中得以传承。

  安帝延光四年（125），班勇调集敦煌、张掖、酒泉等郡共六千骑兵和鄯善、疏勒、车师前国的军队，进攻车师后国，大获全胜，斩首俘获八千多人，牲畜五万多头，并生擒车师后国国王军就和北匈奴持节使者。班勇下令将他们带到索班阵亡之处斩首，为索班等汉军阵亡将士复仇，并将首级送往洛阳。

  一年后，班勇以东汉朝廷的名义册立车师后国前任国王的儿子为新王，又派遣部将斩杀东且弥王，另立本族人为王。自此，车师等西域六国全部归附汉朝。

  虎父无犬子，班勇仅仅用了三年时间，便让西域局势彻底改观，但是他并不满足，因为最大的敌人是北匈奴，只要打残了匈奴人，西域才可能真正安定下来。

  顺帝永建元年（126）十二月，班勇调集西域各国兵力攻打北匈奴呼衍王。呼衍王兵败逃走，手下两万余人全部投降。

  此战抓住了北匈奴单于的堂兄，班勇特意让车师后国国王亲手将其斩杀，这一招充分显示他的政治智慧，因为车师后国一直以来都和北匈奴走得很近，让其国王亲手斩杀匈奴单于的堂兄，意味着两国从此结仇，关系不可能再回到从前。

  一如班勇所料，北匈奴单于不久便亲率大军攻打车师后国，但不敌班勇的联军，大败而归。

西域诸国见状纷纷归附汉朝,只有焉耆国还在观望。班勇上奏朝廷,请求出兵攻打焉耆。看到他在西域的高光表现,朝廷很快准奏,派敦煌太守张朗率河西四郡三千兵马,配合班勇发动进攻。

但没想到,事情坏在张朗身上,使得即将走向辉煌顶点的班勇遭遇了断崖式下跌。

两支队伍约定,班勇走南道,张朗走北道,在焉耆王城下会师。张朗因为先前犯过事贬官到敦煌,急于戴罪立功,所以快马加鞭,赶到约定之日前抵达,还没等班超赶到,就提前发起了进攻,斩首两千余人。焉耆国王大为惊恐,派使者请求投降,张朗进入焉耆都城受降而归。

本来是张朗违反约定,但朝廷不知内情,只以结果说话。张朗因功先前罪罚都被赦免,而班勇则被认为贻误战机而被征召回京,下狱免官。不久后,班勇得到赦免,后来病死在家中。

班超父子的神勇表现就此画上了句号。但历史始终没有忘记他们,范晔在《后汉书》中说:"班超、梁慬奋西域之略,卒能成功立名,享受爵位,荐功祖庙,勒勋于后,亦一时之志士也。"

历史学者蔡东藩则将班超和张骞作了对比说:"西汉有张骞,东汉有班超,皆一时人杰,不可多得。吾谓超之功尤出骞上,骞第以厚赂结外夷,虽足断匈奴右臂,而浪糜金帛,重耗中华,虽曰有功,过亦甚矣。超但挈吏士三十六人,探身虎穴,焚杀虏使,已见胆力;厥后执兜题,定疏勒,指挥任意,制敌如神,而于中夏材力,并不妄费,此非有大过人之才智,宁能及此?"

在他看来,班超的功劳在张骞之上,因为张骞第二次出使西域时,带着大量的财物赏赐西域各国国王,才换来各方的支持。而班超几乎没有让东汉王朝负担太多,却取得了平定西域的惊人成绩。

平心而论，两人在历史上都立下了奇功，一个"凿空"西域，使得西域开始与中原交往联系，一个使中断已久的丝绸之路重新畅通。后世很难评判其功大小，但相比较而言，班超获得的支持更少，这是事实。

班超进入西域时，汉军的主力全部撤出，几乎没有可以凭借的资源。尽管后来打开局面，在其主持西域大局的三十年间，东汉朝廷给予的支持也相当有限，直属军队的人数最多时也不超过两千人，而且还是由军队屯田自给，没有依靠东汉朝廷的供给。

"大丈夫无它志略，犹当效傅介子、张骞立功异域，以取封侯，安能久事笔砚间乎？"当年班超扔下手中的笔，发出如此豪迈的誓言，仅仅是对于自身命运不济的感叹。他不会想到最终能实现自己的梦想，与两位人生偶像比肩而行。然而，他真做到了！

两千年以来，班超的事迹一直为世人所称道，明末抗清英雄、文学家黄道周似乎概括得最为全面精准："班超壮士，燕颔虎头。困而投笔，远博封侯。鄯礼忽衰，知有敌谋。三十六人，危亡之秋。激众举火，夜烧尽逋。鄯善碎胆，纳子拜投。更使西域，斩巫若沤。疏勒辨种，立忠逐兜。一时威德，有恩有仇。恐汉弃我，抱马足留。威震西域，不许妄求。逆既诛斩，降则准收。五十余国，贡属不休。玉关生入，壮志大酬。"

"玉关生入，壮志大酬。"班超的一生是战斗的一生，是无悔的一生，更是完美的一生！

法显

一

东晋安帝义熙八年（412）四月的一天，在浩瀚无垠的海面上，一场突如其来的暴风雨正在横扫一切。惊天骇浪中，一艘船只发生剧烈的颠簸，随着浪涛时隐时现，起伏不定，似乎随时都有倾覆的危险。

船上的人慌作一团，他们不知道接下来会发生什么，浓浓的夜色更加重了这份绝望感。只有一位叫法显的年老高僧显得格外镇静，他守着身边的一大摞经书，闭着眼睛默念着佛经，生死对于他来讲好像已经置之度外。他唯一挂念的是身边这些历经艰险才从天竺求得的经书，这是他毕生的追求，更是一份沉重的使命。

只是法显不知道，除了狂风暴雨外，此时还有一种危险正在靠近。船上的一些印度教徒祈祷未果后，认为这个异教徒可能是灾祸的源头，觉得只有将法显抛入大海，上天才会停止咆哮，一切重归风平浪静。

这些印度教徒窃窃私语，打算动手。法显和他守护的经书命悬一线，关键时刻，同在船上的一位汉人商贾站了出来，他得知印度教徒的阴谋后，斥责他们说如果胆敢残害这位高僧，靠岸后会向当地官府告发。

这位商人目光如炬，义正词严，使得印度教徒们心生胆怯，放弃了此前的想法，使得法显最终逃过了这场劫难。

一直闭目诵经的法显对此浑然不知。在剧烈的颠簸中，他实际已经意识到此行凶多吉少,很有可能会葬身大海。不过生死本是平常事,生则有死,死则有生,生生死死,无穷无尽。法显想到这里,内心反而平静下来,不由回想起几十年来所走过的路,想到与佛结缘并追随佛的一生。

法显俗姓龚,出生在平阳郡(今山西临汾市西南),来到这个世界时正值西晋王朝败亡,北方进入五胡十六国的乱世。城头变幻大王旗,你方唱罢我登场,兵荒马乱,人如蝼蚁。

在法显之前,龚氏夫妇所生的三个儿子都不幸夭折,因此对于这个孩子格外呵护,生怕再有什么闪失。父母的愿望是美好的,但天不遂人愿,一场可怕的疾病很快降临到法显身上。

看到奄奄一息的小法显,龚氏夫妇心急如焚,他们不知道得罪了何方神圣,为何所生的孩子一次次遭受厄运。在无奈和痛楚中,听到了远方寺院里传来的阵阵钟声,这让他们心生一个念想,或许在菩萨的保佑下,这个独苗可以转危为安,为龚家保留香火,于是将小法显送入寺院。

奇迹出现了!寄养在寺院的法显很快康复了,父母将他接回家,但没过多久,又得一场大病,父母只好将他再次送进寺院,和上次一样,小法显很快再次好转。这让龚氏夫妇感到非常神奇,为了让儿子健康成长,索性从此就将小法显留在寺院里。

到法显十岁时,父亲去世了。他的叔父考虑到法显的母亲寡居生活比较艰难,便要求法显还俗回家。

此时法显已经对佛教非常虔诚,对叔父说:"我出家是为了远离世俗,并不是因为父亲,所以不能因为父亲去世而还俗。"叔父见他态度如此坚决,便不再勉强。不久后,法显母亲也去世了,他回家精心料理母亲后事后,又返回寺里。从此,再无牵挂,一心向佛。

经过数年的修行,法显的觉悟不断提升。当时发生了一件事,使得他名声大噪。有一次,法显与同伴数十人在田中割稻,遇到一些饥饿的穷人来抢夺他们的粮食,其他沙弥吓得争相逃走,只有法显不为所动。

他对这些抢粮的人说:"你们如果需要粮食,就随意拿吧!你们如此贫穷,正是因为过去不布施所致,如果抢夺他人粮食,恐怕来世会更穷,贫僧真为你们担忧啊!"说完,他从容回到寺院,那些抢粮的人竟然被他的话打动,放下谷物四散离去。

时光如梭,转眼间法显已经到了二十岁,这意味着他可以受具足戒,成为正式的比丘。对于从小向佛的法显来讲,这无疑是梦寐以求的事情,因为终于可以正式皈依佛门了。

佛教原本是舶来品,诞生于公元前6~前5世纪,创始人是乔达摩·悉达多,佛教界一般尊称为释迦牟尼或佛陀。

在法显所处的时代,佛教非常盛行,大概因为身处乱世的民众希望通过宗教信仰来寻求寄托,与此同时,一些王朝的统治者也利用佛教来巩固自己的统治,特别是苻坚建立的前秦,对佛教极为重视,正因为如此,都城长安成为北方的佛教中心。

法显受具足戒后,为了精进佛法,离开所在的平阳郡踏上前往长安的道路。在长安的日子,他全身心投入对佛经的研究,孜孜不倦地研修佛法。

只是法显研究得越深入就越感到困惑,他发现佛教虽然广泛传播,信徒遍布四方,但是佛法中关于戒律的内容严重缺失,就是已有的戒律,由于翻译问题,也存在严重的错误,不仅影响佛教徒的修行,还直接导致了上层僧侣穷奢极欲、无恶不作。

法显对此深感忧虑，如何才能得到完整准确的佛法戒律呢？他突然间冒出一个大胆的想法——到佛教的诞生地去寻找。

这个想法之所以"大胆"，因为此时法显已经六十五岁，属于高龄之人，到了安享晚年的时候。况且去往天竺路途遥远，中间要经过许多艰险，别说老人，就是年轻人也不一定能走得下来。

法显心里清楚，以自己年老之身，能否顺利到达天竺要打上一个大大的问号，能否将佛经戒律带回来更是充满未知，但为了维护佛教的"真理"，矫正时弊，他下定决心，无论有多么困难，都要到天竺去寻找解决困惑的答案。

二

东晋安帝隆安三年，即后秦弘始元年（399），三月，长安城已经显出浅浅的春色。柔和的春风中，柳树的纸条开始抽青，年过六旬的法显从这里上路，与他同行的有慧景、道整、慧应、慧嵬四位僧侣，他们为法显的精神所感召，决心与他一起开启这段漫长而艰苦的旅程。

法显一行离开长安后，沿渭水西行，经过扶风郡、五丈原、陈仓，翻越大震关和陇山后，走出关中盆地，然后经过略阳郡，到达秦州（今甘肃天水），此地是后秦的边界，再往前就是乾归国了。

乾归国又称西秦，是十六国之一，为鲜卑人乞伏乾归所建。法显到达这里已是农历五月，按照佛教的要求，要开始为期三个月的夏坐。

所谓"夏坐"，又称坐夏或夏安居，据说是因为古印度的五月到八月是雨季，虫蚁繁殖最多，如果外出容易伤害到生灵。所以，佛陀在此期间不外出，待在寺院里修行。

三个月的夏坐，使法显一行获得了充分的休息，继续前行到十六国中的南凉的都城西平（今青海西宁），在这里稍作休息，法显等翻越养楼山，到达了河西重镇张掖。

这段行程让法显第一次感到了艰难，因为进入祁连山必须要经过一个叫大斗拔谷（今青海北扁都口）的地方，此处地势险峻，气候多变，霍去病当年也是从这里进入河西走廊，千里奔袭，击败休屠王、浑邪王，取得了河西大捷。

不过与霍去病统领千军万马不同，法显一行只有五人，他们艰难地走在崎岖的山路上，虽脚步略感沉重，内心却很充盈，满是对西方佛国的向往。

穿越大斗拔谷，便进入了河西走廊。此地名义上处于后凉吕氏的控制下，但后凉已经进入衰败期，整个河西地区大乱，各路人马抢夺地盘，纷纷称王建国，法显就是在这样混乱的局势中来到了张掖。

张掖此时实际控制人是北凉的段业，他原本是后凉王吕关的属下，后来趁乱竖起了大旗，建立了北凉。如同其他小国一样，北凉自打建国就陷入了内外交困中，外有后凉的进犯威逼，内有敦煌太守李暠的离心离德。

段业素来信仰佛教，因此对法显一行的到来很是欢迎，邀请法显在张掖讲经授课，由于又到了农历五月，正好赶上夏坐，法显对于段业的邀请欣然接受。上次夏坐还是在西秦，从那里到张掖的距离其实并不算远，但由于一路上路途艰难，又遇上兵荒马乱，法显一行竟然走了整整一年。

法显

法显再次踏上行程时，队伍变得庞大起来。在张掖他结识了同样想西行求法的僧人智严、僧绍、慧简、宝云和僧景。法显与他们志趣相投，相见恨晚，于是一同离开张掖西去，组成了十个人的"巡礼团"。后来，又增加了一个同行者慧达，总共十一个人。

法显一行的下一站是敦煌。在此之前，敦煌太守李暠正式脱离北凉，建立了西凉政权，由于两边达成了和解，兵戈止息，所以一路上比较安全。一行人沿着弱水向西北而行，直达敦煌。

法显在这里待了一个月，李暠热情好客，提供了必要的供给，并一再挽留法显。但法显觉得距离天竺的路途还很遥远，所以不宜久留，需及早动身赶路。

再往前走就要踏入陌生的西域，面临着更多的考验。为了保险起见，法显决定分为两队前行，由他带着五人跟随西凉派出的向导先行，智严、宝云等后面跟随。

离开敦煌后，法显一行很快便到了玉门关，这是中原和西域的分界点，距离故土越来越遥远，前面是一个完全未知的世界。很快，他们遇到了西行中第一个真正的考验——沙河。

沙河是敦煌以西、鄯善国以东的一片沙漠，古史又称白龙堆。这里气候非常干燥，时有热风流沙，旅行者到此，往往被流沙埋没而丧命。法显尽管有一定的思想准备，还是由衷感受到了大自然的恐怖。他在《佛国记》中这样描述："上无飞鸟，下无走兽，遍望极目，欲求度处，则莫知所拟，唯以死人枯骨为标识耳。"

沙漠中几乎没有生命的痕迹，唯一能看到的只有死人白花花的骨头。这使得法显等感到不寒而栗，经过整整十七个昼夜的跋涉，他们终于穿越了茫茫沙海。

当眼帘中再次出现村落时，法显一行难掩兴奋之情，过去的这些日子像噩梦一般，每天艰苦跋涉，感到度日如年，不知道什么时候才能走到尽头，所幸就在饮水即将用尽之时，他们又一次见到了人烟。

法显穿越流沙后，来到一个叫鄯善的国家，它还有一个更为人熟知的名字——楼兰。由于地处交通要道，历史上，这里成为匈奴和汉朝争夺中的必得之地，所以经常被推上风口浪尖。西汉时，汉使傅介子杀掉楼兰王，改国名为鄯善。东汉时，班超在这里上演了"不入虎穴，焉得虎子"的故事，从此鄯善归附汉朝。

法显对这里的第一印象是"其地崎岖薄瘠"，道路崎岖，而且土地非常贫瘠。不过进入鄯善国都后，他感受到另外一番景象，这里的人穿戴几乎和中原地区一致，唯一的区别是以毛织物和麻为主。

更让法显感到高兴的是，这里深受佛教的影响，《佛国记》中说："其国王奉法，可有四千余僧，悉小乘学"——鄯善国王是个虔诚的佛教徒，对佛教很是尊崇，因此这里僧人众多，不过与法显所信奉的大乘佛教不同，这里的僧人信奉的是小乘佛教。

古印度佛教有大乘和小乘之分，大乘对应梵语的意思是大的车乘或行程，小乘为低等的车乘或行程之意，看上去大乘有显扬之意，但是现在学界沿用这种说法，已是中性，没有褒贬之意。在中国影响最大的还是大乘佛教，现在小乘佛教主要流行在斯里兰卡、泰国、缅甸等南亚和东南亚一带，不过他们自称为"上座部佛教"，不接受"小乘"的说法。

鄯善是法显到达西域的第一站，后来他发现西域诸国大同小异，"诸国俗人及沙门尽行天竺法，但有精粗。从此西行，所经诸类皆如是，唯国国胡语不同。然出家人皆习天竺书、天竺语。"各国的语言虽然不同，但出家人都使用天竺的语言和文字。

法显在鄯善待了一个月后，继续向西北行，经过十五天的跋涉到达了焉夷国。

焉夷国又称焉耆国，地址在今天新疆的焉耆县。同不少西域国家一样，它一直在匈奴和汉朝之间摇摆。中原进入三国时代后，焉耆国变得强大起来，特别是到了尤氏王朝期间，一举攻破了龟兹国，成为威震西域的大国。后来沙州刺史杨宣征伐西域，张值作为前锋率部攻破焉耆，焉耆王率部众向杨宣投降。再后来吕光在武威一带建立后凉政权，焉耆王又向吕光称臣纳贡。

法显来到焉耆时，这个国家已经远离战火，呈现出一片祥和的景象。这里有四千余名僧人，信奉的同样是小乘佛法，而且戒律非常严格，这使得法显颇为动心，因为此行的目的正是寻求正宗的戒律，如果能在焉耆有所收获那再好不过。

只是现实让法显颇感失望，因为焉耆多信奉小乘佛教，对法显等人的态度极为冷漠，拒绝给他们提供补给，法显一行一度面临着温饱都难以解决的问题。幸运的是，此时他们遇到了一位贵人，此人称为"苻行堂公孙"，什么来头不是很清楚，应该是吕光远征龟兹时留下的前秦皇族苻行堂公之孙。

苻公孙对法显等人伸出援手，这种"雪中送炭"的举动，使得法显深为感动。有了这份资助，法显等人不仅没有饿肚子，还等来了从敦煌分开后追寻到此的宝云等人。

不过随着人员的增加，仅仅依靠苻公孙的帮助已经不够。法显只好派智严、慧简、慧嵬三人到高昌寻求援助。做出这样的决定，是因为高昌国的佛教十分兴盛，而且大乘佛教占统治地位。

得到了高昌的资助，法显终于可以离开"不修礼义，遇客甚薄"的焉耆国,继续上路了,他们的下一个目标是于阗国,但要想到达那里,又要经历一场生死考验,那便是穿越塔克拉玛干沙漠。

三

法显此前有穿越沙海的经验,但是沙海和塔克拉玛干相比,简直是小巫见大巫。这里号称"死亡之海",是中国境内最大的沙漠。到处都是巨大的流动性沙丘。对于六十多岁的法显而言,简直就是难以逾越的天险。

法显在大漠中经历了什么不得而知,从后来的记述中可知这段行程极为艰苦,《佛国记》中说:"西南行,路中无居民,沙行艰难,所经之苦,人理莫比。"一路上没有任何人烟,法显一行举步维艰,在他们看来,人世间没有比这更苦的事情了。

法显等人最终战胜了大自然的挑战,在大漠中穿行了一个月零五天后,终于走出了"死亡之海",抵达了于阗国。

于阗,就是今天新疆和田地区。在经历了难以想象的困难后,法显一行来到了这片属于佛家的乐土。这个国家丰盛安宁,人民殷实富裕,而且都信佛教,更让法显感到惊喜的是,这里的僧人居然有几万人,而且大多是大乘佛教的信徒。

进入于阗都城,法显看到这里的房屋鳞次栉比,路上行人熙熙攘攘,一派热闹繁华的景象。这里家家门口都建有小佛塔,最小的都有两丈多高,俨然是中西交通要道上的一个佛教中心。由于丝路上商人往来众多,寺庙有时也可以作为旅店,从中得到的收入让僧人们更有财力广泛传播信仰,并接待法显这样来自东土的同道中人。

法显

　　法显充分感受到了这份热情，于阗国王亲自出面将法显等安顿在瞿摩帝寺，这座寺院位于著名的佛教圣地牛头山上，是一座大乘佛教的寺院，共有三千多名僧人。

　　法显在这里开了眼界，三千僧人在牛犍槌敲响时同时进食，"威仪齐肃，次第而坐，一切寂然，器钵无声"，众僧在食堂内顺次而坐，异常安静，甚至听不到器钵碰击的响声，添饭时也不大呼小叫，都用招手示意，显示出很高的修行和素养。

　　于阗国有一个佛教的盛典让法显期待已久，便是庆祝佛诞日而举行的行像大典。从四月初一日开始，就开始打扫道路，装饰街巷，整个城市弥漫着浓厚的节日氛围。在城门上还搭建了一个巨大的帐篷，装饰得庄严华丽，国王、王后以及采女都住在里。

　　按照惯例，行像大典从法显所住的瞿摩帝寺最先开始，《佛国记》中详细记录了这次难得的见闻。行像队伍从距离王城三四里的地方出发，四个轮子的行像车有三丈多高，其情态如同行走的宫殿一样，用七宝装饰得端正富丽，上面悬挂着丝帛制成的经幡和华盖。行像车的正中立着佛像，边上有两尊菩萨侍立，还有诸多侍从，这些像都是金银装裹，熠熠生辉，十分壮观。

　　当行像车距离城门一百步时，于阗国王脱去王冠，换上新衣，赤裸双足，持花奉香，出城迎接佛像。然后，以头叩触佛像之足作礼，散花烧香礼佛。当佛像入城时，王后和采女从城门门楼上不停地抛下鲜花。

　　行佛仪式从瞿摩帝寺开始，每个寺院各占一天，从四月初一日开始到十四日才结束。众寺院都非常重视，精心准备，送给行像车的供具虽各不相同，但都庄严宏丽，直到整个行像仪式结束后，国王和王后才从城头的帐篷返回王宫。如此规模宏大的佛教仪式，法显以前从来没有见过，因此留下了异常深刻的印象。

同样让法显印象深刻的还有王新寺，这座寺庙在城西七八里的地方，规模很大，足足修建了八十年，经历了三位国王才建成。寺庙中塔高二十五丈，"雕文刻镂，金银覆上，众宝合成"，塔后修建了一座佛堂，装饰精美，殿内梁柱、门窗都用金箔装饰，此外还修建了不少僧房，"亦严丽整饰，非言可尽"。

只是，于阗的经历再美好，不过是西去天竺的中间一站，在这里的三个月，法显过得很充实也很愉快，但距离目的地还很遥远，他觉得是时候离开了。

在此之前，慧景、道整、慧达已经先行出发去了竭叉国（今克什米尔东地区），僧绍一人随胡族僧人前往罽宾国（今克什米尔）。法显带着其他人离开于阗，继续往西，计划经过子合国（今新疆叶城）、于麾国（今具体位置不详），到达竭叉国与慧景等人会合。

法显等到达子合国后，发现这里和于阗一样，国王笃信佛法，僧人大多信奉大乘佛教。在子合国住了十五天后，法显等南行四日，进入葱岭地区，到了于麾国并在这里又一次夏坐，然后又走了二十五日后抵达竭叉国，与慧景等人会合。

竭叉国位于哪里，说法不一，根据法显的记载，应该在葱岭之中，"其地山寒，不生余谷，唯熟麦耳"——这里地处山间，气候寒冷，除了麦子可以成熟之外，其余作物都无法生长。

法显在这里又赶上了一个佛事活动，称作"般遮越师"，翻译成汉语就是"五年大会"。举行这个仪式时，竭叉国王要将四方沙门都邀请来，聚集在一起，众僧坐的地方都要精心装饰，悬挂丝帛制作的经幡、华盖，制作金、银莲花，放置在帛座的后面，还要铺上干净的坐具。

国王一般春天供养众僧，一个月到三个月不等。五年大会结束后，群臣也要供养，一天、两天、三天或五天。供养结束了，国王将自己所骑乘的马匹配好全副鞍鞯，让尊贵大臣骑着，并带着各种棉布、珍宝以及沙门所需的物品，与群臣一起发愿布施。布施以后，再从僧人那里赎回来。

因此，"般遮越师"实际上就是由国王主持、群臣参与供养僧众的大会。

法显自于阗一路向西到竭叉国，充分领略了葱岭以东的风俗和物产，对此他记述道："自山以东，俗人被服粗类秦土，亦以毡褐为异。沙门法用转转胜，不可具记。"葱岭以东，普通人穿着与中原大体类似，不同的是，他们的衣服是用毛织物和粗麻做的，这里的僧众举行法会的仪式更加丰富，不可一一记述。

从竭叉国继续往西，就是葱岭雪山了，对于法显等人来说，又是一个横亘在前方的天险。葱岭平均海拔有四千多米，有众多的雪山，其中一些山峰高七千米以上，要想到达中亚再到印度，葱岭是必经之道，当年张骞出使西域便翻越葱岭到达大月氏国。

葱岭气候多变，如果遇上暴风雪等恶劣天气，这里就会变成"鬼门关"，一如法显在《佛国记》中所记述："葱岭冬夏有雪，又有毒龙，若失其意，则吐毒风、雨雪，飞沙毒砾石。遇此难者，万无一全。"无论冬夏都会大雪纷扬，而且据说还有"毒龙"，如果惹怒它，就会吐毒风，雨雪、飞沙扑面而且碎石乱滚。遇上这种灾难，行人很难保全。

法显所说的"毒龙"应该是指雪崩，在葱岭并不少见。发生雪崩一般都很突然，而且速度极快，如果不幸遇到，很难有机会逃命。幸运的是，法显等人并没有遇到"毒龙"，经过一个月的艰苦跋涉，终于安全翻越了葱岭。

法显成功越过葱岭，意味着他即将进入向往已久的佛国世界。

四

葱岭过后，便到了北天竺，这里当时有十多个国家，法显第一站来到的是陀历国（今巴基斯坦境内），就此成为有史以来第一个来到北天竺的中国僧人。

历经千辛万苦，终于进入天竺境内，这让法显颇感兴奋。想起翻越葱岭这一个月的艰难经历，他依然心有余悸。翻过一座山还有一座山，不知道什么时候是个头，特别难受的是每个漫漫长夜，瑟瑟发抖的他们围拢着火堆，念着佛经期盼黎明早点到来。

陀历国是个小国，僧人却不少，只是他们信奉小乘佛教，因此在这里无法找到想要的戒律。不过有失也有得，法显看到了一尊巨大的弥勒菩萨像，多少安慰了略感失望的心。

这尊佛像"长八丈，足趺八尺"，据说陀历国原来有一个罗汉，用足神力带着一名手艺精巧的匠人到了兜率天的天上幻境，让他亲眼观察弥勒菩萨的身材、容貌，然后返回地上，用木头开始刻弥勒像，前后三次上天观看，才最终完成雕刻工作。

法显向当地人打听弥勒菩萨的来历，除了听到这个有些传奇的故事外，还获得了一个重要的信息。有人告诉他自从立了弥勒佛像后，佛教才开始走出天竺，传向世界。立佛像是在佛祖涅槃后三百年左右，照此计算，佛教开始东传应该在东周的周平王时。

由于在陀历国找不到想要的戒律，法显只得再次启程。没想到

法显

接下来的路途会更加艰险，从陀历国出来没多久便进入了崇山峻岭，只能沿着一条悬崖行进，"壁立千仞，临之目眩。欲进则投足无所。"往下看一眼都觉得头晕目眩，想要往前走，连放脚的地方都难以找到。所幸过去有人顺着山势在悬崖上凿出一些台阶作为道路。只是走在石梯小路上要格外小心，稍有不慎就可能落到悬崖下汹涌奔腾的河水中。

法显等人艰难走过了七百多个石阶，然后小心翼翼地攀着悬在上空的大索渡过河，河两岸相距有八十步宽。路程实在太过艰难，法显不由感叹道："九译所绝，汉之张骞、甘英皆不至"。

"九译"是指多次辗转，就是说历经艰苦，到达了张骞、甘英都没有到的地方。张骞最远到达大月氏，距离天竺距离还远。甘英受班超派遣出使大秦，最远到了波斯湾，但也没有到过印度。

法显一行渡过河来到了乌苌国（今巴基斯坦斯瓦特河谷），这里是真正的北天竺，但他发现当地人说的是中天竺的语言，而且着装等也与中天竺相同。乌苌国有五百多座佛寺，信奉小乘佛教。因此法显在这里依然找不到戒律。不过此行也有很大收获，在这里他首次见到了佛陀的遗迹，分别是足印、晒衣石和度恶龙处。

晒衣石是当年佛陀晾晒袈裟的地方，高一丈四，宽两丈多，一边非常的平整，很适合晾晒衣服。西行队伍在这里一分为二，慧景、道整、慧达三人先行出发到那竭国，法显等人留在乌苌国夏坐。

夏坐结束后，法显等继续南行，到了宿呵多国（今巴基斯坦境内），这里有一个流传甚广且充满传奇的故事——割肉贸鸽。

说的是有一位仁慈的尸毗王，因他的慈悲布施而誉满天下，帝释天得知后，想要试试尸毗王的诚心，就命令手下毗首羯摩天变成一个鸽子,而自己变成一只饿鹰,追逐鸽子到了尸毗王前。

尸毗王陷入两难境地,想救鸽子,但又不忍心让鹰饿死,只好割下自己的肉给鹰吃。鹰要求尸毗王将割下的肉放在天平上测量,要与鸽子同重。谁承想鸽子非常重,尸毗王几乎割下全身的肉还不够,最终自己也躺上了天平,这才与鸽子体重相当。帝释天体会到了尸毗王至诚的慈悲,恢复了尸毗王的肉身。

释迦牟尼出家前即尸毗王。成道后,他与弟子们一起游历到宿呵多国,对弟子们说:"这里就是我割肉贸鸽的地方。"宿呵多国的人这才知道此事,修建佛塔加以纪念,并用金银装饰塔身。

离开宿呵多,向东走了几日,来到了犍陀卫国(今库纳尔河与印度河之间的喀布尔河流域),在这里法显听到了有关佛陀的另一个故事——"以眼施人"。说佛陀在修菩萨行时,曾将眼睛施舍给盲人,在施舍眼睛的地方同样修建了用金银装饰的佛塔。

接下来的竺刹尸罗国(今巴基斯坦境内),这个地名汉译过来是"截头",是佛陀"以头施人"的发生地。同样是佛陀修菩萨行时,将自己的头颅施舍于人,竺刹尸罗国(截头)因此而得名。

从竺刹尸罗国往东走两天的路程,就到了佛陀"投身喂虎"的地方。这是一个更为感人的故事。佛陀前世为太子时在树林中遇到一只饥肠辘辘的雌虎,由于实在太饿了,想吃掉自己所生的两只幼虎。佛陀见状,于心不忍,决定将自己喂给雌虎。他卧到虎前,不料雌虎已经饿得没有力气吃他,于是佛陀"干竹自刺,以血啖之",用一个尖锐的木枝扎进自己的脖子,顿时血流如注,雌虎喝足了他的血,才开始吃他的肉,以至于"其中地土泊诸草木,微带绛色,犹血染也"。

"投身喂虎"之处照样修了一座佛塔作为纪念,连同"割肉贸鸽""以眼施人""以头施人"三座塔，被称为四大塔，各国的国王和臣民争相来供养，散花燃灯，络绎不绝。

法显一行离开犍陀卫国，南行四日到了弗楼沙国（今巴基斯坦白沙瓦市西北），从这里进入犍陀罗地区的核心地带。弗楼沙国最珍贵的器物是佛陀释迦牟尼使用过的钵。

相传当年月氏王发动大军攻打弗楼沙国，想要夺取这个佛钵。他征服弗楼沙国后，将佛钵放在象背上，大象却趴在地上，不肯往前走。他又制作了一辆装有四个轮子的车子，由八头像在前面牵引，但还是无法前进。

月氏王知道这必定是佛陀的意思，自己与佛钵的缘分未到，于是不再强求将佛钵带走，而且在这里修建了佛塔和寺院进行供养。

佛钵是佛祖用来放置食物的器具，《佛国记》里记载了它的形状，"可容二斗许，杂色而黑多，四际分明，厚可二分，甚光泽"，虽然厚度只有二分，容量也只有二斗，但却有个奇怪的现象，"贫人以少华投中便满；有大富者，欲以多华供养，正复百千万斛，终不能满"——穷人将很少的花投入钵中，佛钵就满了；富豪们想用更多的花供养，可是即便投了千百万斛鲜花，佛钵最终也不满。

法显在弗楼沙国亲眼见到佛钵，心情虽然很激动，但接下来的分别让他倍感失落，宝云、僧景打算只供养佛钵，因此愿望已经实现，准备从这里返回中原。

此前慧景、慧达、道整已经去了那竭国（今阿富汗东北，喀布尔河南岸之贾拉拉巴德一带），供养佛影、佛齿和佛顶骨。慧景在那里病倒了，道整留下来照顾他。慧达回到弗楼沙国后同宝云、僧景一道启程返回中原。不幸的是慧应在弗楼沙国因病去世，这样一来，法显只能一个人独自前行去往那竭国。

法显前行十六由延来到了那竭国边界上的醯罗城。由延是梵文音译，为古代印度的计程单位，至于有多长，说法不一。

城中藏有极为珍贵的佛祖顶骨舍利，那竭国王对此极为尊崇，专门为佛顶骨舍利修建了精舍，精舍全部以专用金箔和七宝装饰。为了防止有人盗取舍利，特地从国内豪门大姓中挑选了八个人，每人持一印，用印封来守护。清晨时分，八个人都到了精舍门外，各自审视自己的封印，没有异常且查验无误后才能开门。

法显赶上礼拜佛顶骨舍利的仪式。旭日东升时，有人登上高楼撞击大鼓，吹起螺号，敲响铜钹，听到乐声后，国王便来到精舍，以鲜花、香烛供养舍利，再三礼拜后方才离开，去处理政务。每天清晨都是如此。

国王如此，其他人更不用说，"亦先供养，乃修家事"——居长、长者们也是先供养佛顶骨，然后再处理家务事。其他国家的国王也经常派遣使节前来供养。法显见证了礼拜佛顶骨的仪式，同时怀着无比虔诚的心献上了自己的供奉。

法显接着来到那竭国的都城，城里有佛齿塔，供养方式和供奉佛顶骨相同。离城不远处，有个精舍专门供奉佛陀使用过的锡杖，锡杖长六七丈，盛放在木筒中，千百个人都无法将锡杖举起分毫。

法显在这里暂时住了下来，此时已经是冬天，天寒地冻，不便远行，而且在这里养病的慧景还没有完全康复。

三个月后，法显、慧景和道整三人又上路了。他们向东南行进，出发不久便到了小雪山，这座山海拔不是特别高，但冬夏都有积雪，当他们行至北面阴坡时，突然遭遇到强烈的寒风来袭，三人被冻得浑身发抖，大病初愈的慧景无法支撑，口吐白沫，奄奄一息，用尽最后力气对法显说："我已经没有希望了，你们赶快走，不要都冻死在这里！"说完就停止了呼吸。

法显悲痛欲绝，抱着慧景放声大哭道："求法的愿望尚未实现，命也奈何！"一路上不管遇到什么样的艰难困苦，法显从来没有掉过一滴泪，但眼睁睁看着慧景死去，他终于无法控制住情绪。

尽管内心充满悲伤，但求法之路还要坚定走下去，简单安葬慧景后，法显擦干眼泪，与道整继续上路，翻越小雪山后，一路南下来到了罗夷国（约今苏莱曼山脉南麓的库拉姆地区）。这里也信奉佛教，但与陀历国、乌苌国、犍陀卫国等只信奉小乘佛教不同，这里大乘佛教和小乘佛教皆而有之。

法显留在这里夏坐，然后继续南下，走了十几天路程，到了跋那国（今巴基斯坦境内），然后又向东，再次渡过新头河，到了毗荼国（今巴基斯坦东北部和印度北部地区）。这里同样是大小乘佛教都有信奉，他们为法显不远万里求法的精神所打动，说："怎么连边远地方的人也知道出家为僧，而且不远万里来求佛法？"他们提供了所有的必需品，法显、道整在这里得到了很好的接待，疲惫的身心获得了充分的休整。

五

法显到达的下一个国家叫作摩头罗（今印度马土腊故城遗址南），这意味着他首次踏上了印度的中央地区，即中天竺地区。

法显对这里很有好感，《佛国记》里记述：这里气候温和，四季没有霜雪；人民殷实快乐，居民不受户籍的限制，来去自由，只有耕种国王土地的人才缴地租，而且想走就走，想留就留；国家没有刑法，有罪的人视犯罪轻重罚钱了事，即使是犯了十恶不赦的大罪，也不过是截去右手而已。

不过，法显同时敏锐观察到了这个国家森严的等级制度，他说这里的人不杀生、不饮酒、不吃葱蒜，只有旃荼罗人例外。旃荼罗被称为恶人，他们与其他人是分开居住的，如果要进入城市的话，需要敲击木棍，以便使自己和其他人区别开来——其他人都躲着他们，以免相互接触。这里不饲养猪和鸡，市场里没有屠夫、卖酒的人，买卖使用贝壳，只有旃荼罗人和猎人才卖肉。

法显提到的旃荼罗又叫旃陀罗，被称为"人类中最低贱者"，是首陀罗男子与婆罗门女子逆婚所生的混杂种姓，为古代印度最为卑贱的种族。

至于佛法，法显看到的是一番兴盛的景象。这里人们都崇信佛法，僧人们衣食无忧，国王、长者、居士们都为僧人修建精舍供养，还提供田宅、民户、牛犊，这些都要写在铁券上，由后来的国王一代代传承下来，没有哪个国王敢废除，到他去时，这些规定还传承不绝。

这里不仅对本地的僧众非常尊崇，对外来的僧人也礼遇有加。各种接待标准都有固定的法度，首先会为远道而来的僧人代拿衣钵，准备洗脚水，抹脚油，提供非时浆。所谓"非时浆"，是说佛教以正午前为时，正午后为非时，非时不得食，只能饮用蜜水、果浆等。稍事休息后，会询问来僧的出家年岁，据此提供相应的住所和卧具。

法显看到这里佛塔林立，不同的人奉养不同的佛塔。比丘尼供奉阿难塔，因为阿难请求世尊允许女人出家。专门讲阿毗昙的人供奉阿毗昙塔，专门讲律藏的供奉律塔。每年供奉一次，每次都有具体的供奉时间，到时香火缭绕，整夜灯光通明。

进入恒河平原后，一马平川，不再有荒漠和雪山，法显步伐明显加快，从摩头罗国向东南行走十八由延，到了一个叫僧伽施（今印度北部境内）的国家。这是佛陀当年登上忉利天为母亲说法三个月后下来的地方。

佛教在这里同样很流行，各国僧人来到这里，都得到了悉心的照顾。法显在一个叫作龙舍的地方开始夏坐，这里同样流传着一个神奇的故事。据说这里曾有一条白耳朵的龙，庇护着僧伽施国，按照庄稼时令行云布雨，使得当地风调雨顺、无灾无害，人们得以安居乐业。僧众为了感激它，特意修建了龙舍，设置了供养之处。

夏坐结束，法显和道整继续向东南行进七由延，到了罽饶夷城（在今印度北方境内）。这里也有佛陀的遗迹：距城西六七里地，是佛陀当年为弟子讲法的地方，后人为此特意建造了佛塔。

法显和道整从这里渡过恒水，到了一个叫作呵梨的小村庄。别看是一个小村庄，佛陀当年也曾在这里坐禅说法，同样有一座纪念的佛塔。他们继续往东南，到了沙祇大国（古印度北部的拘萨罗国娑枳多域），佛陀曾在这里咀嚼杨树枝净齿，将咀嚼过的枝条顺手插入土中，便生长成高七尺的杨树。外道婆罗门对此非常嫉妒，或将杨树斩断，或拔出扔到远远的地方，但是在那里又生出新的杨树。

法显瞻仰了几处佛迹后，转而向北行，到达了拘萨罗国的舍卫城（在今印度拉普底河南岸地区）。舍卫城原本是波斯匿王的治所，他是公元前6世纪拘萨罗国的国王，敬恭释迦牟尼，大力赞助佛教，对于佛教初期的发展起了重要的推动作用。因此这里成为佛陀重要的居住地，他在此住了长达二十五年。

只是法显到达时，舍卫城已经衰败不堪，"城内人民希旷，都有二百余家"，总共剩下二百多户人家，显得地广人稀。不过因为佛陀曾经在这里长期居住，还是留存了许多佛教的遗迹，其中最著名的是佛陀曾经住过的祇洹精舍。

法显和道整来到这里，亲眼见到佛陀曾经住过二十五年的地方，一时间颇多感慨，不由想到当初与几位志同道合的僧人翻山越岭西行求法，但如今有人中途而归，有人倒在了半路，都没有机会来到这里，亲眼瞻仰佛陀生前的居所。想到这里，法显百感交集，不禁潸然泪下，这是在小雪山送别亡故的慧景后，第二次流下了热泪。

精舍里的僧人见他们如此激动，好奇地打听法显是从哪里来的。法显说他们来自汉地，这些僧人听后大感吃惊，觉得非常不可思议，私下互相交流说："如此遥远地方的人，还能来到这里！"私下议论："自从我们一代代拜师相承以来，还从来没有见过汉地来的人。"

精舍虽然早已不复当年的盛景，但多少还能看出原来的模样。精舍的门向东而开，门口两厢有两根石柱，左边石柱上方是轮形，右边石柱上方是牛形。精舍内池水清清，溪流潺潺，树木茂盛，各种花色彩不同，仿佛置身佛国之中。

离开舍卫城，再往前走就到了迦维罗卫国城（今印度北部或尼泊尔境内），这里当年的统治者正是佛陀释迦牟尼的父亲净饭王，在净饭王五十多岁的时候，王后摩耶夫人生下了释迦牟尼。

在城东有个王家花园，这里是佛陀的诞生地。相传摩耶夫人怀孕时，进入花园的池中洗浴，当她走出水池北岸二十步，举手攀折树枝时，向东生下了太子，这个太子便是后来的释迦牟尼。令人惊叹的是，太子出生后就走了七步，两位龙王为太子洗浴身体，后来僧人们经常在这里取水饮用。

但令法显伤感的是，这里如今显得非常破落，城里既没有国王也没有人民，就如同荒丘一样，满目凄凉，只有一些僧人和几十家寺院的民户。由于地广人稀，道路上还经常出现野兽伤人事件，行人都不敢单独行走。

从佛陀出生地往东走五由延，到了一个叫作蓝莫（今印度北部）的国家。佛陀涅槃后，八个国王分取舍利建塔，蓝莫王也得到一份佛舍利，回来后建造了舍利塔，取名为蓝莫塔。

蓝莫塔旁边有一个水池，据说池中住着一条龙，守护着这座塔。后来到了阿育王时期，他想从过去的八个佛舍利塔中将舍利取出，然后将舍利再细分，计划在世界各地建八万四千座佛塔来供奉。

为了实现这个宏伟计划，阿育王先后破坏了七座塔，最后要拆除蓝莫塔。关键时刻，负责护塔的龙出现了，它带着阿育王参观龙宫中供养舍利塔的供具后，对阿育王说："如果你的供奉能胜过我的，就允许你毁塔，拿走佛舍利，绝不阻挡。"阿育王知道龙宫中的供养是人世间没有的，于是放弃了这个想法。

这当然是个传说，但蓝莫塔确实一直没有被破坏，完整保留了下来，只是后来由于无人照料，变得破败不堪。不仅没有人供奉，连日常打扫的都没有。经常有一群大象来到这里，用鼻子吸水洒在地上，并卷来鲜花供奉佛坛。

这一情景被一个来参拜的僧人看见，心里既感动又悲伤，于是自愿留下来，拔去杂草后平整出一块土地，劝说国王在此处修建寺院，自己做住持来供奉。法显到了这里的时候，这座寺院还在。

法显的下一站是拘夷那竭城（今印度境内），这里是佛陀的涅槃之地。在生命的最后时刻，释迦牟尼在城外两棵娑罗树间安置绳床，头朝北，面朝西，枕着右手侧身卧而圆寂。

法显不虚此行，佛陀从生到死的地方，他全部亲自游历了。不过令他感伤的是，每一个地方都变得非常荒凉萧瑟。在当地僧人的指引下，法显祭拜了佛陀涅槃之地，然后向东到达了梨车。

这里流传着一个与佛陀涅槃有关的故事。相传佛陀要去拘夷那竭国涅槃，梨车人紧紧相随，也要跟着去那里。佛陀不许，但梨车人不肯离去，佛陀只好变出一条大深沟，梨车人被隔在对岸无法跨过深堑。佛陀将自己的饭钵送给他们作为纪念，并劝他们全部回家。

离开梨车，法显和道整到达的下一个国家是毗舍离国（今印度境内），这里是佛陀涅槃前最后经行的地方，传说当年佛陀与众弟子走出毗舍离城西门，对弟子们说："这是我最后经过的地方。"后人在这里建了佛塔进行纪念。

从毗舍离国都城东行四由延，就到了五河合口，这里是五条大河的汇合之处，从这里渡河南下，就到了当时世界佛教中心摩竭提国（今印度境内）的巴连弗邑。

六

摩竭提国又称摩竭（今印度境内）、摩揭陀等，是古代印度十六大国之一。它的都城原本在王舍新城（今印度境内），后来修建了巴连弗邑，作为新都城。孔雀王朝的阿育王建都在此，在这里广修寺院佛塔，使得巴连弗邑成为藏经最多、佛教胜迹也最多的地方。

法显到达这里时，巴连弗邑正处在繁华阶段，"凡诸中国，唯此国城邑为大。民人富盛，竞行仁义"，走了中天竺不少国家，在法显看来，只有巴连弗邑的城池最为宏大，而且这里的人民富足繁盛，非常讲究仁义。

《佛国记》中记载，阿育王塔旁边有一所大乘佛教的寺院，非常庄严壮丽，旁边是小乘佛教的寺院，总共有六七百名僧人。这里的僧人举止详静，素养很高，各地德高望重的僧人和学者为了寻求义理，都来到这里的寺院，受到中原地区敬仰的文殊师利当时就住在这里。

巴连弗邑每年的行像仪式热闹非凡，行像时要提前制作四轮车。这种车子上面用竹子捆扎出五层楼，有斗拱和支柱作支撑，高八丈多，形状与塔相似。表面蒙着一层白色棉布，然后在棉布上作画，众天神的画像栩栩如生。

四轮车用金、银、琉璃装饰，悬挂有丝绸制成的经幡、华盖。车的四边有四个佛龛，龛内有佛陀的坐像，旁边有菩萨侍立，这样行像的车子大约有二十辆，每辆都庄严宏丽，而且各有特色。

每当到了行像这一天，出家人和普通民众都聚在一起，唱歌跳舞，焚香供花。一般先由婆罗门来请佛，像车依次进入城中，在城里停留两夜。在此期间，整夜灯火通明，歌舞音乐不断。长者、居士还会在城里设置医药点，为贫穷、孤独或残疾的人士提供医疗服务。

见识了巴连弗邑的佛教盛况，法显和道整决定到周边地方看看，他们来到了王舍新城，这里是摩竭提国的旧都，如今早已荒废。东边的耆阇崛山是著名的佛教胜地，佛陀在这里居住和讲法数年，在距离山顶三里远的地方，有一处向南开门的石窟，这就是佛陀当年坐禅的地方。

法显和道整上山参观，他们在王舍新城买了香火、鲜花和油灯，请来当地两位僧人做向导。看到佛陀坐禅讲法的石窟，法显感慨万千，再度悲伤落泪，感叹说："佛陀以前住在这里，讲说《首楞严经》，我生不逢时，无法见佛，现在只能参拜佛陀的圣迹了。"于是两人在石窟前诵读《首楞严经》，并在这里留宿一夜，然后启程返回王舍新城。

离开王舍新城，法显和道整西行至伽耶城，这里是佛陀释迦牟尼成道的地方。地点在城南二十里地的一片树林里，佛陀曾经在这里苦行修道六年，最终在一棵贝多树下觉悟成道。佛陀得道的地方有三所寺院，这里戒律严谨，住、坐、卧的仪规，从佛陀在世时就一直保持下来。

法显一路走来，看到许多寺塔无人供养而荒废，唯独佛陀出生、得道、转法轮和最终涅槃之处所建的佛塔一直转相承接不绝。其中佛陀出生、得道、涅槃的地方，法显已经游历，下一站他要到佛陀初转法轮的地方。

法显和道整离开王舍新城，到达迦尸国的波罗奈城（今印度境内北方），在城东北十里远的地方有一座鹿野苑精舍，这便是佛陀初转法轮的地方。

释迦牟尼成道后，想要度拘骥等五个人，但这五位觉得佛陀修行迟迟没有结果，于是议论说："乔达摩苦修了六年，每天只吃一麻一米，尚且不能得道。况且我等在世俗中，难脱身、口、意之业，还能得什么道？今天他来之后，我们都要小心一点，不要和他说话。"

释迦牟尼到来后，五人不由自主站起来向他行礼。他向北走六十步，面东而坐，第一次转法轮，也就是开始初次说法。之所以将佛陀说法称为"转法轮"，是因为法轮一转，佛陀就要将自己悟出的真理传播给众生。因此佛陀初转法轮是佛教史上非常重要的事件。法显到达鹿野苑时，这里只剩两座寺院，少许僧人。

至此，佛教的四大圣地，法显都已经游历完了。接下来他要集中精力完成此行最重要的使命——求取戒律。他和道整从鹿野苑出发，又重新回到巴连弗邑，这已经是西行的第七年了。

七年来，法显历经艰苦，就是为了寻求正宗的戒律。但是在北天竺，戒律都是由各寺院的僧侣一代代口头传授的，没有手抄的戒律文本，法显为了当初的发愿，只好远程跋涉到中天竺。

这里果然没有让法显失望，他在巴连弗邑的大乘寺院得到了一部戒律，名为《摩诃僧祇众律》，这是佛陀在世时大众最初实行的律藏经典，是由祇洹精舍流传下来的文本。接着法显又得到《萨婆多众律》《杂阿毗昙心》等。

法显在巴连弗邑学习梵文梵语，抄写律藏经典，三年后决定带着所抄的戒律返回中原。这时候出现一个意外：与他一路随行的道整不愿意回去了。

道整看到中天竺佛法盛行，戒律严谨，众僧威仪，到处呈现出一副宏伟庄严的景象，又想到汉地远离佛教中心，戒律残缺不全，于是下决心留在巴连弗邑继续学习佛法。

道整做出这样的选择，意味着法显只能孤身一人回去。但是他义无反顾，因为此行的目的就是求得戒律，带回去让其在汉地流传。为了完成这个本心，即便是一个人，法显依然坚定地踏上归国的道路。

法显没有沿着原路返回，而是沿着恒河东下十八由延，到了北天竺的一个大国，名叫瞻波（今印度境内），这里是佛陀经行的地方。法显没有停留，继续东行，到达了多摩梨帝国，就是今天印度加尔各答一带，此处是重要的出海港口，他到这里就是想通过海路回国。

多摩梨国佛法很兴盛，有二十四所寺院，僧人也有不少，所藏经书画像丰富。法显在这里住了两年，抄写经书并描摹佛像。两年之后，法显搭乘商船，借着初冬的信风，向西南方向泛海而行，航行了十四天后，到达了师子国。

师子国后来一般写作"狮子国"，就是今天的斯里兰卡，主岛东西长五十由延，南北宽三十由延。周围有一百多个小岛，小岛之间的距离或有十里，或有二十里，远的可达到二百里，所有小岛都统属大岛管辖。

据法显了解，这里本来没有人烟，只有鬼神及龙住在这里。各国商人来这里做买卖，交易时鬼神并不现身，商人只是将宝物放在外面，上面写着宝物的价值，要交易的商人将价值相当的财物放在原地，然后将宝物拿走。商人来来往往，有些人选择居住于此，不少人听说这里很富裕，也来到了这里，逐渐就成了一个大国。

师子国是典型的热带气候，没有冬天和夏天的区别，草木繁盛，四季常青，这里生产珍宝和珠玑，最负盛名的是摩尼珠，产地方圆有十里，国王派人专门守护这个地方，如果有采珠的人，必须将所采的摩尼珠按照十分之三的比例上交国王。

法显到达师子国的时候，正值佛教兴旺的时期，城里四通八达的道路尽头都修建了说法堂，每月的八日、十四日以及十五日，僧人、俗人、比丘、比丘尼等都会云集在说法堂听法。国王在城里设置了可以提供五六千人享用的食物，如果有人需要，便可以拿自己的钵盂来取，无论什么样的容器，都可以盛满回去。

师子国佛法如此兴盛，离不开国王对佛法的笃信。他为众僧修建新的精舍，还将田宅、民户等分配给寺院，并将此写在铁券上，世代相承，不能废除或变动。

师子国最重要的佛事活动，是每年三月的佛齿舍利供奉法会。活动举行十天前，国王让口才好的人穿上自己的衣服，骑在大象背上，击鼓宣讲道："从很久很久以前，释迦牟尼佛就开始修持苦行，不惜身家性命，将国家、妻子、儿子甚至挑出自己的眼睛施给别人；割肉贸鸽，截头布施，投身饿虎，不惜髓脑涂地，如此种种苦行，都是为了拯救芸芸众生。释迦牟尼成佛后在世四十九年，说法教化，使不能安定者安定，不能化度者化度，众生缘尽之后，他自己才入涅槃。涅槃以来，已经过了一千四百九十七年，世间眼灭，众生常感悲痛。再过十天，就要将佛齿请出来，奉迎到无畏山精舍。国内僧侣俗人，凡是想种植福田的人，都请各自平整道路，装饰巷陌，购置各种鲜花、香以及其他的供养器具。"

宣讲完毕，国王会在道路西边树立起佛陀五百世以来的各种变现，各种各样的形象都用彩画描绘，色彩鲜艳，栩栩如生。等一切准备就绪，才将佛齿请出来，一路上供养，直到无畏山的精舍后，将其安置在佛堂里。

僧侣俗人云集在无畏山精舍，燃香点灯，举行各种法事，昼夜不停，一直持续九十天，再将佛齿舍利送回城内的精舍，佛齿供养仪式规模之大，时间之长，非常少见。

法显在师子国的日子，到处拜谒佛教圣地，拜见当地的高僧，交流佛法心得。他住所在无畏山寺，寺院规模宏大，有五千位僧人，整个佛殿都用金银刻镂，并以各种宝物装饰而成。

法显在师子国居留了两年，又寻求到了《弥沙塞律》藏本，得到了《长阿含》《杂阿含》，此后又得到了一部《杂藏》。这些都是汉地所没有的经本。

虽然在师子国过得不错，但法显经常会泛起思乡之情。有一天，他无意中看到一位商人用中原出产的一把白绢扇供养佛像，不由睹物思人。当年和他一起出发西行求法的伙伴，回的回，死的死，留的留，如今只剩他孤身一人，形影相吊。长年在异国他乡，接触的都是外国人，看到的景色也是异域风情，想到这里，法显又一次泪洒衣襟。

七

法显觉得是时候启程回家了，他搭乘商船，踏上了归程。然而回程的路比想象中更为艰难，因为当时的航海技术不发达，连最基本的指南针还没有发明，只能靠日月星辰辨识方向，指引航行。如果遇上阴雨天气，只能听天由命，到了晚上一片漆黑，只见巨浪滔滔，根本不知道朝哪个方向前进。等到天放晴，才能重新辨认方向。如果中间遇到暗礁，则凶多吉少。

商船向东航行了两天，就遇到了大风，海浪打漏了大船，海水涌入船内。商人都争先恐后地挤上逃生的小船，小船主人则唯恐上来的人太多而将小船压沉，于是就砍断了大绳。商人们惊恐万状，生怕海水灌满大船，于是就将粗重的财物扔进大海。

法显唯恐商人们将经像丢进大海,一直一心一意向观世音祈祷:"我远行求法,但愿尊严的神灵使大海归流,使船能够到达要去的地方。"大风一直刮了十三个昼夜,大船终于漂到了某个岛边。海潮退去之后,露出了大船漏水的地方,将漏洞补好后又继续向前航行。

就这样一直航行了九十多天,才到了一个国家,这个国家叫耶婆提。关于这里的位置说法不一,普遍认为是今天印度尼西亚的爪哇岛或苏门答腊岛。

在耶婆提停留了五个月,法显又登上另一艘商船,船上有二百多人,携带了五十天的粮食,向着广州扬帆起航。航行一个多月后,遇到了强烈的暴风雨,于是发生了开始的那一幕:法显险些被扔下船,在同船施主的护佑下,最终逃过一劫。

连绵不断的阴雨天气,对航行造成了很大的不利影响,因为无法准确辨识方向,本来五十日应该可以到达广州,结果走了七十天还没有见到陆地,船上的粮食和饮水即将用尽,没办法只好改变航向,转向西北方向,又昼夜航行了十二天,终于见到了海岸。

登陆后,众人并不知道这是什么地方,有人说还没有到广州,也有人说已经过了。正巧遇上两个猎人,一打听才知到达了青州的长广郡(今山东青岛崂山地区)。

法显从长安出发,经过六年的跋涉到达了天竺,停留六年后启程回国,路途中又跋涉了三年,终于回国了!

长广郡太守李嶷崇奉佛教,听说有沙门从天竺国归来,立即让人到海边将法显迎接到治所。法显本来想返回长安,毕竟曾经长期住在那里,有熟悉的师友。但今非昔比,长安城在战争的摧残下已经满目疮痍,为了能够完成翻译佛经的重任,法显只好暂时放弃原来的想法，南下到了东晋的国都建康（今江苏南京）。

法显来到建康后，住在道场寺，这里是东晋时期的佛教翻译中心。在这里，他开始完成一个伟大的心愿，翻译所带回来浩如烟海的佛经经典，参与翻译的有来自天竺和中原的高僧。

翻译佛经的同时，法显写下了人生中最重要的一部著作，便是闻名于世的《佛国记》，该书又被称为《法显传》。

他听从慧远的建议，在书中将自己西行求法的经历完整地记录了下来，其中所经中亚、印度、南洋等不足三十国的地理、交通、宗教、文化、物产、风俗乃至社会、经济等都有所述及，成为中国和印度间陆、海交通的最早记述。《佛国志》也是中国古代关于中亚、印度、南洋的第一部完整的旅行记。

《佛国记》不仅是一部传记文学著作，更是一部重要的历史文献，为研究中亚、南亚以及东南亚国家和地区的佛教史提供了大量的史料，在中国和南亚地理学史和航海史上占有重要地位。

法显在人生的最后阶段，离开了道场寺，来到了荆州治所江陵的辛寺，这一时期的江陵高僧云集，佛寺林立，是长江中游地区佛教最发达的地区，法显在辛寺潜心修行，并终老于此。至于法显是在何年去世，没有明确的史料记载，圆寂时的年龄也说法不一，有人说八十二岁，也有人说八十六岁。

只是法显的享年几何不再重要，重要的是他度过了非凡的一生，留下了可贵的精神，光照后世。

法显说："回顾我所经历的艰难困苦，现在都不自觉地心悸汗流。之所以能够乘危履险，不惜自己的生命，大概是因为我这个人生性纯真，志向专一。这样才能冒着生命的危难，去为了只有万分之一的希望而奋斗。"

法显的精神不断感召他人,他成为后世一批批西行者的榜样。法显返回建康七年后,昙无竭等人听说了法显的事迹,也踏上了西行的路程。同样是经河西走廊、西域诸国,然后翻越葱岭,游历北天竺、中天竺、南天竺,坐商船返回广州,选择的路线与法显大体相同。可见,法显不仅在精神上拥有强大的感召力,也为后来者提供了可借鉴的路线图。

唐代高僧义净同样因"仰法显之雅操,慕玄奘之高风"而选择西行求法,在他所著的《大唐西域求法高僧传》中将法显和玄奘求法经历进行了比较,"自古神州之地,轻生徇法之宾,显法师则创辟荒途,奘法师乃中开正路。"

在义净看来,虽然玄奘法师带回了集大成的中兴佛法,但法显更具有开拓性,因为他是开辟荒途的第一人。在他之前,真正到了印度求法的中国僧人几乎没有,用汤用彤先生的话说:"故海陆并遵,广游西土,留学天竺,携经而返者,恐以法显为第一人。"

两人还有一个明显的区别,法显年龄要比玄奘大许多,他是在古稀之年才毅然踏上西行之路,这份勇气和毅力更为可贵。同时"法显因于外力者少,而自身奋发者多",与玄奘一路上遇到诸多礼遇不同,法显始终是一个普通僧人,得到了外力资助非常有限。

自宋代以后,西行求法活动逐渐式微,但"志在弘通"的法显因"投命于不必全之地"的壮举,仍为后世所敬仰。近代大学者梁启超说:"法显横雪山而入天竺,赍佛典多种以归,著《佛国记》,我国人之至印度者,此为第一。"

在《佛国记》中,法显记录了几次潸然泪下的情境,如其中之一,"山川草木,举目无旧,又同行分析,或留或亡,顾影唯己,心常怀悲"。诚然,他曾经心情低落,却从来没有动摇过,始终以汉地众僧为念的拳拳之心，克服了重重困难，最终带着正宗戒律回到了故土，实现了毕生的夙愿。

鲁迅先生曾经说："我们自古以来，就有埋头苦干的人，有拼命硬干的人，有为民请命的人，有舍身求法的人……这就是中国的脊梁。"

"自大教东流，未有忘身求法如显之比"，如此"舍身求法"的法显，因此作为民族的脊梁而永远被记入史册！

鸠摩罗什

一

前秦苻健二年（352），两辆马车在高耸入云的葱岭上艰难地行进，前面的一辆车里坐着一个比丘尼和一个年幼的沙门，后面的车满载着行李和食物，前后两车各有一名车夫手执长鞭，全神贯注地注视前方，两辆马车的前面，还有两位兵士各骑着一匹马作为引导。

从这样的阵势看，这位比丘尼并非普通的出家人，她名叫耆婆，是龟兹国王的亲妹妹，而身边的小孩子则是她九岁的儿子，名叫鸠摩罗什。她们从龟兹出发，一路向西，跋山涉水，为的是去一个叫作罽宾的国家游学问道。

地位显赫的龟兹王妹为何会遁入空门，而小小年纪的鸠摩罗什又怎会皈依佛教？说起来，这里面有一个传奇的故事。

鸠摩罗什的父亲叫鸠摩罗炎，出生在古代天竺国的一个富贵之家，他的父亲达多为天竺国的国相，是仅次于国王的二号人物。

鸠摩罗炎生性聪慧，品行端正，受过良好的教育，在父亲看来他是一个理想的接班人。随着自己年老体衰，父亲想让鸠摩罗炎承袭相位的愿望越来越强烈。但鸠摩罗炎对权位丝毫不感兴趣，他真正中意的是佛教。

天竺是佛陀成道的地方，在这里许多人都笃信佛法，因此寺院众多，佛塔林立。鸠摩罗炎从小便受到影响，长大后对佛教产生了浓厚的兴趣，他不愿意成为位高权重的天竺国相，一心想皈依佛门，做一个佛家弟子。

只是想实现这个夙愿并不容易，特别是很难过父亲这一关，只要待在天竺，命运便无法由自己掌控。于是，鸠摩罗炎决意离开天竺，到各地游历，追寻自己的理想。他选择的第一站便是龟兹。

龟兹是古代丝绸之路北道上非常重要的国家，是连接东西方的交通枢纽之一。当时大月氏、安息、康居以及印度诸国想要前往中原，必须要取道龟兹。因此各种文化在这里交融渗透，创造出灿烂无比的龟兹文化。来自天竺的佛教对这里影响很大，不少高僧都住在这里，使得鸠摩罗炎对龟兹颇为向往。

不过，从天竺到龟兹路途遥远且艰险，但对于一心向佛的鸠摩罗炎来讲，这都算不得什么。他在路途中与遇到的高僧交流，逐渐有了些名气，不少人知道有一位来自天竺的年轻人，学识渊博，精通佛理。

鸠摩罗炎还没有到达龟兹都城，龟兹王闻讯派人远道迎接，这让鸠摩罗炎大感意外。进入城中，他觉得自己这个选择无比正确，因为这里的佛教太兴盛了。

鸠摩罗炎看到通往王宫的大路两旁满是各种寺庙，每家每户门口供奉着大大小小的佛像，每个十字路口都建有佛塔。圆形的塔基，逐级而上，高者十余丈，低者数丈，每级塔周围，有许多小佛龛，供奉着姿态各异的佛像。高一点的佛塔，塔顶披挂着色彩艳丽的经幡，在风中飘动。

龟兹王名叫白纯，他在王宫第一次见到鸠摩罗炎，便觉得所传不虚。眼见这位年轻人一表人才，谈吐不凡，白纯突然动了一个念头，想将妹妹耆婆嫁给鸠摩罗炎。这位王妹容貌美丽，尚在闺中，一直没有找到如意郎君，在白纯看来，两人非常般配，若能结合，完全称得上是天作之合。

白纯说出了自己的想法,鸠摩罗炎态度很坚决予以拒绝。他舍弃天竺国相的位置,跋山涉水来到龟兹,不是为了娶妻生子,而是修行悟道。在他看来,无论是权力还是美色,都是俗世的诱惑,皆是痛苦的根源,只有远离才能修得正果。

虽然鸠摩罗炎表态很明确,但白纯还是想作一番尝试,因为耆婆对鸠摩罗炎的印象非常好,有些非他不嫁的意思。这位王妹不仅长得漂亮,而且聪慧异常,不少国家都送来聘礼,想要迎娶她,但耆婆眼光很高,没有看得上的,一直在等待如意郎君出现,而鸠摩罗炎就是她要等的人。

白纯一再劝导,最后把维摩诘搬出来当例子:维摩诘虽然有家室,但研修佛教义理高深,佛陀的弟子们都自愧不如,因此在家居士娶妻后照样可以弘扬佛法,两者并不矛盾,鸠摩罗炎完全可以成为另外一个维摩诘。

鸠摩罗炎起初意志很坚定,但架不住龟兹王的一再劝说,最终还是放弃了抵抗。他很清楚要想继续在龟兹待下去,势必要答应这门婚事。就这样,耆婆如愿以偿成为鸠摩罗炎的妻子,他就此打消了遁入空门的想法,成了一名在家修行的居士。

婚后不久,耆婆怀孕了。这时出现了一个奇怪的现象:她自从有了身孕,对佛经的领悟能力成倍增长,以前每天读三四百偈,如今可读六七百偈。她不仅能够悟透经书中深奥的文字,还能够提出自己的见解,甚至还无师自通学会了天竺的语言,这让鸠摩罗炎都自叹不如,众人也感到很惊讶。

有位高僧得知这个情况后,给出解释说:"出现这种现象,必定是怀了有智慧的孩子。舍利佛在母胎时,其母智慧倍增于往常,正是先例。"

舍利佛是佛陀释迦牟尼的十大弟子之一,他的母亲怀孕时同样变得聪明异常,在关于佛经的辩论中无人能敌。后来所生下的舍利佛更为厉害,佛陀曾说:"舍利佛于一切弟子中智慧第一。"

耆婆当然希望自己的孩子能拥有舍利佛一样的大智慧。她天天设供请斋听法,对这个即将来到人世间的小生命充满了期待。晋康帝之世(343—344),在一个阳光明媚的日子,一个男婴诞生在龟兹王宫,他就是鸠摩罗什。

鸠摩罗什诞生后,又发生了奇怪的事情,耆婆神奇的学习能力消失了,重新又回到了怀孕之前。一如高僧所言,鸠摩罗什却展现出超乎寻常的能力,他在六个月就能开口说话,三岁便识字,五岁已经开始博览群书。

这种能力对普通人来讲可望不可即,但对于鸠摩罗什来讲,一切都算正常,毕竟他比肩的是舍利佛。鸠摩罗什就此成为龟兹国几百年不遇的神童,因此小小年纪就拥有很高的人气,几乎所有人都觉得他长大后,会和他父亲一样,成为一个英俊潇洒、令人敬仰的国师。

然而,鸠摩罗什成长之路并非如众人所想。他从小就着迷于与佛教有关的事物,大概与所受的胎教有关。在母胎中时,他就经常听到母亲诵经和高僧讲法。从出生的第一天起,他一直沐浴在佛光普照中,因此,他经常在有关佛教的壁画和雕像前流连忘返。

鸠摩罗什的命运在七岁时发生了翻天覆地的变化,原因同样来自他的母亲耆婆。

说来是件很有意思的事情,本来一心向佛的鸠摩罗炎与耆婆成亲后,放下了对佛法的执念,想着与耆婆养儿育女,过一种和谐安宁的家庭生活。他没想到的是,耆婆结婚后却对佛法越来越感兴趣,到最后甚至看破红尘,有了出家为尼的想法。

鸠摩罗炎对此非常不解，心里更是不赞成，想当年自己为了修习佛法来到龟兹，迫于无奈与耆婆结为夫妻，犯下戒律，使得成为一代佛学大师的理想破灭。虽然心有不甘，他最终还是选择了坦然接受。

如今耆婆却要入戒出家，实在让人难以接受。在鸠摩罗炎看来，如果耆婆一心向佛，当初就不应该结婚生子，既然已经身为人妻人母，就应该放弃出家的念头。

耆婆看到丈夫坚决反对，自己也没有很好的反驳理由，毕竟当年是自己看中鸠摩罗炎，逼他结婚还俗，只好将出家的想法暂时放在一边。又过一年，耆婆和鸠摩罗炎的第二个儿子出生，取名叫弗沙提婆。

鸠摩罗炎本来以为耆婆就此断了出家的念头，安心抚养两个孩子。但到了鸠摩罗什七岁时，一切又发生了变化。这一年，耆婆带着鸠摩罗什出城游玩，无意间路过一座坟墓，她看到坟间枯骨纵横，不禁心头一震，猛然悟道。

耆婆感受到人生注定要经历生老病死的苦难，为了不受煎熬，就应像佛陀一样，洞悉苦难及其本源，抛弃一切世俗；只有修行得道才能真正脱离苦海，倘若不幡然醒悟，流连于俗世，最终会被痛苦所吞噬。

有了这番感悟，耆婆心头暗藏了数年的出家念头变得更加强烈，这次她心意已决，不再有丝毫动摇。但鸠摩罗炎依然不肯让步，两个可爱的孩子需要母亲，耆婆怎能在此时遁入空门呢？两人为此争执数月，耆婆无奈，只好以绝食相逼。

耆婆几日不吃不喝，到了第六日晚上，已经气若游丝，眼看着就要不行了。鸠摩罗炎看到妻子脸色苍白如纸，唤她也无反应，痛苦得留下了眼泪，只好答应她出家的请求，跪求她进食。耆婆怕丈夫反悔，执意要先落发才能咽下食物。

耆婆就此斩断满头青丝，从龟兹王妹以及两个孩子的母亲变成了一位比丘尼。她不仅改变了自己的人生轨迹，也改变了只有七岁的鸠摩罗什的命运。

二

对于鸠摩罗什来讲，原本幸福的家庭就此解体，深受佛教影响的他决心跟随母亲，成为一名佛门弟子。

于是，七岁的鸠摩罗什跟着母亲出家了，佛制戒说："若满七岁，不知好恶，皆不应与出家。若满七岁，解知好恶，应与出家。"如此看来，七岁大概是当时可以出家的最低年龄，自此，鸠摩罗什的一生与佛教紧紧联系在了一起。

鸠摩罗什九岁时，母亲耆婆决定带他去罽宾国修行悟道。这个国家是中亚古国，佛教盛行，高僧云集，到处有神奇的佛迹和传说。但从龟兹到罽宾路途遥远，而且要翻越高耸入云的葱岭，为此龟兹王派出四位骑士、两辆马车，载着食物和器具，一路上护送耆婆母子。

耆婆母子一行翻越葱岭异常艰难，不仅地势险峻，还遭遇到了寒风大雪，耆婆一路上紧紧裹住年幼的鸠摩罗什，克服了一个又一个险阻，进入了北天竺境内。

紧接着又到了辛头河畔，站在悬崖俯瞰峡谷，水流非常湍急。河面上悬着一条绳索，过河须由悬崖下到河边的渡口，再由悬索滑至对岸。在悬崖边，两匹马只能止步。到了渡口，耆婆让两个骑士返回，她带着鸠摩罗什坐上悬索上的筐子向对岸滑去，就这样有惊无险地渡过辛头河，到达了此行的目的地罽宾国。

鸠摩罗什对这个异域之国充满了好奇，最为着迷的是这里的寺院，每一座都庄严精美，弥漫着浓厚的佛教文化气息。鸠摩罗什沉浸于此，或长久驻足，或再三追问，几乎每天都处于兴奋之中，在这些寺庙里流连忘返。

耆婆此行有一个重要目的，就是带着儿子找高僧槃头达多学习佛经。槃头达多见鸠摩罗什是一个眉清目秀的小沙弥，透着一股聪明劲儿，心中甚为欢喜，同意带着他学习小乘佛教的经文。

鸠摩罗什虽然年纪不大，但深知这是一次难得的学习机会，所以非常刻苦用功，三个月后，每日上午可书写千偈，下午可诵读千偈，为了更加精进，晚上还要将手写的千偈再诵读一遍。

功夫不负有心人，不久后鸠摩罗什就将一些佛经谙熟于心，惊人的记忆力，使得槃头达多非常欣赏他。更让槃头达多赞叹的是，鸠摩罗什不仅记得住，而且对佛经教义有了自己的心得，槃头达多觉得这个小弟子注定会成为一名得道高僧。

由于得到了高僧的赞许，鸠摩罗什在罽宾国渐渐有了名气，不少人都知道从龟兹来的这个小沙弥非同一般。这个消息传到了罽宾国国王的耳中，他将鸠摩罗什召入宫中，让与几个外道辩论。

所谓"外道"，在佛教内部是指妄解佛法的流派，也指佛教之外的异教徒。这几位外道看到鸠摩罗什年纪很小，根本没把他放在眼里，真正开始辩论后，才发现这个小沙弥非同一般，他们所言都被他驳了回去。鸠摩罗什见机滔滔不绝阐述佛教的基本原理，搞得外道们哑口无言，无地自容。

鸠摩罗什一辩成名，罽宾王下令给他提高待遇，年纪小小的他一下子成为享受最高生活待遇的外国僧人。

耆婆看到儿子佛学造诣日渐精深，达到了此行目的，于是决定带着儿子返回龟兹，然后在西域地区另寻高僧，让儿子再上一个新台阶。槃头达多很喜欢这个弟子，多次想挽留他。罽宾王也舍不得让他走。尽管如此，为了鸠摩罗什的前途，耆婆还是决意离开。

在罽宾国生活三年后，耆婆带着十二岁的儿子踏上了归途。回国之路同样艰辛，跋涉一个月后，她们来到了疏勒国，准备在这里稍作停留，然后回到龟兹。只是没想到，由于在罽宾国的出色表现，鸠摩罗什的名声此时已在西域地区流传开来，沿途几国都想让他留下来弘扬佛法，但都被耆婆拒绝。

疏勒王听说鸠摩罗什途经本国，同样想将他留下来，但担心被耆婆拒绝。有人对此出主意，说应该搞一个大型的法事活动，让鸠摩罗什设坛讲法，这样应该能实现挽留鸠摩罗什的想法。

疏勒王觉得可行，于是在疏勒国都隆重举行了一场大法会，主角便是刚满十二岁的鸠摩罗什。

鸠摩罗什虽然赢得了一些赞誉，但在数百名僧侣的注视下讲法还是头一回，下面观众还包括疏勒王和诸位大臣。就在鸠摩罗什登上高座准备开讲时，疏勒王突然站起来，宣布为了表达对鸠摩罗什的尊敬，先要为他披上佛陀袈裟。

疏勒王此言一出，下面一阵哗然，因为佛陀袈裟是疏勒的镇国之宝，在此之前，没有哪位高僧披过这件袈裟，大部分人甚至连见都没见过，如今却让一个外地来的少年沙弥享受这份崇高的礼遇，大家难免议论纷纷。

鸠摩罗什当然非常激动，能披上佛陀袈裟讲法，这是连做梦都无法想象的事情。鸠摩罗什披上袈裟后，很快收拢兴奋之情，平静下来开始讲法，经文从他口中滔滔不绝而出，流利非凡。

疏勒众僧原本对鸠摩罗什身披佛陀袈裟有些意见，觉得是对佛陀的不敬；但听完鸠摩罗什讲经后，非常佩服，也变得心服口服，没想到这样一位少年僧人，竟然有如此高的造诣。

自此以后，鸠摩罗什成了疏勒国的大名人，广受礼遇，到处邀请他去讲经。如疏勒王所愿，鸠摩罗什愿意暂时留在这里。

龟兹王听说鸠摩罗什在疏勒声名鹊起，还披上了稀世之宝佛陀袈裟，既高兴又自豪。在白纯看来，疏勒如此厚待鸠摩罗什，同样也是给龟兹面子，于是派使者带着许多礼物送给疏勒王，两国的关系更为紧密。

鸠摩罗什在讲经之余，非常注意结交高僧，继续学习修行。正是在这里，他完成了礼佛路上最重大的转变——开始学习大乘佛教。在此之前，他主要学习的是小乘佛教。

鸠摩罗什在疏勒结识了弘扬大乘佛教的高僧须耶利苏摩，这位高僧本是莎车王子，后来抛弃荣华富贵，专门研修大乘佛法。

鸠摩罗什设坛讲法时，须耶利苏摩也是下面的观众，他对鸠摩罗什的才华暗暗赞叹，但同时感到些许惋惜，虽然小乘佛教给了鸠摩罗什最基本的营养，但在须耶利苏摩看来，如果只研修小乘佛教，不仅不利于鸠摩罗什的成长，甚至有可能断送了这位早熟的天才。

须耶利苏摩决定以大乘经典教化鸠摩罗什，但由于大乘佛教和小乘佛教在教义和主张方面存在较大差异，鸠摩罗什起初并不能完全接受，有时还充满质疑。但在须耶利苏摩精心指导下，鸠摩罗什逐渐接受了新理论，渐渐被大乘佛教无上的智慧所折服，到最后居然有了一种茅塞顿开的感觉，自言说："大乘经是了，小乘经是不了，如人不识金，把铜矿石当金。"

大乘、小乘佛教差异很大，一般佛教徒只会选择其一精心修行，但鸠摩罗什在小乘佛教坚实的基础上，不断向上攀缘，终于成为举世罕见的大乘、小乘佛教兼修的奇才。

在疏勒的这一年，无疑是鸠摩罗什生命中非常重要的一年，也是具有决定意义的一年。

耆婆和鸠摩罗什转眼间离开龟兹已经五年了，龟兹王白纯派人送信，希望鸠摩罗什能回到龟兹宣讲佛法。肥水不流外人田，毕竟鸠摩罗什是自己的亲外甥，不能总让他待在异国讲法。收到国王哥哥的来信后，耆婆受命，偕儿子起身回国。白纯带着阵容强大的使团亲自到温宿国来迎接。

鸠摩罗什回国的消息顿时轰动了整个龟兹，佛教徒们奔走相告。不过对于鸠摩罗什来讲，在龟兹弘扬大乘佛法并非易事，因为在这里小乘佛教势力根深蒂固，一直占据主流，想要推广大乘佛法，必然要与之产生矛盾和冲突。

龟兹王白纯给予很大的支持，他说："龟兹小乘学者甚多，而演习大乘经典者寥寥无几，罗什回国，开启大乘法门，教化僧众。"在白纯的支持下，鸠摩罗什到处宣讲大乘佛法，靠着他出众的才华，使许多小乘教徒感受到强烈的震撼，大乘佛法不仅站稳了脚跟，而且在龟兹进入了鼎盛时期。

时光如梭，不觉间鸠摩罗什已经二十岁，长成一名相貌英俊、气质不凡的年轻僧人。按照佛门规定，到了这个年龄要受具足戒，这是沙弥成为比丘的隆重仪式，标志着正式出家。

鸠摩罗什早就盼望着这一天。入戒之前，他不禁想起自己与佛结缘之路：七岁随母亲出家，历经艰难到达罽宾国求法，然后又在疏勒修习大乘佛法，回到龟兹克服困难到处弘法，终使得大乘佛教在龟兹落地生根。这份追忆不由使他有了一种强烈的使命感，更加坚定了用其一生去弘扬大乘佛法的信念。

鸠摩罗什受具足戒仪式在龟兹王宫举行，这一天宫里的佛堂装饰得庄严华丽，鸠摩罗什跪倒在佛像前说："我入佛法，世尊度我，以为沙门，与具足戒，愿作比丘。"言罢，一件崭新的袈裟披在了他的身上。

母亲耆婆看到儿子受具足戒，心潮起伏。鸠摩罗什七岁时跟随她出家，已经过去整整十三年，这些日子过得相当不易，她一直守护着儿子的成长，付出了极大的心血。

为了培养鸠摩罗什的耐心，她陪伴着长时间静坐。为了培养他的勇敢，她带着儿子爬险山涉恶水。为了让学有所成，她不惜远赴罽宾国寻找高僧。可以说，鸠摩罗什的每一点进步都离不开母亲的陪伴和呵护。

看到鸠摩罗什取得的成绩，耆婆感到所有的付出都是值得的。受具足戒后，以后的路就要靠他自己走了。

在仪式结束后，耆婆又做出一个大胆的决定——西去天竺求法。说来有趣，当年她的丈夫鸠摩罗炎从天竺来龟兹求法，而如今她又要从龟兹去天竺。不过这是她长期以来的心愿，一直想去天竺拜谒佛陀的圣迹。如今她二十多年呕心培育的儿子已经成为真正的比丘，她已再无牵怀，是时候实现自己的夙愿了。

母亲走后，鸠摩罗什留在龟兹继续修行说法，西域其他各国高僧和信徒络绎不绝来到这里，想目睹他的风采，聆听他的讲法。龟兹因为有了鸠摩罗什，佛教更加兴盛，他的名声从此响彻西域大地。

三

就在鸠摩罗什在龟兹安心说法时，外部形势发生了剧烈的变化。

当时的中国北方进入五胡十六国阶段，陷入空前的分裂和混乱。

乱世中涌现出一位雄才大略的君主，便是前秦皇帝苻坚。他重用汉人王猛，励精图治，使得前秦逐渐强大起来，最终统一了北方。

苻坚是个佛教徒，在都城长安大修寺庙，对西域来的僧人极为礼遇。不少僧人来到长安，使这里成为北方的一个佛教中心。

苻坚早就听说在西域有位高僧叫鸠摩罗什，正赶上龟兹王白纯的弟弟白震来长安朝见，在会面中，苻坚似乎对异域的珍宝没有表现出浓厚的兴趣，倒是表达了想请鸠摩罗什来长安弘法的意愿，白震满口答应，但回国后并没有落实，这事也就不了了之。

前秦国力日益强大，使其影响力波及西域。建元十八年（382）九月，国王赴长安朝见，请求苻坚出兵平定西域，并表示可以助一臂之力。

当时前秦正值鼎盛时期，苻坚有经略西域之意，双方一拍即合。对于此次出兵，苻坚还有一个重要目的，就是将鸠摩罗什请到长安，既然龟兹不愿让他来，也只好采用这种方式。

苻坚选定的带兵将领是吕光，此人原本默默无闻，后来受到苻坚心腹王猛的赏识，经其引荐以"举贤良"入仕。吕光成名在平定张平的叛乱中，当时苻坚继位不久，并州牧张平叛乱，苻坚御驾亲征，遭到张平养子张蚝的阻击，双方僵持不下，关键时刻，吕光单骑冲出，将张蚝刺于马下，从此一战成名，受到了重用。

建元十九年（383），吕光被任命为都督西讨诸军事，以车师国、鄯善国的军队为先导，率领七万大军开赴西域。谁承想，前秦的这一次军事行动，深深改变了鸠摩罗什的命运。

大军远征西域非常艰苦，特别是过高昌以后，进入了望不到边的茫茫沙漠。这里荒无人烟，目光所及是一个沙丘连着一个沙丘，很难辨认方向。路上还经常会见到人或兽的尸骨，让人感到不寒而栗。

吕光大军在这里遇到了巨大的危机：所带的饮水消失殆尽，路上又找不到水源地，数万将士嘴唇干裂，举步维艰。这种状况持续下去，不用说打仗，全军很可能渴死在荒漠中。

就在陷入绝望之际，吕光为将士们打气说："我听说西汉大将李广利西征的时候，以精诚感动天地，大地涌出飞泉，我难道就不能感动天地吗？上天一定会帮助我们的，不用担心！"

没想到，奇迹发生了！吕光话音刚落，顿时乌云密布，大雨从天而降，由此拯救了全军。大军成功穿越三百里流沙，抵达焉耆国。焉耆国王自感无力抵抗，带着周边几个小国投降。

吕光的下一个攻击目标便是鸠摩罗什所在的龟兹国。

东汉曾设立西域都护府，都护班超就将大本营设在了龟兹，因此龟兹长期以来在西域都是充当"带头大哥"的角色，也是实力最为强大的国家。龟兹国王白纯听闻前秦大军进抵，下令将城外百姓全部迁入城内，想着依仗坚城抵御。

吕光下令大军集于龟兹都城延城南边，每隔五里设一营寨，挖深沟，筑高垒，还给木人披上衣甲，列于垒上，作为疑兵迷惑龟兹军，万事俱备后，吕光指挥军队攻城。在前秦军的猛烈攻势下，白纯渐感不支，遣使用重金求援于狯胡国。

狯胡国联合尉头国、温宿国等派大军来救援，对外号称有七十万人。不仅数量多，而且战斗力也不弱，三国联军的骑兵骑射娴熟，善于用矛矟，穿着的铁甲一块块勾连在一起，弓箭根本射不进去。更要命的是，他们还以皮革制成套索套人，两军交战时会突然抛出套索，如果套中立即收紧套索，将"猎物"拖回营中。

第一场大战中，联军完全发挥了优势，前秦军中有不少士兵被套索套中，不由引发了恐慌。前秦军将领准备以每个军营为单位，按兵不动，以便减少损失。吕光一看急了，说："敌众我寡，营与营之间相隔较远，兵力分散，必败无疑。"

吕光下令将各营连接起来，暂时避战，专心操练钩锁战法，并派出精骑作为机动力量，游走于各营之间，随时补充各处缺口。等一切准备就绪后，双方在龟兹国都城西展开决战。前秦军大败西域联军，斩首万余级，龟兹王白纯连夜弃城出逃。

吕光率大军进入都城，龟兹王室逃得不知所踪，百姓为了躲避战乱闭门不出，城里显得冷冷清清。

吕光让手下去搜寻鸠摩罗什。这是苻坚临行前给他的任务，务必找到这位僧人并平安送到长安。苻坚的再三叮嘱，使其不敢怠慢。但龟兹王宫早已空无一人，龟兹王和王室成员不知去向，前秦军在城里也没有找到鸠摩罗什。经过一番大力搜索，几个月后，吕光好不容易在城边的石窟寺里发现了他。

在此之前，吕光已扶立白纯的弟弟白震为新的龟兹王。龟兹是大国，非常富庶，盛产葡萄酒，龟兹乐舞一样著称。前秦军占据龟兹都城后，士卒们天天饮酒作乐，过着奢靡浮华的生活。

就在吕光攻陷龟兹时，中原的形势发生了巨大变化。派遣他西征的前秦皇帝苻坚大举进攻东晋，结果在淝水之战被打得落花流水，内部的鲜卑、羌、匈奴等纷纷独立。北方再次陷入分裂和混战。

败退回长安的苻坚听闻西域平定，进封吕光为顺乡侯，命其率部回朝勤王，但因关中大乱，道路不通，有关诏命并未传到西域。

远在龟兹的吕光不知道中原的情势，琢磨下一步是留在西域还是班师回朝。这两个选项他似乎更倾向于前者，因为龟兹富足，不仅有美女还有美酒，音乐舞蹈令人陶醉，算是一个享福的乐土。

吕光见苻坚如此器重鸠摩罗什，想必此人非一般人物，于是找来询问他的意见。

鸠摩罗什心里清楚吕光已有了割据西域之意，但如果前秦大军不走，所有的供给都要由当地百姓来承担，长此以往，龟兹百姓很难有活路。当务之急，要打消他留在龟兹称王的念头，于是鸠摩罗什引述了历史上一些例子，表示说龟兹历来是凶亡之地，不宜久留，应该速归东土才为大吉。

吕光有些被鸠摩罗什唬住了，变得犹豫不决。他冷静下来一想，虽然自己有意在龟兹称王，但如果手下将士思乡心切，则容易生变，历史上有不少前车之鉴。于是他大摆宴席，请手下将领前来商议。不出所料，几乎所有文武僚属皆有思乡之心，不愿久留西域，主张率部东还。

吕光这才打消了在西域称王的念头，下定决心班师回朝。但他又不愿意空手而归，于是以进献苻坚为名，令手下大肆劫掠西域的珍宝，已经归附的三十多国都没有逃过这场劫难。后来因为抢掠得实在太多，连运输工具都成了问题，最后，前秦用了两万多头骆驼才将这些珍宝异物运走，顺手还驱赶了万余匹骏马跟随。

在这些礼物中，有一份非常特殊，便是鸠摩罗什。苻坚交代了几次，要将鸠摩罗什带回来。因此吕光令他跟着大军踏上东归之路。

吕光的归途并不顺利，经过半年的跋涉后才到达了凉州。凉州刺史梁熙见关中大乱，意图自立，不愿让吕光所部进入。高昌太守杨翰献计于梁熙，建议派兵拒守桐谷口、伊吾关两处险要，阻止吕光入境。手下张统也进言说应该将吕光阻遏于流沙中，使其不战自溃。

梁熙对此犹豫不决，没有采纳杨翰和张统的建议。吕光此时得知了苻坚在淝水之战中大败、前秦帝国分崩离析的消息。后来，吕光又听说杨翰向梁熙提出了拒兵的建议，于是不敢再东进。

就在吕光心里打退堂鼓时，有位叫杜进的手下劝谏说，梁熙文雅有余、机智不足，不会采纳杨翰的建议，所以不足为虑，应该加快进军。吕光听从杜进的进言，发兵进攻高昌。

杨翰见梁熙不采纳自己的意见，索性率军投降。紧接着敦煌太守、晋昌太守相继投降。梁熙此时着急了，发布檄文指责吕光擅自做主回师，并派儿子梁胤率五万兵马到酒泉阻截吕光。

吕光不甘示弱，回敬了一份檄文，斥责梁熙没有担当、不肯救主，反而阻止回师的秦军，他派手下大将大败梁胤。武威太守彭济见大势已去，擒住梁熙向吕光投降。吕光斩杀梁熙后，入主姑臧（今甘肃武威），自称凉州牧、护羌校尉，凉州诸郡县自此落入吕光之手。

在吕光军中的鸠摩罗什目睹了这一切，他随大军来到凉州，只是万万没有想到，这里成了自己不可逾越的关隘，不仅阻挡了他东去弘法的脚步，也耗费掉了自己一生中最为宝贵的时光。

四

吕光进入凉州的治所姑臧，方才得知苻坚已被姚苌所害。苻坚对他有提携之恩，因此吕光甚为悲痛，向着长安方向哀号，下令全军缟素，遥祭苻坚。

为苻坚举办完极为隆重的葬礼，吕光开始琢磨下一步的行动。长安此时已被姚苌所占，看来是回不去了。于是他想，不如索性在凉州扎根——此处连接东西，可以作为东进的基地，倘若有变故，还可以退回西域，是一个进可攻退可守的绝佳之地。

吕光于是自称持使节、侍中、中外大都督、督陇右河西诸军事、领护匈奴中郎将、凉州牧、酒泉公等,给自己搞了一大堆头衔,表面上还是前秦的臣子,想自立为帝的心思已昭然若揭。

三年后,吕光撕下了最后的伪装,即天元位,改元龙飞,立世子吕绍为太子,建立了大凉国,史称后凉。

苻坚的死不仅改变了历史的进程,更改变了鸠摩罗什的命运。如果前秦还存在,就不会有吕光割据凉州,鸠摩罗什会随大军顺利到达长安,由于苻坚对他的尊崇,想必他可以安心地在长安弘扬佛法并成为一代大师。

只是历史从来没有假设,更为不幸的是,与苻坚不同,吕光不信奉佛教,所以对鸠摩罗什毫不敬重,做了一件让鸠摩罗什一辈子引以为耻的事情。

那还是在龟兹的时候,吕光看不惯鸠摩罗什的清高和孤傲,想要戏弄他,强令鸠摩罗什娶龟兹公主为妻。作为一名僧人,鸠摩罗什遵守了三十年戒律,对于这个要求断然拒绝。

但胳膊拧不过大腿,为了让鸠摩罗什顺从,吕光令人把他灌醉,送入洞房,失去理智的鸠摩罗什糊里糊涂破了色戒,等到第二天清醒时,发现一切都为时已晚。

鸠摩罗什虽然是被迫的,但是破戒成了既定事实,这一点无法再洗刷干净。鸠摩罗什内心极为痛苦,熟读佛经的他很清楚,佛教的戒律第一条就是戒淫。行淫法者,"是罪极恶深者。作是罪者,即堕不如,不名比丘,非沙门,非释子。"

只是人在屋檐下不得不低头,面对吕光的强权以及对佛教的亵渎,鸠摩罗什除了忍耐,别无他法。

不过后来发生的一件事,多少改变了吕光对鸠摩罗什的看法。

当大军回师经过河西走廊一个地方时，鸠摩罗什提醒必经之地将有山洪暴发，吕光并未在意，觉得是危言耸听。如鸠摩罗什所料，有一天晚上果然突发山洪，不少士卒被洪水卷走。

吕光悔恨不已，从此对鸠摩罗什刮目相看，开始对他有所敬重。到凉州后，将原来一处台观改建为寺院，供鸠摩罗什居住，还派了七八个小沙弥侍候。

虽然待遇有了很大改善，但吕光还是对鸠摩罗什不放心，生怕他擅自逃离凉州，于是在姑臧城中经常能看到这样的场景：一个长着西域面孔的僧人，身后跟着几个士兵，在街上缓步前行。这些士卒名义上是护卫，实际上是派来监视他的。

鸠摩罗什以为这样的日子不会太长，但没想到，四季更迭，年复一年，在凉州居然待了整整十七年。更让他感到痛苦的是，吕光建立后凉后，政权并不稳定，总是发生反叛，凉州经常陷入刀光剑影中。在这样的乱局中，一心想弘扬佛法的鸠摩罗什，根本没有实现理想的舞台。

鸠摩罗什经常陷入迷惘中，没有人可以帮他，一切只能靠自己。他暗地告诉自己越是困苦越要坚持，总会找到生活的出口。

鸠摩罗什发现吕光的将士大多是汉人，于是开始面向士兵传授佛法。在他看来，能多让一个人信仰佛教而摆脱人世痛苦，就是多做了一件善事。在讲学交流过程中，自身也有了很重要的收获，那就是对汉语进行了深度学习。

鸠摩罗什凭借杰出的语言天赋，再加上自身的努力，汉语水平提升很快，练就了很强的读写能力，从而对中原文化有了深刻的理解，为后来翻译佛经打下了坚实的基础。

就在鸠摩罗什觉得一辈子都将在凉州度过时，命运的转折再次降临。

后秦弘始三年（401），后秦第二位君主姚兴派叔父姚硕德率步骑兵六万大军攻伐后凉。姚兴是一个很有作为的少数民族政权君主，他从父亲姚苌那里继承皇位后励精图治，使得后秦国力蒸蒸日上。同时他又是一个虔诚的佛教徒，早就听说鸠摩罗什被吕光扣留在凉州。这次用兵，目的之一就是要得到这位高僧。

后凉的国君此时已经变成了吕隆，他登上皇位不是通过正常承袭。吕光死后，传位于嫡长子——太子吕绍，但过了不久，吕光的庶长子，也就是吕绍同父异母的兄弟吕纂杀掉吕绍自立。吕纂上台后，出游打猎没有节制，天天沉湎酒色，不听大臣劝谏，又被其堂兄弟吕隆所杀。

吕隆即天王位，改元神鼎。登上帝位后，为了树名立威，他大肆诛杀豪族，搞得人人自危。同时遭遇了大旱，百姓饿死许多。就在内忧外患叠加、政权摇摇欲坠之际，姚兴发兵来攻伐，结果可想而。吕隆请降，后凉灭亡。

鸠摩罗什终于可以离开凉州了，十七年的困守已让他丧失了对未来的期望，初来凉州时正值盛年，而如今已是年近六旬的老人。这些年来他一次次陷入绝望，空有佛学的精深造诣而毫无用武之地，弘法东土的愿望只能化作泡影，整个凉州没有比他感到更为困顿的人了。

如今命运就要翻开新的一页。十七年前离开龟兹时，吕光为了捉弄他，先让其骑牛，后又让他骑马，摔了不少跟头。十七年后，离开姑臧时，后秦姚硕德大将军亲自将他扶上车，给予了极高的礼遇，这让鸠摩罗什对未来燃起了些许期望。

鸠摩罗什终于踏上了前往长安的道路，谁曾想这条路竟然走了十七年！

鸠摩罗什一路上心情很不平静，不由想起了母亲曾对他说的话："《方等》深教，应大阐真丹。传之东土，唯尔之力。但于自身无利，其可如何？"大乘教法要传扬到东土，要依赖你的努力，但是这件貌似宏伟的事，对你而言却毫无利益，你打算怎么办？

鸠摩罗什对此斩钉截铁地回答："大士之道，利彼忘躯。若必使大化流传，能洗悟矇俗，虽复身当炉镬，苦而无恨。"在凉州度过的日子堪称"身当炉镬"，但鸠摩罗什始终没有放弃去东土弘法的夙愿。

从姑臧到长安，走了将近两个月，一路上鸠摩罗什感触颇多。晋安帝隆安五年，即弘始三年（401），十二月二十日，他在后秦军队的护送下，终于抵达了长安。

姚兴感到非常高兴，为迎接这位迟来的高僧，做好了充足的准备。鸠摩罗什抵达长安当日，整个城市道路两旁挤满了僧人和佛教信徒，姚兴率领文武百官亲自来迎接，举行了盛大的欢迎仪式。

姚兴将鸠摩罗什安置在长安以北的皇家园林逍遥园，这里到处是亭台楼阁，曲径通幽，环境很好。自从鸠摩罗什来到这里，逍遥园便不再是休闲赏景之地，而成为译经和讲法的中心。

鸠摩罗什作为逍遥园的主人，经常在这里设坛讲法，先后收纳佛徒三千人。皇帝姚兴成了"超级粉丝"，不仅待鸠摩罗什以国师之礼，尊崇备至，还经常带着群臣来逍遥园听他讲法，每次都流连忘返。

鸠摩罗什成了长安城的大名人，前来听经的络绎不绝，既有长安城里的人，还有来自各地的信徒，因此在鸠摩罗什身边聚集了不少高僧，形成了一个佛教史上很有声势且水平很高的僧人集团。

鸠摩罗什在凉州的十七年苦学汉语和中原文化，在此过程中他发现佛经的汉文译本与梵文原经出入很大。佛教虽然早在东汉时便已传入中原，而且此后日渐兴盛，但大部分佛经都以梵文编撰，中原地区精通梵文之人又非常少，因此翻译出的许多佛经并不是原经的本意。

鸠摩罗什就此产生一个大胆的想法——重新译经，将佛经的真知灼见通过汉语更加准确无误地表达出来。

这显然是一个前无古人的庞大计划，因为佛经浩如烟海，将其重新翻译，工作量相当巨大。不过鸠摩罗什认为条件已经成熟，有姚兴的大力支持，更有规模庞大的僧侣团队，再加上自己精通梵文和汉文，以及几十年的精进学习，想必能够完成这项艰巨的任务。

鸠摩罗什向姚兴讲了自己的计划，姚兴表示全力支持，为鸠摩罗什开辟了专门的译经场所，并选用僧略、僧迁等八百余人为其助译。姚兴不但提供了各种便利，有时还亲自上阵，鸠摩罗什将梵文经本译成汉文后，他对照汉文原书，通过综合义理进行考校。

就这样，中国历史上第一个由国家组织的大规模译经活动开始了！

年过六旬的鸠摩罗什全身心投入其中，废寝忘食，悉心译经，《首楞严经》《遗教经》《惟毗婆沙论》《大庄严经论》《大品般若经》《小品般若经》《金刚经》等佛教经典译本产生。

鸠摩罗什带着译经团队翻译了九十多部佛经，三百余卷，不仅数量多，更重要的是翻译的内容不是简单地表达或者直接音译，而是充满音乐的节奏感，更加生动准确，深入浅出，一直至今，堪称汉文佛教经典。这是鸠摩罗什在宗教发展上做出的最为突出的贡献。

其中最著名的是《金刚经》，又称《金刚般若波罗蜜经》，有一段被译为"一切有为法，如梦幻泡影，如露亦如电，应作如是观"，成为佛教的经典名句。尽管《金刚经》有几个版本，但以鸠摩罗什译本最为流行。

在佛经翻译方面，公认最为杰出的是鸠摩罗什和后来的玄奘，两人都精通梵语和汉语，将译经推向了新的高度。但总体而言，鸠摩罗什似乎更胜一筹，他的译作通俗、简洁、流畅，具有吟唱韵味和文学美感，达到了宗教翻译的顶峰。

鸠摩罗什的汉语修养虽逊于玄奘，但他身边有众多语言文化修养极高的弟子，足以弥补这一短板。而鸠摩罗什对梵语和西域文化的熟悉程度远高于玄奘，对来自天竺的佛经的理解更为精准。

鸠摩罗什本来是专注于翻译佛经典籍，但无心插柳柳成荫，其影响实际上已经远远超过了佛教范围，佛经中的大量词语进入了汉语日常表达之中，例如"大千世界""想入非非""粉身碎骨""爱河""未来""烦恼"等。这一点上鸠摩罗什可谓居功至伟。

五

当鸠摩罗什全力以赴译经时，又一个意外悄然而至。

姚兴看到鸠摩罗什才华如此出众，突然产生了一个奇怪的念头。这样杰出的大师，如果没有后代子嗣，实在有些可惜，用他的话说："大师聪明超悟，天下莫二。若一旦后世，何可使法种无嗣啊！"

姚兴想了一个办法，赐予鸠摩罗什十个歌姬，说："祈法种有后，保佑大秦国法轮永转。"让他娶妻生子，继续保佑后秦。

鸠摩罗什再次陷入困境，当年吕光戏弄他，逼其破戒。如今姚兴如此厚待他，还逼其破戒。不同的是，吕光只是将龟兹公主许他，姚兴却一下子送了十个歌姬。尽管两人的出发点不一样，吕光纯粹为了戏弄他，姚兴是为了永续香火保佑国家，但对他而言，结果是一样的，都要背负深重的罪孽感。

令人想不到的是，鸠摩罗什最终接受了姚兴的馈赠，第二次娶妻并生下了两个儿子。

鸠摩罗什这样做，引发了严重的信任危机，使得他从一个受人顶礼膜拜的大师，变成了佛家独一无二的异数，声望由此一落千丈，引来了包括自己弟子在内的众多僧人的不满。

僧众的反应完全可以理解，作为得道高僧鸠摩罗什带头破了不可饶恕的淫戒。尽管事出有因，表面上看，是姚兴想让鸠摩罗什留下后代，但这样的理由过于苍白。

姚兴可以送歌妓，鸠摩罗什完全可以不接受。如果拒绝吕光有性命之虞，对于厚待自己的姚兴，他根本无须这样的担心。况且僧众都坐禅灭欲，而鸠摩罗什却坐拥十个美女，这不像是一个佛学造诣天下无二的高僧，简直就是一个欲障深重的凡夫俗子。

僧人们议论纷纷，表示不服。同样是遁入空门，凭什么其他僧人信守四大皆空的信念，而鸠摩罗什可以享受世俗的快乐？于是，一些僧人提出不愿意住僧房，要在外面租赁房舍。

言外之意，既然鸠摩罗什可以这样做，其他人为何不能。甚至在鸠摩罗什讲经时，有些僧人站出来拿这个说事，公然提出质疑，这让鸠摩罗什意识到不能再躲闪回避，必须要直面这个问题。

有一次，鸠摩罗什讲经时，突然从怀里掏出数根银针放入钵中，加了一些水当众喝下。僧众们看得目瞪口呆，他告诉众人说："如果谁能喝下这样一碗水，那么也可以娶妻生子。如果不行的话，还是要好好修行。"似乎用这样的举动，告诉众人自己也是被迫的，断然不可效法，众人见状也不再好说些什么。

虽然一场危机化为无形，但还是留下了无尽的谜团。鸠摩罗什两次破戒，虽说都是君主的意思，但他还是有一定的决定权，到底是出于无奈还是留恋美色，没有人能说得清楚。

经历了这场风波后，鸠摩罗什重新将全部精力投入译经中。困在凉州的十七年，耗费了太多的岁月，如今只能只争朝夕，将失去的时光追补回来。

转眼间，鸠摩罗什快七十岁了，日夜的劳作使他显出衰老之色。虽然在译经和讲法时神采依旧，但已经明显感觉到身体大不如前，他感到去日不多，无限接近自己人生的终点了。

弘始十五年（413），鸠摩罗什身体状况恶化，不仅感到浑身沉重，吃了东西很难消化，而且气喘得很厉害。他来到经常讲法的草堂寺，对弟子们做最后的交代："因法与汝等相遇，未餍尔等之心。一切诸法，皆悉无常，恩爱合会，无不别离。何必恻怆，期于后世。自以暗昧，谬充传译。凡所出经三百余卷，唯《十诵》一部未及删烦。存其本旨，必无差失。愿凡所宣译，传流后世，咸共弘通。今于众前发诚实誓：若所传无谬者，当使焚身之后，舌不焦烂。"最后一句的意思是说，如果所译的佛法没有谬误的话，那么将他火化后，舌头不会焚毁，而会变成舍利子。

讲完这段话，鸠摩罗什永远闭上了双眼，告别了弟子，告别了长安，告别了常常挂怀的龟兹，告别了跌宕起伏的一生，佛教界一个伟大的天才从此消逝。

姚兴亲自主持了鸠摩罗什的葬礼，仪式搞得非常隆重，遗体由皇家禁卫军运送到逍遥园，那里集合着鸠摩罗什的三千弟子。长安的民众及远近的信徒不断涌进逍遥园，前来瞻仰大师的遗容。

姚兴涕泣道："太山坏矣，梁柱摧矣，明灯灭矣，哲人萎矣，导师亡矣，秦之大宝丧矣。"说罢积薪点火。火焰升腾而起，吞噬了鸠摩罗什的遗体。过了不久，薪尽火灭，他的遗体化为灰烬，唯一留下了一片完整的舌头红润如生。

鸠摩罗什去世后第二年，姚兴也死了。再过一年，后秦国灭亡了，逍遥园随即跟着消逝了。正如鸠摩罗什所说："一切有为法，如梦幻泡影，如露亦如电，应作如是观"——到头来都是大梦一场，最后一切都将化为泡影。

只是幸运的是，鸠摩罗什翻译的那些经典佛经大多流传了下来，对后世产生了极为深远的影响。美国学者芮乐伟·韩森在《丝绸之路新史》中说："他（鸠摩罗什）是把梵文佛经译成通顺易懂汉语的第一人，极大促进了佛教在中国的传播。"

鸠摩罗什曾表示为了让众人"洗悟蒙俗"，自己即使受到火炉汤镬般的痛楚，也不会有丝毫的怨恨。在他不凡的人生历程中曾被胁迫，被戏弄，被禁锢，更为甚者，因为两次破戒而备受指责。但无论怎样，鸠摩罗什从未放弃自己的信念。

鸠摩罗什留下遗嘱，死后将舌头葬于客居十七年的姑臧。凉州人为了纪念他，修建了罗什塔，将舌舍利埋于塔下，让其接受后世永续的供奉。

《金刚经》等如今成为人们非常喜欢的佛家经典，当诵到这些优美的文字，获得内心的安宁时，应该感念这位深目高鼻、智慧仁厚的大师，他永远活在了所翻译的佛经中，如同永不灭度的舌舍利一样。

从这点上说，鸠摩罗什是永恒的！

裴
矩

一

隋炀帝大业五年（609），张掖焉支山，一场盛大的"万国博览会"即将达到高潮，主持宴会的是从千里之外赶来的隋炀帝杨广。这一年年初，他亲自率领十几万人马，从都城长安出发，一路翻山越岭，风尘仆仆来到这里。

受邀出席盛会的是西域诸国的国王或使节，对于他们来讲，眼前发生的一切简直难以想象。自从西晋败亡后，作为兵家必争之地的河西地区，一个战乱接着一个战乱，人们的记忆里只有铁蹄、屠刀、鲜血，听惯了鼓角声声和战马嘶鸣，没想到有一天，中原的皇帝竟然会亲临这里。

据《隋书》记载，这场聚会盛况空前，"上御观风行殿，盛陈文物，奏九部乐，设鱼龙曼延，宴高昌王、吐屯设于殿上，以宠异之。其蛮夷陪列者三十余国。"这里提到的"观风行殿"是一种可以移动的宫殿，殿上可以容纳数百人，下面装有轮轴，移动非常迅速，西域人见到后都觉得不可思议，宛若有神灵相助，无不叹服。

看着西域国王和使节们惊叹的眼神，隋炀帝感觉好极了，要的就是这样的效果。他意气风发，神采飞扬登上观风行殿，此时九部乐奏响，鱼龙曼延之戏舞起，高昌王等各国宾客佩戴金玉、身披锦缎举杯向他行礼，帐内帐外一片欢腾的景象。

不仅如此，就连武威、张掖等郡的百姓都闻讯赶来，他们穿着盛装，想一睹中原皇帝的风采，导致车马堵塞，蔓延十余里。这是历史上唯一的中原帝王在河西走廊亲自主持的重大政治经济聚会，其规模之大、人数之多、耗费之巨，前无古人后无来者。

这场国际盛会最风光的人物无疑是隋炀帝，不过他只是台上的主角，幕后负责整体操盘的是黄门侍郎裴矩，换句话说，裴矩是这场大戏的总策划和总导演。

隋炀帝对盛会的圆满举行非常高兴，在这片陌生的异域感受到莫大的荣耀和崇高的威严。盛会之前一天，龙颜大悦的他下诏设立西海、河源、鄯善、且末四郡，为了让这里的百姓感受到中原皇帝的浩荡皇恩，盛会之后还下诏"陇右诸郡，给复一年，行经之所，给复二年"。

隋炀帝心里非常清楚，盛会之所以如此隆重圆满，裴矩居功至伟，因此当着群臣的面大加赞扬说："裴矩大识朕意，凡所陈奏，皆朕之成算"，意思是说，裴矩所做的都是他心里所想的，能够急皇帝所急，想皇帝所想。对于一位臣子来讲，当朝皇帝给出这样的评价，算得上是极高的褒奖。裴矩因功晋封为银青光禄大夫，就此进入王朝的核心权力圈。

裴矩能有今天，一路走来着实不易，因为他原本生在北齐，和隋朝以及前身北周没有什么关系。

裴矩是河东闻喜人，他的父亲一直在北周的死对头北齐做官，最高职位到了太子舍人。但是裴矩并没有沾到父亲什么光，尚在襁褓之中时，父亲便去世了，后来由大伯裴让之抚养长大。

裴让之同样在北齐为官，史载他"有文俊辩，早有声誉"，为人比较刚直，不善交际，更不喜欢阿谀奉承。他仕途不畅，最终受人诬陷，被北齐皇帝高洋赐死。

裴矩从小勤奋好学，写得一手好文章。裴让之非常看好这个侄儿，经常叮嘱他说："你有超凡的见识，足以成为人才，但是想要求得为官显达，还应学习一些处理世事的学问。"这大概是裴让之人生经验教训的总结，他希望裴矩不要步自己的后尘，能够头脑灵活、世事通达。

裴矩早年丧父，伯父后来被赐死，因此他在北齐朝中毫无根基，只能在高平王府做个幕僚。裴矩本来以为人生就这样了，没想到时来运转，北齐承光元年（577），北周灭掉了北齐，他丢掉了幕僚的饭碗，却因祸得福——遇到了人生中非常重要的贵人杨坚。

杨坚此时还是北周的定州总管，史书上没有记载两人是如何结识的，裴矩被聘任总管府记室。只是没过多久，裴矩就因为母亲去世而回家守孝，虽然两人相处时间并不长，但因为有了这样一段履历，裴矩成了杨坚的"龙潜"故旧，从此，他的命运便与后来这位隋朝开国皇帝紧紧联系到了一起。

北周静帝大象元年（579），杨坚升任北周丞相后，专门派人到闻喜召裴矩回京，授为丞相府记室。两年后，杨坚代周建隋，提升裴矩为给事中，代理内史舍人，主持内史省的事务。

隋文帝开皇八年（588），隋朝发动灭陈之战，裴矩担任隋军主帅晋王杨广的记室，协助元帅长史高颎负责收集陈朝的地图户籍。入仕以来，裴矩一直在杨坚、杨广父子身边担任幕僚工作，虽然没有迎来独当一面的机会，但对于他来讲是一种难得的磨炼，为以后的飞黄腾达打下了坚实的基础。

是金子总会发光的，裴矩很快迎来事业上的转机。隋灭陈后，他奉诏巡抚岭南地区，还没有出发，江南发生了大规模的叛乱，吴越一带道路被堵塞。就当隋文帝觉得裴矩无法成行时，他却坚持要求南下。对于他"明知山有虎，偏向虎山行"的胆识，隋文帝颇为赞赏，批准了他的请求。

江南的反叛此时已波及岭南地区，番禺统帅王仲宣进逼广州，又令部将周师举围困东衡州。裴矩行至南康时，聚集士卒数千人，与将军鹿愿一同去解东衡州之围。

叛军驻扎在大庾岭，构筑了许多营垒，易守难攻。裴矩不惧危险，率军全力攻打营垒。由于攻势很猛，叛军心生恐惧，撤去了对东衡州的包围。裴矩越战越勇，率部追击并大败叛军，斩杀了主将周师举，接着直扑广州，王仲宣见状四散而逃。

岭南的叛乱就此平定，裴矩联合当地最有名望的冼夫人安抚二十多个州，并按照隋文帝的旨意，任命少数民族首领为州县行政长官。由于采用了正确的策略，整个岭南地区很快安定下来。

裴矩回京向隋文帝复命，汇报了相关情况，隋文帝大喜，授裴矩开府，赐爵闻喜县公，后又升任民部侍郎、内史侍郎。平定岭南是裴矩人生路上一次重要转折，作为文官的他，不仅表现出了在军事上的才干，同时展现了作为一名外交家的潜质。

隋文帝知人善用，随即给裴矩提供了充分发挥才能的舞台。

隋朝当时最大的外患是突厥。隋文帝登基后，不再像以前北周、北齐一样，为了争取突厥的支持而向其进贡。这让长期吃惯红利的突厥感到很不爽，再加上突厥大可汗沙钵略的夫人是北周赵王宇文招的女儿千金公主，与隋文帝有不共戴天的杀父之仇，经常给沙钵略可汗吹枕边风，让其发兵为自己报仇。

沙钵略可汗于是兴兵来犯。面对来势汹汹的突厥骑兵，隋文帝一方面下令拼死抵抗，另一方面采纳大臣长孙晟的建议，从内部分化突厥高层。当时突厥有五个可汗并立，隋朝采用离间计，各个击破，终使得几位可汗相互厮杀，争相派出使者请求隋朝支持。

大可汗沙钵略内外交困，不得不低头，派人向隋朝求和。当年力主出兵为自己报仇的千金公主，竟然主动要求改姓杨，做杨坚的干女儿。隋文帝满足了她的心愿，为其改名大义公主，北部的边境暂时安定下来。

沙钵略死后，由儿子阿史那氏接班，称为都蓝可汗。按照突厥的风俗，大义公主又嫁给了都兰可汗为妻。大义公主对隋朝委曲求全只是一时的无奈之举，内心一直没有忘记杀父之仇。因此她经常挑拨都蓝可汗和隋朝交恶，都蓝可汗受其影响，不再向隋朝进贡。

隋文帝为了探究突厥的动向，派长孙晟出使突厥，当众揭发大义公主与随从私通。都蓝可汗虽然感到很没面子，但并没有废掉大义公主。

突厥的突利可汗此时遣使来向隋朝求婚。裴矩觉得这是除掉大义公主的绝佳机会，他向隋文帝献计，告知突利可汗：只有杀掉大义公主，才能答应求婚。于是，突利可汗不断在都蓝可汗面前诋毁大义公主，终于激怒了都蓝可汗，将大义公主除掉。

裴矩又一次立了大功！

只是由于隋朝没有答应和亲请求，都蓝可汗经常联合达头可汗进犯隋朝边境。隋文帝任命太平公史万岁为行军总管，裴矩为行军长史，出兵攻打突厥。双方还未交火，都蓝可汗被部下杀害，达头可汗自立，转过年来，史万岁击败达头可汗，胜利班师回朝。

在隋文帝后期，裴矩的主要精力都用在处理突厥事务上，虽然多次进献计策，并且率军远征，立下了一些功劳，但与后期的高光表现相比，只能算得上称职。不过，这段经历使得裴矩积累了与少数民族政权沟通交流的经验，为以后同西域各国开展交往奠定了坚实的基础。

二

隋文帝驾崩后，隋炀帝杨广即位，这位皇帝对裴矩的人生产生了决定性影响，也让他在历史上留下了复杂而模糊的背影。

隋炀帝登基后，西域各国纷纷到张掖与隋朝开展商贸活动，需要有人去进行监管。杨广想到了裴矩，于是裴矩有了新任务——到张掖监管互市。

虽然远离中央朝廷，但裴矩敏感地觉到，这位新皇帝不想躺在父皇杨坚的功劳簿上，而是想干一番大事业，开疆拓土由此成了必选项，而西域想必会出现在他的视线范围之内。

当时的情况是，隋朝虽重新统一了天下，但并没有实际控制西域，丝绸之路仍然处于中断状态。在河西和西域地区，势力最强的是突厥和吐谷浑。

河西走廊以北的戈壁沙漠和草原地区由突厥控制，以西的伊吾、高昌、焉耆等国也都归附突厥。而河西走廊以南的地区由吐谷浑控制，他们的势力西达鄯善、且末。

隋文帝在位时，吐谷浑和突厥经常进犯隋朝边境，虽然隋军进行了一些反击，但在总体上处于守势。

裴矩觉得新皇帝即位，这种局面不会持续太久，于是赴张掖上任后，除了履行监管互市的职责外，将更多的精力用在广泛接触"诸藩"，注意结交各国商队的头领，获取西域各国的情报，同时向各国商人了解各地的风俗习惯和地理环境。

经过几年的精心积累，裴矩编制了《西域图记》，这本书共三卷，是一本以记录西域各国地理资料为主的地方志。书中记述了西域四十四个国家的情况，详尽记载了各国的山川、姓氏、风土、服章、物产等。

书中特别明确记载了当时通往西域的三条道路，"发自敦煌，至于西海，凡为三道，各有襟带。北道从伊吾，经蒲类海铁勒部突厥可汗庭，度北流河水，至拂菻国，达于西海。其中道从高昌、焉耆、龟兹、疏勒，度葱岭，又经钹汗、苏对钹那国、康国、曹国、何国、大小安国、穆国，至波斯，达于西海。其南道从鄯善、于阗、朱俱波、喝盘陀，度葱岭，又经护密、吐火罗、挹怛、忛延、漕国，至北婆罗门，达于西海。其三道诸国，亦各自有路，南北交通。其东女国、南婆罗门国等，并随其所往，诸处得达。故知伊吾、高昌、鄯善，并西域之门户也。总凑敦煌，是其咽喉之地。"这是我国史书中对丝绸之路最早且最系统的记载。

裴矩回到京城后，向隋炀帝进呈了《西域图记》，本来对西域颇感兴趣的隋炀帝看后大喜，随即召裴矩入宫，详细询问有关西域的情况。

裴矩听闻旨意，心里顿时变得复杂起来：一方面觉得这些年的苦心没有白费，果然猜中了皇帝的心思；另一方面他很清楚此次觐见非常重要，事关朝廷对西域的策略，也事关自己的前途，所以必须要抓住这次难得的机会。

裴矩明显感觉到这位天子对西域充满了浓厚的兴趣，于是顺水推舟，上来说了一番煽情的话，使得隋炀帝更为心潮澎湃："以国家威德，将士骁雄，泛蒙汜而扬旌，越昆仑而跃马，易如反掌，何往不至！"就是说，以大隋的恩德和威武，将士们的骁勇，扬旗从濛江顺流而下，跃马越过昆仑山，易如反掌，哪儿到不了呢！

裴矩接下来详细分析了当前形势："但突厥、吐浑分领羌胡之国，为其拥遏，故朝贡不通。今并因商人密送诚款，引领翘首，愿为臣妾。圣情含养，泽及普天，服而抚之，务存安辑。故皇华遣使，弗动兵车，诸蕃即从，浑、厥可灭。混一戎夏，其在兹乎！"

这段话的意思是，由于突厥和吐谷浑挡在半路，西域通往中原的道路被拦腰切断，使得西域各国无法朝贡。这些国家都殷切盼望做陛下的子民，如果接受他们的归顺并加以安抚，用不着动用武力，只需派出使臣，各国都会服从。然后联合他们消灭突厥和吐谷浑，天下又将统一在大隋王朝之内，如今这样的时机已经成熟。

裴矩想表达的意思很明确，大隋帝国是西域各国的大救星，那里的百姓都盼望着早日摆脱突厥和吐谷浑而获得"解放"，隋朝应该顺时而动，铲除两颗"毒瘤"，一旦实现这个目标，大隋王朝将成为四海一统的大帝国，而隋炀帝也将成为青史留名的千古一帝。

裴矩所言让隋炀帝更加心驰神往，一连数日召见裴矩，详细问询有关西域情况。裴矩告诉他："西域各国奇珍异宝非常多，而吐谷浑没那么强大，一定能够征服它。"吃了定心丸的隋炀帝就此下定决心，下诏任命裴矩为黄门侍郎，专门负责西域事务。

裴矩的人生从此翻开了新的一页，他离开京城返回张掖，加强同各国使者的联系，并引导他们入京进贡，这个任务完成得相当不错。大业三年（607），杨广祭祀恒山时，已经有西域十几个国家遣使助祭。

裴矩接下来要做的事情就是拔掉西突厥和吐谷浑这两颗钉子！

对于降服西突厥，裴矩早有盘算，早些时候探听到西突厥处罗可汗此时内外交困，举步维艰。更有利的是，处罗可汗的母亲是汉人,而且此时居住在长安,而处罗可汗又是一个孝子,非常思念母亲。裴矩觉得只要打好"母亲牌",便可兵不血刃收降西突厥。

在裴矩的建议下,隋炀帝派遣大臣崔君肃出使西突厥。临行前,裴矩就如何对付处罗可汗向崔君肃作了详细阐述。

崔君肃见到处罗可汗后提起他的母亲,说:"可汗的母亲惧怕西突厥被灭,每日早晚守在宫门,匍匐在地谢罪,哭着请求皇帝派使者召见可汗,让可汗入朝归附。大隋天子怜悯可汗母亲,才派使者到这里来。如果可汗不答应,那么您母亲一定会被杀掉,而且大隋会发动大军来攻打,可汗的国家离灭亡的日子不远了。"

崔君肃大打"母亲牌",将利害关系讲得很清楚,言语中还充满威胁之意:如果处罗可汗不识时务,负隅顽抗,不仅会失去母亲,国家也会灭亡。

如裴矩所料,处罗可汗放弃了抵抗,听完崔君肃所言,"流涕再拜,跪受诏书",就这样,隋朝不动一兵一卒便成功收服了西突厥。

对付吐谷浑,相较而言更为困难一些,因为吐谷浑的势力比较强大,更重要的是,如果出兵吐谷浑,还存在"师出无名"的问题。吐谷浑可汗伏允看到隋朝势力强大,在隋炀帝登基后,主动示好,迎娶了隋朝宗室之女光化公主,成了隋朝的女婿。

但伏允是个两面派,他一边和隋朝联姻,另一边与隋朝对头、突厥的达头可汗打得火热,两边都不得罪。在裴矩看来,不解决吐谷浑,就无法打通河西走廊,经略西域就成了一句空话。只是伏允自从成为隋朝女婿后,再没有什么太出格的举动,对其用兵一时找不到太好的理由。

就在裴矩犯难之际,另一个少数民族铁勒遣使与隋朝交好,这让裴矩看到了难得的良机。

铁勒据说是匈奴人的后裔,骁勇善战,曾经进犯过隋朝边境。后来看到一统天下的隋朝越来越强大,害怕遭到报复,所以他遣使向隋朝认罪,表示要痛改前非,以后不会再犯。

裴矩心生"借刀杀人"一计。他亲自出使,告诉铁勒可汗,要想与隋朝交好,必须联手灭掉吐谷浑。

大业四年(608),铁勒发兵攻打吐谷浑,这完全出乎伏允的意料,他一直把防御重心放在隋朝一侧,没想到铁勒人在背后插刀。吐谷浑大败,伏允逃往西平(今青海西宁)。

无奈之下,伏允只得向隋朝遣使请降,请求派援兵帮助自己抵御铁勒。隋炀帝下令让杨雄、宇文述率领大军前往,说是救援,实际上要借此灭掉吐谷浑。伏允听说隋军阵势很大,顿觉来者不善,率部向西逃窜。

隋军夺取了曼头、赤水二城,掠夺了大量人口和牲畜。伏允走投无路,逃到雪山之中。自此,"自西平临羌城以西,且末以东,祁连以南,雪山以北,东西四千里,南北二千里,皆为隋有。"

三

西突厥臣服,吐谷浑被赶跑,裴矩当年提出的设想都已实现。隋炀帝对此非常高兴,对于这些新征服的疆土,按照以往的套路,他想亲自出巡实地去看看。

隋炀帝是古代历史上最喜欢出巡的皇帝之一,在位十四年,真正待在京城皇宫里的日子并不多,大部分时间在巡游中度过。至于为何如此喜欢到处转悠,在一次与大臣的聊天中,他解释说:"自古天子有巡狩之礼,而江东诸帝多敷脂粉,坐在深宫里不见百姓,这是什么道理呢?"隋炀帝看不上南朝那些皇帝,他认为天子就应身体力行,所以要恢复巡狩之礼。

不过,相对于南下江都(今江苏扬州),西巡之路无论是艰苦程度还是危险性都是空前的。一路上自然条件恶劣,大多是戈壁荒漠,还要翻越海拔很高的祁连山。更为危险的是,吐谷浑伏允可汗虽然被赶跑,但残余势力还盘踞在河西,可能直接威胁到隋炀帝的安全。

只是隋炀帝决意西巡,便没有人拦得住他。大业五年(609)三月,隋炀帝带着皇子、妃嫔、官员、军队等十余万人,从大兴城(今西安)出发,浩浩荡荡踏上西去之路。他下令在半路上举行了大规模的围猎活动,展示大隋王朝的威严和实力,同时以此来震慑吐谷浑。

无独有偶,刚刚结束围猎,就有当地人来报告,说伏允带领的吐谷浑军队就在附近,隋炀帝听后,丝毫不觉得恐惧,反而心中大喜,觉得这是一举歼灭吐谷浑的好机会。

隋炀帝立即调兵遣将,命令部队四面合围。只是令他有些失望的是,被围的并非伏允的主力,而是吐谷浑的残部。在隋军的猛烈攻击下,吐谷浑亲王带着十余万部众投降。

消除这个重大安全隐患后,隋炀帝得以放心地继续西行。接下来,西巡队伍遇到了更大的困难,要通过大斗拔谷翻越祁连山,这里海拔很高,道路险峻,有些地方只能一人通过,更要命的是,气候复杂多变,即使是盛夏时节,也会出现冰霜雪冻。

十余万人的西巡大军排成一字长蛇阵进入山谷,不幸的是,他们遇到了极为恶劣的天气,史书记载,"经大斗拔谷,山路隘险,鱼贯而出,风霰晦瞑,与从官相失,士卒冻死者大半……马驴十八九"。

狭窄的山路上,风雪交加,许多人浑身上下都湿透了,帐篷远远不够,后宫的妃子、宫女只能在外面过夜。士兵有一半被冻死,牲畜更是死了绝大部分,死者中还包括隋炀帝的亲姐姐杨丽华。

经过艰苦跋涉,大队人马翻越了祁连山,进入河西地区。虽然损失惨重,但并没有影响隋炀帝的兴致。特别是到了张掖焉支山之后,看到各国国王或使节早已在这里恭候,隋炀帝起初的自信再次回归。

接下来一场空前成功的国际峰会,让隋炀帝由衷感受到"四海宾服,万邦来朝",虽然他的父皇隋文帝被誉为"圣人可汗",但作为唯一来过河西走廊的中原皇帝,隋炀帝觉得自己做得并不比父亲差,反而更高明,因为正是在他手上,隋朝的疆域达到了极盛。

隋炀帝乘兴而来,满意而归,立下头功的裴矩再次献计,说"来而不往非礼也",应该邀请西域各国使节来洛阳,让他们亲眼见证大隋王朝的繁华富庶,从而心甘情愿地臣服。

隋炀帝觉得此计甚妙,于是在大业六年(610)正月,邀请西域各国的国王或使节聚集洛阳。为了充分展示大隋的不凡气象,让他们真正开开眼,隋炀帝下令组织宏大的文艺汇演,规模之大令人咋舌,史书记载:"戏场周围五千步,执丝竹者万八千人,声闻数十里。"——戏场周围长五千步,光是表演乐器的乐手就有一万八千人,乐声几十里外都能听到。

整个洛阳城沸腾了,"自昏达旦,灯火光烛天地",每天从黄昏到清晨,灯火彻夜不歇,把洛阳城照得如同白昼。这样的活动居然持续了一个月，花费巨大。

　　隋炀帝的目的达到了，西域各国宾客大开眼界，"蛮夷嗟叹，谓中国为神仙"，觉得隋朝是独树一帜的繁荣王朝，纷纷表示想到洛阳做生意。从此，不少西域商人提出想到洛阳进行市场考察，为将来开通贸易作准备。

　　隋炀帝爽快答应，为了给这些来自异域的商人留下深刻印象，下令"整饰店肆，檐宇如一"，全面整修装饰市场的店铺，做到屋檐样式整齐划一。同时还给街市上做生意的内地商人发放全新衣物，就连卖菜的小贩，座位下也垫着高档的龙须席。

　　尽管如此，隋炀帝觉得还不够到位，下令只要有西域的宾客经过，沿途饭店必须主动邀请他们进去吃饭，而且不能收饭钱，完全白吃白喝，所需费用都由国家负担，同时给出了统一口径——"中国丰饶，酒食例不取直"，隋朝太富裕了，根本不在乎这些小钱。

　　为了营造良好的市容市貌，隋炀帝下令将路边的树上缠满绸缎，在冬天依然会呈现繁花似锦的景象。或许是因为做得实在有些过了，连西域的人都不理解，他们说："中国也有因贫穷而衣不遮体的人吧，你们为什么不把这些绸缎给那些人，非要绑在树上呢？"面对这样的问题，"市人惭不能答"。

　　尽管耗资巨大，但隋炀帝觉得一切付出都值得，因为听到的满是一片赞叹声。隋炀帝对裴矩更为信任，觉得其忠心担当，而且很有谋略，当着近臣宇文述、牛弘的面赞扬裴矩说："要不是全心全意报效国家，谁能做到这样？"

　　裴矩由此被塑造成能够为皇帝排忧解难的典型代表！

四

隋朝与西域各国重新建立联系后,河西地区重获安定,丝绸之路再次畅通,这一切都与裴矩分不开。如果就此打住,想必他在史书上会是另外一个形象。遗憾的是,历史从来没有假设。

大业七年(611),裴矩随隋炀帝巡幸塞北,到达了突厥启民可汗的属地,正巧高句丽国王高元所派的一个使团也到了这里。

高句丽起初是活跃在长白山地区的一个少数民族政权,趁着中原局势动荡,不断向外扩张,占据了辽东半岛不少地方。后来又击败百济,占领朝鲜半岛的汉江地区,成为隋朝东北地区实力最强的一个民族政权。

隋朝建立后,高句丽王高汤虽然进行朝贡,但有时也会搞一些小动作,侵扰隋朝的边境,遭到了隋文帝的斥责后变得老实了些。高汤死后,高元即位,此人颇有野心,联合一些小国进犯隋朝,隋文帝派大军征伐,由于天气条件,出师不利,无功而返。但隋军的阵势还是吓到了高元,他主动认怂,恢复了对隋朝的朝贡。

双方从此和平相处,相安无事。但在突厥人地盘出现了高句丽使团,引发了隋炀帝的警觉和不安,不知高句丽这样做意欲何为。

隋炀帝为此询问裴矩的意见,裴矩说:"高句丽本来是孤竹国,周天子将它分给了箕子,汉朝时分为三个郡,现在却不愿意做隋朝的属国。先帝老早就想征伐它,如今陛下天威,怎么能无所作为?"裴矩建议让高句丽使者回去告诉高元来洛阳觐见,如果不从，就联合突厥一起讨伐，使得高句丽灭国。

裴矩的话显然是揣测隋炀帝的意思说的，在他看来，小小的高句丽掀不起什么大风大浪，吓唬一下便会乖乖俯首称臣。但没想到，高元的反应是"不用命"，根本不理会隋炀帝的命令。

被一个小小高句丽如此蔑视，隋炀帝实在无法忍受。同时他觉得裴矩所言很有道理，辽东自古以来就是中国的领土，如今被高句丽占去，只要辽东不收复，隋朝就不算实现真正的统一，所以必须要给高句丽一些颜色看看，顺便彻底完成统一大业。

就这样，隋炀帝打开了战争的魔盒，释放出的魔鬼最终吞噬了整个大隋王朝。

大业七年（611），隋炀帝下诏远征高句丽。他想毕其功于一役，为此进行了全国总动员，出征部队人数一百多万，《资治通鉴》里说："近古出师之盛，未之有也。"

这还仅仅是正规部队，后勤保障人员更多，"往还在道常数十万人，填咽于道，昼夜不绝，死者相枕，臭秽盈路，天下骚动。"每天在路上奔走的有好几十万人，马不停蹄为前方运送物资，病累而死的相互枕藉，路上到处散发着臭气。

更为甚者，隋炀帝此前下令要在一个月内赶造三百艘大船，造船的民工昼夜在水中作业，"自腰以下皆生蛆，死者什三四"。

隋朝开启庞大的战争武器，给百姓带来了深重的灾难。但在隋炀帝看来，为了让高句丽臣服，挽回自己的面子，一切都是值得的，而此前献策的裴矩被任命为武贲郎将，随军出征。

隋炀帝对此次征伐信心满满，觉得毫无悬念。在他看来，高句丽人见到如此庞大的军队，一定会吓得半死，会不战而降。因此，在大军刚出发时，隋炀帝下令在洛阳搭建高台，以备将来献俘使用。

结果出乎所有人的意料,隋军大败而归,损失惨重。隋炀帝非常不甘心,转过年来再次集结大军,第二次对高句丽用兵。这次隋炀帝御驾亲征,进展非常顺利,就在即将一雪前耻时,后院却着了火——负责督办粮草的杨玄感起兵造反,声势搞得很大。

隋炀帝只得下令撤军,回师平叛,下诏令军中的裴矩前往陇右安抚,避免少数民族趁乱入侵。这是裴矩最为擅长的工作,他不费吹灰之力便圆满完成了任务,隋炀帝事后对他大加赏赐。

平定了杨玄感之乱,大业十年(614),隋炀帝不顾劝阻,第三次征伐高句丽。虽然隋军已是强弩之末,但高句丽也打不动了,遣使投降,隋炀帝见好就收。三征高句丽是隋朝由盛转衰的重要转折点,民众无法忍受压迫,纷纷揭竿而起,"百姓怨嗟,天下大溃"。

隋朝乱象不断,就连一向臣服听话的东突厥也翻脸了。

启民可汗死后,他的儿子即位,称为始毕可汗。这位新可汗很有抱负,想重振突厥的辉煌。在他的统领下,东突厥逐渐强大起来,这引发了隋炀帝的不安。

隋炀帝召裴矩商议如何应对,裴矩的建议还是用以往屡试不爽的方法,离间分化突厥高层,具体的做法是将隋朝宗室女子嫁给始毕可汗的弟弟,封其为南面可汗,让他们兄弟内斗,隋朝坐收渔翁之利。

隋炀帝对裴矩的计策全盘采纳,但令他们失望的是,始毕可汗的弟弟胆子很小,对隋朝的赏赐根本不敢接受,这个计划只好告吹。后来始毕可汗得知此事,心里开始怨恨隋朝。

裴矩一计不成又生一计,他对隋炀帝说:"突厥人本来很单纯,容易离间,但有不少狡猾的西域胡人为他们出谋划策,其中有一个叫史蜀胡悉的最为诡计多端，深得始毕可汗的信任，想要让突厥人上当，必须除掉此人。"隋炀帝让裴矩负责具体组织实施。

裴矩让人传话给史蜀胡悉说："隋朝皇帝拿出许多珍宝到马邑互市，谁要是早来，谁就能得到。来得越早，得到越多。"史蜀胡悉果然上钩，没有告诉始毕可汗，带着自己的部众赶到马邑，结果被早已埋伏的隋军杀掉。

隋炀帝事后给始毕可汗写了一封信，称史蜀胡悉背叛始毕可汗，因此将他杀了。始毕可汗当然不信，对隋朝更加忌恨，从此不再朝贡。

裴矩的主意很快带来了严重后果。大业十一年（615），隋炀帝开始北巡，他压根不知道始毕可汗已经怒火中烧，一直等待着复仇机会，不知死活的隋炀帝自己送上了门。

始毕可汗率大军将隋炀帝一行围困在雁门，一时间箭如雨下，有的甚至落到了隋炀帝的脚下，杨广第一次感受到了死亡的威胁，惊恐之下，他抱着最小的儿子赵王杨杲失声痛哭起来，把眼睛都哭肿了。

裴矩等近臣见到这样的场景，完全傻了眼，他们从来没见过隋炀帝哭鼻子，而且哭得如此伤心。从这一刻起，隋炀帝的心理防线彻底崩溃了。

雁门解围后，隋炀帝回到东都洛阳，深陷焦虑之中，经常因为一点小事害怕，夜里睡觉总是会惊醒，需要好几个嫔妃在身边拍着摇着，才能再次入睡。

不堪忍受的隋炀帝决定再次南下江都，他觉得江南才是安身立命之处。此时已经是烽火遍天下，到处都是起义军。如果能在江南立稳脚跟，即使形势再差，也能够凭借长江天险，实现划江而治，统治半壁江山。

裴矩作为身边重臣跟随来到江都。隋炀帝从此像换了一个人，过去不怎么喝酒的他，天天纵情酒色。尽管如此，还是不能完全麻醉自己，他隐约感觉去日不多了，因此经常拿着镜子照自己，并对萧皇后说："如此好的脑袋，不知最后谁会将它砍下来。"

隋炀帝的话把萧皇后吓坏了，不知如何回应，一时间陷入沉默。隋炀帝安慰她说："贵贱苦乐，更迭为之，亦复何伤！"所有的贵贱苦乐，都是循环交替的，又有什么好伤感的呢？

隋炀帝的担心并非多余，各地纷纷起兵举事，到最后连身边的骁果也不干了！

所谓"骁果"，就是禁卫军，此次来江都，隋炀帝带了一万多骁果。这些军士都是关中人，远离家乡，一时半会回不去，所以思乡心切。然而，隋炀帝决定迁都江南，根本就不准备回关中了，因此骁果"见帝无西意，多谋叛归"。

如何才能稳住局势呢？裴矩给隋炀帝出主意说："人情非有匹偶，难以久处，请听军士于此纳室。"骁果军大多是年轻小伙子，背井离乡，没有家庭，难免会躁动，应该让军士们在当地娶妻，成了家就会安定下来，不会再想着返回故里。

隋炀帝觉得裴矩的这个主意相当不错，赞叹道："公定多智，此奇计也。"于是派他办理此事。裴矩将江都境内未成婚的女子和寡妇集合起来，任由将士们挑选。裴矩这个"红娘"因此赢得了骁果军士的强烈好感，纷纷感谢他，说："裴公之惠也。"

骁果军士娶妻成家后，逃跑的果然有所减少。只是这种稳定注定是暂时的，没过多长时间，骁果军将领司马德戡看到烽火四起，隋朝岌岌可危，又动了逃跑的念头。宇文智及劝他与其逃跑不如起来造反，成就一番大业。他们推举宇文智及的哥哥宇文化及作为领头人，密谋发动政变，推翻隋炀帝的统治。

大业十四年（698）三月，骁果军动手弑杀了隋炀帝，宇文化及拥立隋文帝的孙子杨浩为傀儡皇帝，隋朝的皇族宗亲以及多位重臣都被诛杀，唯独裴矩幸免，这是因为他曾经大肆张罗，为骁果娶亲，大家都说"非裴黄门之罪"，意为隋炀帝的过失和裴矩没有关系，因此他逃过一劫。

五

江都所发生的一切，都在裴矩的预料之中。他看到隋炀帝在雁门城头失声痛哭，后来又见这位落魄皇帝在江都天天沉湎酒色，就知道这个王朝气数将尽，但没想到败亡得如此之快。

隋炀帝虽然被弑杀，但对于这位皇帝，裴矩从心里充满感恩，正是他的提拔和重用，才让自己拥有今天的地位。但同时，这位皇帝也让他感到后怕，如果不是当了一次"红娘"，恐怕自己会和虞世基、裴蕴等近臣一样会落个身首异处的下场。

识时务者为俊杰。裴矩见大势已去，主动向宇文化及投诚，态度极为谦恭。宇文化及知道裴矩在骁果军中威望很高，放了他一马，任命其为侍内。

宇文化及杀掉隋炀帝后，带着十多万人离开江都，对外宣称要返回关中。一路上相当不顺利，先是司马德戡密谋作乱，被他杀掉。接着在黎阳（今河南鹤壁）又被李密大败，顿时陷入了内外交困的境地。

裴矩

宇文化及觉得大势已去，想在死之前当几天皇帝过把瘾，于是将傀儡皇帝杨浩毒死，自己篡位称帝，国号许。裴矩作为开国之臣，被授为尚书右仆射、光禄大夫、河北道安抚大使，封蔡国公。

宇文化及的皇帝生涯极为短暂，在龙椅上坐了不到一年，被窦建德击败，自己做了阶下囚，裴矩也被生擒。不得不说，裴矩的命实在好，窦建德杀掉了参与弑杀隋炀帝的宇文化及、宇文智及等人，裴矩因为没有参与其中而再次幸免。

窦建德视裴矩为隋朝旧臣，不仅没有杀他，反而极为礼遇，任命他为吏部尚书，负责制定朝纲礼仪。因为窦建德从民间造反起家，称帝后没有君臣礼仪制度，裴矩在这方面见多识广，不到一个月时间便圆满完成了任务，这让窦建德对他更为敬重。

唐高祖武德四年（621），在虎牢关之战中，窦建德被秦王李世民擒获，裴矩于是又降唐。短短几年时间，他已经换了好几位主子。乱世之中，个人的命运风雨飘扬，无法自控，裴矩亦然，所幸这一次总算安定下来。裴矩在唐朝照样受到重用，被提拔为殿中侍御史，受封安邑县公。

唐高祖李渊知道他善于外交，便用其所长。当时东突厥经常进犯边境，唐高祖想订立和约，东突厥乘机提出了联姻的要求，李渊对此犹豫不决，征询裴矩的意见，裴矩说："如今东突厥强盛，为国家当前利益着想，应该答应和亲。等将来国力殷实，能够对抗东突厥，再考虑相应的对策。"唐高祖觉得说得有道理，听从了裴矩的建议。

后来的玄武门之变中，裴矩站到了李世民一边。李世民诛杀太子李建成、齐王李元吉后，太子余党退守东宫，剑拔弩张，准备决战。关键时刻，李世民派裴矩前去劝降他们，史书没有记载裴矩说了什么，但最后的结果是东宫兵马放下了武器，紧张的局势归于平静，裴矩再次立了大功。

唐太宗李世民登基后，任命裴矩为民部尚书（后改名户部尚书），连他自己也没有想到，年逾古稀又获得了仕途上的"第二春"。

裴矩在新岗位上继续发挥余热。唐太宗对官吏贪腐非常痛恨，决心下力气整治，采用的方法是"钓鱼执法"，故意安排人拿财物去"行贿"，其中有一司门令史因为接受一匹绢的贿赂被判处死刑。

裴矩得知此事，一改往日在隋炀帝前完全顺从的态度，向唐太宗进谏说："此人受赂，诚合重诛。但陛下以物试之，即行极法，所谓陷人以罪，恐非导德齐礼之义。"意思是说，这个官吏受贿固然应当处死，但陛下用计使他纳贿，这是诱人犯罪，有违导德齐礼的古训。

唐太宗听后非但没有生气，反而在百官面前称赞裴矩虽年逾七旬，仍心在朝廷，不计个人荣辱，进一步强调，"裴炬遂能廷折，不肯面从"。说到动情处，唐太宗仰天一声长叹：大唐官场上下之官员，若皆如裴炬"每事如此，天下何忧不治"？

如唐太宗所言，裴矩在唐朝好像换了一个人，当年一味顺从隋炀帝，天天阿谀奉承，不说一句坏话，更不会冒犯天颜拼死进谏，如今却完全不同了。

为什么会发生这样的转变？司马光在《资治通鉴》中给出了一种解释，"裴矩佞于隋而忠于唐，非其性之有变也；君恶闻其过，则忠化为佞，君乐闻直言，则佞化为忠。"裴矩在隋朝是个佞臣，到了唐朝却成了忠臣，说到底不是他本人变了，而是所服务的皇帝变了——如果皇帝痛恨臣子提意见，则忠臣就会变为奸臣；如果皇帝乐于接受批评，则奸臣就会变为忠臣。

司马光的一家之言听上去确实很有道理。人随环境变，特别是对于裴矩这样精通权谋之术和为官之道的人，隋炀帝不喜欢听劝谏，他的进言就顺着隋炀帝的意思来。隋炀帝极好面子，他就劝说对西域人大摆排场。归顺唐朝后，发现唐太宗完全不一样，乐于接受批评、喜欢进谏的大臣时，裴矩摇身一变，成了一心为国、坚持道义的耿直之士。

唐太宗贞观元年（627），裴矩去世，结束了八十载的传奇人生，被唐朝追赠绛州刺史，谥号为敬。根据谥法，"夙夜警戒曰敬，善合法典曰敬"，由此来看，唐王朝对裴矩是充分肯定的。

虽然唐朝对裴矩的盖棺定论很不错，但"历事诸主，均受礼遇"的他历史名声并不好，后世提及此人，一般将其归入佞臣圈子里，甚至有不少人认为裴矩是造成隋朝二世而亡的罪人之一。

从现有史料看，对于裴矩的否定是从宋朝开始的，在此之前是非常正面的。负责编撰《隋书》的魏征和裴矩生活在同一个历史时期，还曾经共事，他在《隋书》中如此评价："裴矩学涉经史，颇有干局，至于恪勤匪懈，夙夜在公，求诸古人，殆未之有。与闻政事，多历岁年，虽处危乱之中，未亏廉谨之节，美矣。然承望风旨，与时消息，使高昌入朝，伊吾献地，聚粮且末，师出玉门，关右骚然，颇亦矩之由也。"

魏征对于裴矩的学识才干、勤政廉洁予以充分褒奖，同时对投隋炀帝所好、经略西域使得关右骚动不安也提出了批评，总体而言是功大于过。

到了宋代，对裴矩的评价急转直下，几乎鲜有褒扬。欧阳修在《新唐书》中将裴矩与封德彝相提并论，称："其奸足以亡隋，其知反以佐唐，何哉？惟奸人多才能，与时而成败也。妖禽孽狐，当昼则伏自如，得夜乃为之祥。"《通鉴纪事本末》中批评了裴矩，认为他对西域人摆排场而造成大量耗费，"西域诸胡往来相继，所经郡县，疲于送迎，糜费以万万计，卒令中国疲弊以至于亡，皆矩之唱导也。"甚至将裴矩作为导致隋朝灭亡的罪魁祸首。

无论历史褒贬如何，站在一个相对客观的角度看，纵观裴矩的一生，虽不能算忠臣，却称得上是一个能臣。

裴矩平定岭南，北抚突厥，经略西域，到最后归唐拜相，这些功绩不是一个只会溜须拍马的奸佞小人所能创建的，史书上称裴矩"为政勤奋，日夜操劳，研读经史记略，取其所长，从中问究良策"，并非言过其实。

特别是裴矩在处理隋朝和少数民族关系上发挥了极为重要的作用：在西突厥内部进行分化瓦解，使其变得势弱易制，消除了对隋朝的威胁；力主征讨吐谷浑，并大获全胜，消除了西北方向的威胁，扩大了隋朝的版图。

隋炀帝滥用民力，给民众带来了极大的苦难，造成王朝二世而亡，但对于经略西域这件事，还是要具体事情具体分析，客观讲，这件事积极意义更为显著。

因为这不仅是西汉以来经略西域的延伸和拓展，更重要的是消除了突厥对边境和京师的威胁，使得中西交通得以恢复，为文化交流和民族融合发挥了重要作用，也为后来唐朝进一步经营西域，以及丝路贸易的全面繁荣打下了坚实的基础。

在这个过程中，裴矩虽然为了迎合隋炀帝喜好，犯了大肆铺张、奢侈浪费的过失，但他这样做出发点还是基于经略西域的策略考虑。用这样的方式收降西域诸国，比动用大军征伐付出代价要小得多。

裴矩曾经说："皇华遣使，弗动兵车。"能用和平方式解决的就不动干戈，因此除了对吐谷浑用兵外，此后再没有动用武力，最后却使得各国心悦诚服地归附。

另外，裴矩虽然身为隋炀帝时"五贵"之一，但与其他"四贵"相比实在强太多了，"不为恶，多为善"，做人始终有自己的底线。

史书上记载，"于时皇纲不振，人皆变节，左翊卫大将军宇文述、内史侍郎虞世基等用事，文武多以贿闻。唯矩守常，无赃秽之响，以是为世所称"。在贪腐成风的时代，唯有裴矩能独善其身，拒腐蚀永不沾，称得上出淤泥而不染。

人无完人，评价历史人物总要放在当时的背景下，才能得出相对客观的结论。对裴矩亦如此。事实上，裴矩一辈子都在践行伯父当年的嘱托，想着干一番大事业，确实也做成了一些大事。

只是，司马光一句"裴矩佞于隋而忠于唐"影响极大，算是为裴矩盖棺定论。这样说其实重点不是裴矩，意在通过隋炀帝和唐太宗的对比，告诫后世的帝王要鼓励讲真话。但没想到，裴矩却躺着中枪，后世将其在历史上的功绩一笔勾销，有的将其塑造为一个彻彻底底的"承望风旨，与时消息"的小人。

裴矩如果地下有知，不知该作何等感想呢。

侯君集

一

唐太宗贞观九年（635）四月，鄯州（治今青海乐都）依旧是一片寒冷寂寥的景象，前些日子下的雪还没有融化。在唐军的中军帐中，一场关于此次征伐接下来进军方向的讨论正在热烈地进行着。

唐军征伐的对象是吐谷浑，这是由鲜卑族人慕容部吐谷浑在西北地区建立的政权，趁着南北朝时中原大乱，吐谷浑不断发展壮大，最盛时疆域东起今甘肃南部、四川西北，南抵今青海南部，西至今新疆若羌，北临黄河，控制了隋和西域的交通要冲。

隋统一天下后，为了打通隋和西域的交通，隋炀帝采用裴矩的计策，借用另一个少数民族铁勒的力量大败吐谷浑，吐谷浑伏允可汗被迫向隋朝投降，后来又担心被隋朝所灭，转而率部逃跑，隋军占据了大量地盘，设置西海、河源等四郡。但好景不长，隋末天下大乱，朝廷无暇西顾，伏允重新杀了回来，收复了全部失地。

通过这样失而复得的经历，伏允对于对付中原政权有了自己的心得，那便是"打得赢就打，打不赢就跑"。因为路途遥远，条件恶劣，中原的军队很难长久驻扎，所以，他可以先在其他地方躲些日子，等敌人撤军后再回来，这样，不仅可以收复地盘，趁乱还能捞些便宜。

唐朝建立后，吐谷浑开始玩"两面派"：一边派遣使者向唐朝进贡，言辞非常谦恭，态度也很诚恳，表现出一副服服帖帖的样子；另一边，使者离开长安后，却发兵攻击唐朝的鄯州，进行大肆劫掠。

唐太宗非常生气，派出使者到吐谷浑，对伏允进行质问和谴责，要求他到长安觐见，当面赔礼道歉。伏允心生胆怯，称病说无法前去，同时提出一个请求，请唐朝将一位公主嫁给他的儿子尊王，双方建立联姻关系，将来相安无事。

唐太宗同意这门婚事，但同样提出一个要求，让尊王亲自到长安来迎亲。伏允担心自己的儿子到了长安被扣为人质，以尊王身体不好而予以拒绝，唐太宗也就取消了这门婚事。

伏允求亲计划失败后，开始撕破脸皮，进犯兰州等地。此时伏允年已老迈，实权落到了天柱王手中。

天柱王贪婪阴险，在他的策动下，吐谷浑经常骚扰唐朝的边境，劫掠人口和牲畜。唐太宗虽然很生气，但没有轻易用兵，还是希望通过和平手段努力解决问题，为此多次派出使者前往吐谷浑进行交涉。

伏允和天柱王觉得吐谷浑距离长安路途遥远，天险阻碍，唐军很难到达，所以根本没把唐太宗的话放在心上，依然我行我素。

敬酒不吃吃罚酒。贞观八年（634），唐太宗任命左骁卫大将军段志玄为西海道行军总管，右骁卫大将军樊兴为赤水道行军总管，分别率部讨伐吐谷浑。唐军的攻击很顺利，纵横杀敌八百余里，一直追到青海湖才收兵。

伏允又一次祭出了"法宝"，听闻唐朝大军到来，率部跑得远远的，虽然有些损失，但并不严重。因此唐朝这次用兵，只是打击吐谷浑的嚣张气焰，并没有给予致命一击。唐军撤兵后，没过一个月，吐谷浑卷土重来，不仅收复了失地，还攻击了凉州。

唐太宗大为恼火，认识到想要彻底解决吐谷浑问题，小打小闹不行，必须要调集大军，全力围歼，一举使其灭国，永绝后患。

但该派哪位将领作为统帅带兵出征，完成这个重要且不轻松的使命呢？

唐太宗想到的第一个人是朝中第一名将李靖，正是在他的指挥下，唐军平灭了实力强大的东突厥。但李靖此时因患脚疾，正在家中休养，看上去很难承担这个使命。

只是，唐太宗有所不知，李靖患病另有隐情。他为人非常谨慎，生怕功高盖主，被任命为尚书右仆射、走上宰相之位后，完全像变了一个人，"恂恂似不能言"，好像不会说话一样。

不久以后，李靖以身患足疾为由，请求辞去宰相之职。唐太宗准奏，让其改任特进（正二品闲职），待遇一切如旧，告诉他如果足疾有好转，每两三天可到中书省处理政事，还特意赐他灵寿木手杖，以便在腿脚不灵便时使用。

李靖的确患有足疾，否则就是欺君之罪，但并非那么严重，以此为由足不出户完全是为了自保，能够远离是非，安稳地度过后半生。但请辞还不到两个月，就发生了吐谷浑进犯凉州的事情，李靖考虑许久，决定再次出山。

六十四岁的李靖竟然主动请缨愿意率军征战，使得唐太宗大喜过望，当即下诏任命李靖为西海道行军大总管，同时任命兵部尚书侯君集、刑部尚书李道宗、凉州都督李大亮、岷州都督李道彦、利州刺史高甑生等五人为各道行军，统一由李靖指挥。一场反击吐谷浑的大规模作战拉开序幕。

大军从长安出征后，由于时值冬日，一路行军非常艰苦，到了第二年四月才到达预定地点。伏允看到唐军来势汹汹，和以往一样，再次选择提前跑路。这次他还留了一个心眼：向西逃跑时令手下将野草烧光，以断绝唐军的马草供应。

伏允这招的确厉害，因为当时正值初春，新草尚未萌生，干草却被烧光。唐军如果追击吐谷浑主力，需要深入几千里，沿途荒无人烟，没有供给，如今连野草也所剩无几，战马根本无法支撑。在这种情况下，长途追击无疑存在巨大的风险。

于是，在中军帐中发生了关于大军进退的争论，大部分行军总管主张撤军，因为没有后勤补给，仗无法打下去，他们主张等到天气转暖再来收拾吐谷浑不迟。

众将中只有侯君集认为应该一口气追杀到底。他拿上次段志玄出征说事，因为没有歼灭吐谷浑主力，结果刚刚回军，吐谷浑便兵临城下，这次绝对不能重犯上次的错误。

在侯君集看来，如今的吐谷浑"鼠逃鸟散，斥候亦绝，君臣携离，父子相失，取之易如拾芥，此而不乘，后必悔之"。就是说，敌人没有受到重创便作鸟兽散，跑路的时候相当匆忙，连侦察骑兵也没有来得及布置，说明他们君臣离心，已经组织不起有效的抵抗，这时候收拾他们如拾草芥，如果错过这样的机会，必将追悔莫及。

双方说的似乎都有道理，最后的决定权在行军大总管李靖。他身经百战，鲜有败绩，作战经验异常丰富，冷静思考后觉得侯君集说的更有道理，在此种情况下，必须一鼓作气，不能再给敌人以喘息之机。

李靖当即下令，大军兵分两路，自己与薛万均、李大亮走北道，侯君集、李道宗走南路，两路一并进发，从两个方向围歼吐谷浑主力。

北路进展很顺利，出发没几天，部将薛孤儿在曼头山击败吐谷浑军队，杀了几个亲王，缴获了大批牛羊，解决了后勤补给问题。李靖接着率领主力两次大败吐谷浑军队。

南路的侯君集、李道宗则是另一番天地，他们要穿越两千余里的无人区，一路气候多变，补给困难，只能"人吃冰，马饮雪"，行军条件极为艰苦。不过，侯君集率部最终挺了过来，刚走出无人区就遇到了吐谷浑的军队，早就憋着一股劲的唐军争相杀向敌人，大获全胜，一路追击到积玉山，见到河水的源头，才回师与李靖在大非川会合。

唯一受挫的是北路的薛万均、薛万彻，他们击败了天柱王的军队后，为了能擒获天柱王，只带了少量骑兵先行追击，结果被大队吐谷浑军队包围，两人均中枪落马，只能徒步拼杀，情况十分危急。关键时刻，左领军将军契苾何力带援兵赶到，帮助薛家兄弟成功冲出包围圈。

不过，这只是一个小插曲，其他唐军高歌猛进，捷报频传。李大亮率部在罗浑山击败敌军，俘获名王二十人；执失思力在居茹川大败吐谷浑，唐军乘胜追击，一直打到吐谷浑最西边的边境且末（今新疆且末）。

挽救薛家兄弟性命的契苾何力接着又立了大功。他听说伏允藏在突伦川（今地不详）一带，准备逃亡于阗，于是提出建议，集中兵力端了伏允的老窝。薛万彻或许被上次被围的经历吓怕了，担心再一次被伏击，因此坚决不同意。

契苾何力主意已定，他说："吐谷浑不定居，没有城郭，随水草迁移流动，如果不趁他们聚居在一起时袭击，等他们分开了，怎么能捣毁他们的巢穴呢？"于是他不顾薛万彻反对，亲自挑选了精兵，直接扑向突伦川。

这次进击大部分时间是在沙漠中行军，沿途没有水源，带的水喝完了，只能刺马出血，饮血解渴。伏允觉得有沙漠阻隔，唐军一时半会儿还来不了。当契苾何力率部突然出现时，伏允猝不及防，惊慌失措，四处逃命。此战杀了几千个吐谷浑士卒，俘虏了伏允的妻子儿女，只有伏允带着少数人逃脱。

伏允的逃跑战术彻底失灵，逃入沙漠后，他想着去于阗暂时避难，然后再杀回来。但是一路上随从越走越少，众叛亲离的伏允最后被左右所杀。他的长子慕容顺杀死天柱王，率众投降。自此，吐谷浑汗国被唐朝彻底平灭。

唐军能够取得最后的胜利，得益于李靖的正确指挥，以及将士骁勇善战。但不得不说，侯君集发挥了独特而重要的作用，如果不是他坚决反对退兵，想必会是另外一个结果。

二

唐太宗对于战果相当满意，论功行赏，侯君集被封为陈州刺史、陈国公。

侯君集能有今天，除了自身努力，更重要的是跟对了人。他早年加入秦王幕府，跟随李世民南征北战。不过史书上对他这段历史没有太多记载，说明他只有"苦劳"而已，没有什么值得一书的亮眼"功劳"。

侯君集真正发迹是在玄武门之变后，在此之前，他的爵位是全椒县子，在当时的九等爵位中排名第八。但在李世民登上皇位后，有五个人因在整个玄武门之变中表现突出而得到国公爵位，分别是齐国公长孙无忌、邢国公房玄龄、吴国公尉迟敬德、蔡国公杜如晦、潞国公侯君集。

五人中最让人感到意外的是侯君集，因为他和其他四人不一样。长孙无忌、房玄龄、杜如晦原本就是李世民的核心智囊，更是整个事变的主要策划者。作为武将的尉迟敬德亲手射杀了齐王李元吉，救了李世民一命，然后带兵逼迫唐高祖接受既定现实。

因此，这四位被封为国公实至名归，原本默默无闻的侯君集却一飞冲天，和他们平起平坐，确实有些让人看不明白。

唯一的解释只能是侯君集在整个事变中立下了奇功。至于是什么样的功劳，史书记载不详，《新唐书》里说"建成、元吉之诛也，君集之策居多"，《旧唐书》说得更简单，只有七个字——"预诛隐太子尤力"。后世的不少学者分析认为，侯君集的功劳主要是成功隔绝了皇宫和外界的联系。

纵观整个事变过程，当玄武门刀光剑影时，宫内的唐高祖毫不知情，像个没事人一样，带着裴寂等近臣一起泛舟，更为奇怪的是宫内的侍卫、宦官、宫女没有一个人向唐高祖通报消息，说明侯君集控制宫廷的任务完成得很出色，如果唐高祖早一些得到消息，派人出宫干预，恐怕会是另外一个结局。

身为国公的侯君集从此进入了核心权力圈，通过这次平定吐谷浑的优秀表现，更加巩固了他的地位。在获封陈国公的次年，他又升任吏部尚书、光禄大夫。

侯君集官虽然越做越大，却感到极不适应，因为他出身行伍，前半辈子大部分时间都在征战，没有读过什么书，打仗没问题，参与朝政却感到非常困难。

侯君集由此痛下决心，开始发奋读书，学识有了很大长进，"典选举、定考课"，后来居然能够定制考试题目，参与官员的选拔。通过自身努力，他成了少有的文武兼备的复合型人才，"出为将领，入参朝政，并有时举"，一时传为佳话。

尽管如此，侯君集觉得自己更擅长的还是打仗，他喜欢那种军旗猎猎、战马嘶鸣的感觉，战场才是建功立业的最佳舞台，因此一直等着重上疆场的那一天。这次没有让他等太久，只是对手由吐谷浑变成了吐蕃。

吐蕃当时的首领是松赞干布，重新统一西藏的他对大唐充满仰慕之情，派出使者到长安通聘问好。唐太宗派使臣冯德瑕回访以示致意。松赞干布在与冯德瑕聊天中，得知东突厥和吐谷浑国王都娶了唐朝的公主，因此也动了与唐朝和亲的念头。

松赞干布派使者和冯德瑕一起回到长安，代表他向唐太宗提出请求，希望迎娶唐朝公主。或许是因为觉得距离太远，抑或有其他原因，唐太宗并没有答应。

吐蕃的使者无法交差，只能嫁祸于人，他对松赞干布说："刚到大唐时，对我态度很友好，唐朝皇帝本来已同意嫁公主。但吐谷浑的使者来后挑拨离间，使唐朝皇帝对我的态度一落千丈，不再同意嫁公主。"

使者的假话极具煽动性，彻底激怒了松赞干布，是可忍孰不可忍，随即下令发兵攻打吐谷浑，吐谷浑难以抵挡，一直跑到了青海湖。

如果松赞干布由此打住，想必会和唐朝相安无事，但他没有搂住火，竟然率大军攻击唐朝的松州（今四川松潘）。

唐太宗感到震怒，任命吏部尚书侯君集为当弥道行营大总管、右领军大将军执失思力为白兰道行军总管、左武卫将军牛进达为阔水道行军总管、右领军将军刘兰为洮河道行军总管，总计率领五万人出征松州，迎战吐蕃。

侯君集由征伐吐谷浑时一路行军总管变成了全军统帅，他摩拳擦掌，准备大干一场，为自己的军功章再添上几分成色，但他还没有到达松州，前方传来的战报，让他的希望彻底落空了。

主要原因是吐蕃太不经打了，侯君集还没出手，唐军先锋牛进达就结束了战斗：他率领少数唐军袭击吐蕃军营，一下子斩杀了一千多人，从来没有与唐军交过手的松赞干布深感恐惧，觉得唐军战力相当了不得，惹不起躲得起，赶忙率军退回吐蕃。

松赞干布从此更加坚定了与唐朝通婚的决心，他派遣宰相禄东赞带着重礼前往长安，向唐太宗谢罪的同时，再次提出了赐婚的请求。李世民这次没有拒绝，于是就有了文成公主进藏的故事。

吐蕃大军撤走，唐太宗很高兴。向大唐求婚成功，松赞干布同样很开心。唯独感到失落的是侯君集，作为出征军统帅，本想着好好展示一下才干，谁知竟然没有迎来亮剑的机会。

不过，命运对侯君集很垂青，一年后，他终于迎来了人生的高光时刻。

三

这次倒霉的是一个叫高昌的国家。

高昌国位于今天新疆吐鲁番市东南，它本来和中原政权的关系一直不错。隋炀帝西巡时，高昌王麹伯雅前去张掖迎接，参加了规模盛大的宴会。后来麴伯雅到洛阳觐见，隋炀帝还将华容公主嫁给了他。

唐代隋后，高昌国起初和唐朝的关系也不错。麴伯雅死后，继任的麴文泰遣使到长安报丧，唐高祖派出使节专程前往吊唁。

唐太宗即位后，麴文泰带着夫人宇文玉波到长安朝拜，获得了很多赏赐。临走时，宇文玉波请求进入皇族宗谱，唐太宗欣然同意，赐宇文玉波为李姓，封常乐公主，给足了麴文泰面子。高昌和唐朝关系由此达到了顶峰。

但唐太宗无论如何没想到，麴文泰后来竟然翻脸了！

贞观十三年（639），与唐朝为敌的毗咄陆可汗统一西突厥后，派军进驻高昌国旁边，麴文泰觉得唐朝距离高昌实在太远了，一旦有紧急情况，远水解不了近渴，而西突厥近在眼前。为了自保，麴文泰背叛唐朝，投靠了西突厥。

麴文泰反叛后切断了中原和西域的往来。高昌国地处丝绸之路的要冲，麴文泰下令设立关卡，手下偶尔还拘禁唐朝使节，抢劫过往商户。唐太宗虽然很生气，但暂时忍住了，没有对高昌用兵。

不久后，麴文泰做的一件事让唐太宗忍无可忍。贞观十三年（639），高昌与西突厥准备联合出兵攻打商路上另一个国家伊吾。伊吾一直以来臣服于唐朝，伊吾一旦陷落，河西走廊通往西域的道路将彻底被封锁。

高昌和西突厥的密谋为伊吾知悉，火速报告给唐太宗。唐太宗下诏给麴文泰，斥责他狼子野心，要求亲自到长安作出解释。

已经执意反唐的麴文泰根本不理会，回信中居然说："鹰飞于天，雉窜于蒿，猫游于堂，鼠安于穴，各得其所，岂不快耶！"希望唐朝和高昌各自管好自己的事情，最好井水不要犯河水，言辞间充满了蔑视和戏谑之意。

唐太宗觉得如果再不给高昌一点颜色看，大唐和他的颜面将扫地，为天下人所耻笑。他于是下诏，命侯君集为交河道行军大总管，契苾何力为葱山道副大总管，率大军前往讨伐。

侯君集接到任命状，心头满是兴奋的感觉，这是他第二次担任统帅。上次出征吐蕃没有捞到仗打，这次再次奉诏领军出征，显示了唐太宗对他的高度信任，侯君集觉得必须要抓住这次机会，大获全胜，使自己成为继李靖后大唐出类拔萃的一代名将。

麴文泰没有像松赞干布那般轻易认怂，听说唐朝准备用兵的消息后，说："唐朝距离高昌有七千余里，中间有沙漠两千里，冬冷夏热，没有水草，大军难以前行。倘若唐军强行军至高昌，二十天内粮食必然吃完，那时我们以逸待劳与唐军交战，一定会大败他们，所以没有什么好担心的。"

麴文泰觉得取胜法宝是空间距离，长安距离高昌路途遥远，在主要依靠步行的当时，用兵难度确实很大，更何况路上许多地方不是荒漠就是戈壁，后勤供给非常困难，即使唐军勉强到达高昌，已是强弩之末，而他则以逸待劳，定会将唐军一击而溃。

麴文泰猜到了所有的可能性，却忽略了唐军统帅是志在必得的侯君集。在攻打吐谷浑时，侯君集率部曾经穿越千里无人区，又怎会惧怕戈壁荒漠呢？

在麴文泰觉得高枕无忧时，唐军却出现在距离高昌不远的碛口，这意味着侯君集率部已顺利穿越沙漠，麴文泰的美梦就此破灭。

唐军如神兵天降，高昌根本就没有做好防御准备。麴文泰感到格外心焦，同时也心生了悔意。早知如此，何必当初，当年唐太宗将自己妻子封为公主，已是天大的恩赐，自己却不知好歹，选择了叛唐，如今竟然到了亡国的边缘。

麴文泰急火攻心，没过多长时间就撒手人寰。他的儿子麴智盛继承王位，成了高昌新的国王。

有人建议此时应是对高昌王城发动攻击的最佳时刻，侯君集却不同意，理由是"礼不伐丧"。他心里很清楚，这次出征不仅要征服高昌的土地，更要征服人心。

侯君集放弃攻打高昌王城，转而攻击另外一个重要城池，名叫田地城。他率大军来到城下，没有着急进攻，而是先对守军进行劝降。但田地城守军据城坚守，拒绝放下武器，侯君集只好下令全力攻城。

侯君集不打无准备之仗，对于攻城，早有准备。大军出发前，唐太宗征召山东擅长制作攻城器械的工匠随军出征，此时派上了用场，工匠们制作了大量的攻城器械。

侯君集下令用木头填充城壕，使用推车撞击矮墙，同时让军士用抛车往城中扔石头。在唐军一轮又一轮的猛烈攻击下，高昌守军损失惨重，结果毫无悬念，唐军顺利攻下田地城，俘获男女七千余人。

侯君集乘胜进军，包围了高昌王城，刚刚登上王位的麴智盛惊恐不安，写了一封书信给侯君集，说："有罪于天子者，先王也。天罚所加，身已丧背。智盛袭位未几，不知所以愆阙，冀尚书哀怜。"意思是说，先王愧对大唐天子，已经遭到天谴，而自己刚刚即位，没有什么过错，希望侯君集能手下留情。

麴智盛的书信透出满满的求饶之意，侯君集同意放他一马，但前提是他必须有足够的诚意。于是，他给麴智盛回信说，如果真心悔过，就在军门前束手投降。

摆在麹智盛面前的只有两条路，献城投降或负隅顽抗。思来想去，他选择了后者。之所以心存侥幸，除了觉得城高壕深、易守难攻之外，更重要的是此前高昌和西突厥有过约定，如果高昌遭受攻击，西突厥就会发兵来救。麹智盛决定以据城坚守争取时间，等西突厥援兵到来后前后夹击，一举击溃唐军。

侯君集见麹智盛始终没有动静，下令发动总攻，打法和攻打田地城如出一辙，先是填平城壕，然后进行抛石作业。因为高昌王城城墙很高，为此唐军特意修建了十丈高楼，登上楼可以俯视城内情况，指挥抛车进行更为精准的投石作业。

面对如雨般的落石，高昌守军力不从心。麹智盛心急如焚，令他更感绝望的是，西突厥关键时刻掉链子，看到唐军来势汹汹，极为惊恐，没打招呼就向西逃出千余里。

麹智盛走投无路，只能打开城门投降。侯君集随后又分兵平定高昌各地，共接收城池二十二座，民众一万七千人。高昌自此亡国，领土全部纳入唐朝的版图。

此战过后，侯君集押解着麹智盛和高昌文武百官前往长安。此时他感觉好极了，心想：平灭高昌，为大唐开疆拓土，史书上定会留下浓墨重彩的一笔，由此，他也将成为可以与李靖并肩的一代名将。

四

贞观十四年（640）十二月初五日，侯君集迎来了一生中最为风光的时刻。这一天,在长安城举行了盛大的献俘仪式。在文武百官前,侯君集将俘获的高昌王麹智盛和其他高官献于唐太宗。

唐太宗龙颜大悦,事实证明发动这场战争是无比正确的,而选择侯君集作为主帅更是英明的决策。献俘仪式结束后,举行了盛大的庆功宴,在此起彼伏的赞誉声中,侯君集陶醉了,觉得凭此伟业,肯定会封官加爵,在仕途上更进一步。

但后来的进程出乎所有人的意料,侯君集不仅没有获得任何赏赐,反而锒铛入狱。

原因在于庆功宴结束后不久,就有人弹劾侯君集,说他有三条罪状:一是在没有请示的情况下将一些无罪之人擅自发配;二是私自将高昌国国宝财物据为己有;三是纵容手下争抢战利品。弹劾官员针对每项指控都拿出了相关证据。

唐太宗听后大怒,下诏将侯君集关进诏狱。他的命运遭受断崖式下跌,一下子从天堂坠入地狱,此时他已不考虑什么封官加爵,当务之急是如何能保得住性命。

就在侯君集惴惴不安时,中书侍郎岑文本站出来为他说话,说:"功臣大将不可轻加屈辱。"唐太宗其实并不想处罚侯君集,将他下狱,主要因为上书弹劾证据确凿,如果不采取一些措施,很难堵住官员们的嘴。如今有人站出来求情,唐太宗便顺水推舟,下诏将侯君集释放。

按说侯君集应该心怀感恩,毕竟没有受到任何处罚。但他不这样想,觉得遭受到了不公正待遇。这个阴影一直笼罩在他心间,每每想起都觉得不是滋味。

侯君集认为自己为大唐建立了丰功伟绩,本应予以赏赐,却在一夜之间坠入了谷底,这份落差过于剧烈,让他始终难以接受。从此后，侯君集变得郁郁寡欢，经常发一些牢骚，对唐太宗的忠诚度急剧下降。

在如此心理状态下，侯君集很快惹来了新麻烦。贞观十七年（643），太子詹事张亮被调出朝廷，改任洛阳都督。侯君集找到他说："你怎么会受到排挤？"张亮坦诚说道："我是因公务外放做官，算不上被排挤。"

侯君集本来想给张亮拱火，但没想到没拱起来，有些生气地说："我平定一个国家，回朝却惹得皇上大怒，怎么不是排挤？"他越说越生气，最后挽起袖子对张亮说："这样子无法活下去，你想造反吗？要是想，我和你一起。"

侯君集的话着实把张亮吓坏了，心想如果这些话被唐太宗知道，不仅侯君集会完蛋，自己也会跟着倒霉。于是，他赶紧将此事报告了唐太宗，表明自己的立场，与侯君集划清界限，从而洗刷密谋作乱的嫌疑。

唐太宗接到张亮的密报，并没有勃然大怒，沉默一会儿对他说："卿与君集俱是功臣，君集独以语卿，无人闻见，若以属吏，君集必言无此。两人相证，事未可知。"意思是说，你和侯君集都是功臣，这些话他只告诉给了你一个人，到时候死不认账，你也拿他没办法。

唐太宗以"两人相证，事未可知"的理由，没有对侯君集进行任何处罚，摆明了是想低调处理此事。倘若他龙颜大怒，将侯君集逮捕下狱，严加审讯，即使没有什么确凿证据，想必侯君集也会供认不讳。但唐太宗就好像这件事没有发生过一样，"待君集如初"。

不久后，唐太宗命画家阎立本给二十四位开国功臣画像，悬挂于太极宫三清殿旁边的凌烟阁，这就是著名的"凌烟阁二十四功臣"，张亮和侯君集均在其中，侯君集名列第十七名。

如果侯君集此时收手，想必会有一个比较理想的人生结局，他却不知悔改，随即参与了太子李承乾和魏王李泰的争斗。

李承乾是唐太宗的嫡长子，母亲是长孙皇后。唐太宗刚刚即位，就将年仅八岁的李承乾册立为太子。史书上说李承乾"丰姿岐嶷，仁孝纯深"，唐太宗很喜欢他，对李承乾的教育也非常重视。

唐太宗深知李承乾生于深宫，没有见识过百姓的疾苦，特令太子左庶子于志宁、杜正伦多给太子讲讲民生艰难，好让他树立爱民之心。为了磨炼李承乾，唐太宗每次出巡，都由太子监国，培养锻炼他的治国理政能力，为顺利接班做好准备。

如果照此下去，皇位的更迭顺理成章，不会掀起什么波澜。但未曾想到，出现了一个搅局者，此人便是唐太宗第四子魏王李泰。

唐太宗对李泰格外宠爱，到了什么程度呢？他经常带着李泰四处巡游，如果李泰不在身边，即使一日见不到，也要派一只名为"将军"的白鹘去送信，经常往返数次。

李泰是个大胖子，唐太宗担心他上朝辛苦，特别准许他乘坐轿子或小舆车到朝所，专车专用，这对于其他皇子和大臣来讲，是想都不敢想的事情。还有一次，有人向唐太宗打小报告，说朝中三品以上的官员对李泰不够尊重，一向以宽容著称的唐太宗听说心爱的儿子受到委屈，雷霆大怒，当即将那些大臣召进宫大加训斥，房玄龄等人吓得不敢说话，只有魏征据理力争，唐太宗才觉得自己这样做有些过了。

李泰雅好文学，唐太宗特令在魏王府置文学馆，任其招引学士，这相当于公开允许李泰培养自己的势力集团。

贞观十六年（642）二月，李泰主编的《括地志》完成，这本书记载了唐朝域内各地的沿革、得名、山川、城池、古迹、神话传说、重大历史事件等，是一部历史地理百科全书。唐太宗看到后如获至宝，不仅将此书收藏进了皇家的藏书馆，还以此为由接二连三地大肆赏赐李泰，数量之大甚至超过了太子。

唐太宗如此恩宠，不由让李泰产生了一种错觉，以为只要将哥哥李承乾拉下马，自己就能登上储君之位。与此同时，太子李承乾看到弟弟如此受宠，心里产生了深重的危机感，觉得任由发展下去，自己的太子之位迟早不保。

李承乾觉得不能坐以待毙，率先开始动手，先是派人刺杀李泰，但没有成功，接着伪造证据诬告李泰，但唐太宗并不相信。面对李泰的步步紧逼，李承乾觉得其他手段都已用尽，决心铤而走险，暗中谋划起兵造反。

为了增加成功的筹码，李承乾暗中拉拢了一些人，其中就包括侯君集。之所以相中他，是因为李承乾觉得侯君集入伙的可能性很大，在所有开国元勋和朝廷重臣中，只有侯君集对唐太宗最为不满。

李承乾先是找到了侯君集的女婿贺兰楚石（他的身份是东宫带刀侍卫），让贺兰楚石帮自己传话，向侯君集发出加盟的邀请。侯君集听到自己女婿一脸神秘地告知此事时，非但没有感到惶恐，反而周身涌动着一种莫名的兴奋，很爽快地答应加入太子集团。

李承乾此后多次找侯君集面谈，"问以自安之术"。侯君集认为没有其他好办法，政变是唯一的出路，否则太子之位有倾覆的危险。

侯君集对李承乾说："魏王为上所爱，恐殿下有庶人勇之祸，若有敕召，宜密为之备。"他的意思是，魏王为皇上所宠爱，恐怕殿下有隋朝废太子杨勇那样的灾祸，如果皇上有诏书召见殿下，一定要提前有所防备，以防不测。

侯君集的话让李承乾更感到不寒而栗，由此坚定了造反的决心。侯君集为了表达忠心，举起双手对李承乾说道："此好手，当为殿下用之"。

侯君集看似意志坚定，心里却很没谱，总担心密谋泄露后带来灭门之祸，因此心神不宁，晚上经常睡不着觉。妻子感到他行为异常，对侯君集说："你是国家大臣，每晚都这样，一定有什么事情。如果做了什么对不起国家的事情，应该到皇上面前谢罪，这样才能保全自己。"事已至此，侯君集觉得已没有任何回旋余地，只能一条路走到黑了。

在侯君集的支持下，李元乾紧锣密鼓开始行动，一些王公贵戚加入其中，包括汉王李元昌、杜如晦之子驸马都尉杜荷等人，他们歃血为盟，发誓同生共死，密谋发动政变，率部攻入皇宫，再次上演"玄武门之变"。

只是令李元乾始料不及的是，他还没开始动手，齐王李祐在齐州先反了。李祐在唐太宗十四个儿子中名列第五，他不堪忍受父皇为他选派的长史权万纪，杀掉权万纪后，竖起造反的大旗。势单力薄的叛军很快就被镇压，李祐被赐自尽。

齐王李祐造反的消息传到长安，李承乾不以为然，觉得这个弟弟过于自不量力，他对身边的心腹说："我宫西墙，去大内正可二十步耳，与卿为大事，岂比齐王乎？"意为东宫距离皇宫只有二十步的距离，我们想干大事，岂能比小小的齐王。

然而，李承乾万万没有想到，他的"大事"最终就坏在齐王李祐的身上。

李承乾原本与齐王造反毫无瓜葛，但李祐败亡后，朝廷大肆追查余党，由此牵连他的卫士和心腹纥干承基。纥干承基被执法部门投入大狱，按照律法，凡是牵连进谋反大案，几乎不可能活着出来，唯一的希望是戴罪立功。强烈的求生欲望使得纥干承基检举揭发了太子李承乾，将太子党密谋政变的阴谋全部供了出来。

唐太宗对太子所为毫无察觉，听到纥干承基的举报后，大为惊骇。他下诏让司徒长孙无忌、司空房玄龄、特进萧瑀、兵部尚书李勣、大理卿孙伏伽、中书侍郎岑文本、御史大夫马周、谏议大夫褚遂良等重臣和大理寺、中书省、门下省的主要官员对太子谋反案进行会审，很快查得水落石出：太子李承乾密谋叛乱，证据确凿，罪无可赦。

唐太宗面临艰难的抉择，太子准备造反逼宫固然大错特错，但为了将李承乾培养成合格的储君，这些年他付出了许多的心血，从内心讲不想杀掉这个太子，但是李承乾犯的是十恶不赦的重罪，如果不按律处置，自己又是带头违法。

唐太宗将如何处置太子的"烫手山芋"抛给了群臣，让他们商议出一个意见。按说这个问题本没有商量余地，律法写得很清楚，杀头或者自尽便是。几乎没有一个大臣站出来说话，只有通事舍人来济说："陛下上不失作慈父，下得尽天年，即为善矣。"他的意思是说，这件事最好处理结果是，皇上不损慈父形象，太子还能享天年，自得善终，为最佳。

唐太宗等的就是这句话，下诏将李元乾贬为庶人，流放黔州（今重庆彭水）。他不忍对太子下杀手，对太子党却毫不手软。汉王李元昌被逼在家中自尽，杜荷等党羽全部被斩首，唯有侯君集让唐太宗动了恻隐之心。

五

侯君集走到这一步，唐太宗深感痛心。此前张亮的检举，他并没有太当回事，考虑到侯君集为大唐所立下的战功，选择了睁一眼闭一眼，但怎么也不会想到，侯君集做出了如此大逆不道的事情。

唐太宗这才细想起，在张亮检举之前，已经有两位重臣提醒过他，侯君集有谋反之心。

第一位是侯君集当年的领导，唐朝第一名将李靖。为了培养侯君集的军事才干，唐太宗曾让李靖教侯君集兵法。过了一段时间，侯君集密奏说李靖将来要造反，理由是李靖只教给自己一些粗略的兵法，每到精要之处就停止。

唐太宗找来李靖求证，李靖答复说："这是侯君集要谋反，如今中原已定，天下太平，我教他的兵法，足以安制四夷。如今侯君集非要学尽我的真传，是他将要有异心啊。"唐太宗对此并不相信，一笑了之。

另一位是侯君集曾经的战友，一同率领南路军征伐吐谷浑的李道宗。他是唐太宗的表兄，有次进言道："侯君集野心很大，自视极高，常觉得自己的才华不输房玄龄和李靖。虽然被任命为吏部尚书，但他心里仍不满意，迟早会作乱。"唐太宗还是一笑而过，并没有放在心上。

就是后来张亮举报，唐太宗还是放了侯君集一马，觉得他只是嘴上说说而已。这次参与太子谋反案却不一样，侯君集居然成了实干派，作为骨干分子多次劝说太子发动政变。

尽管如此，唐太宗还是不想杀掉侯君集，将其逮捕下狱后，他对侯君集说："朕不想看到你在公堂上被刀笔吏侮辱，所以要亲自审问你。"侯君集起初并不承认参与谋反，直到他的女婿贺兰楚石将他和太子暗中勾结策划政变全部经过抖搂出来，侯君集无法继续抵赖，只能低头认罪。

侯君集参与谋反的证据确凿，按律下一步便是人头落地，但唐太宗还是不想杀他，对百官说："从前国家没有安定，侯君集出了很多力，朕不忍心将他置之于法，准备给他留一条性命，众卿意下如何？"然而此提议遭到了满朝文武的一致反对，侯君集的命运由此决定。

这段狱中的日子对于侯君集来讲，无疑是一种煎熬。经历了最初的恐慌后，他逐渐平静下来。在暗无天日的牢狱里，他开始回顾自己的人生，玄武门事变的惊心动魄，千里无人区的冰天雪地，高昌王城下的血光飞溅，就像是一场幻梦，不曾想到，戎马一生的他竟会以这样的方式告别人世。

只是能怪得了谁呢？要怪只能怪自己的贪婪，这山望着那山高，无尽的欲望像一个深不见底的洞穴，他选择义无反顾地跳了进去，到头来只能是毁灭。

侯君集想明白了，再说什么都无济于事，能做的只是一人做事一人担，不要牵连家人。

在押赴刑场时，侯君集表现得很镇定，面不改色地说："我一误再误，失足到了这个地步。陛下为秦王时，我便已侍奉左右；此后又率部出征，攻灭两个国家。祈求陛下给我留下一个儿子，以继承侯家香火。"唐太宗准许，下诏赦免了侯君集的妻子和儿女，逐出长安，流放岭南。

侯君集的个人悲剧完全是咎由自取，一如朱元璋所评价："侯君集有功于唐，犯法当诛。唐太宗欲宥之，而执法者不可，卒以见诛。非唐高祖、太宗忘功臣之劳也，由其恃功骄恣，自冒于法耳。"侯君集确实立下了不小的功劳，却因此迷失了方向，最终落得如此下场。

不过，抛开个人的命运不说，如果从整个历史进程中看，侯君集对于中西文化和贸易的畅通所做出的贡献不容抹杀。

正是侯君集的力争和坚持，使得唐军灭掉了吐谷浑，消除了对河西走廊的威胁。在麹文泰切断丝绸之路时，又是他率军攻灭高昌，恢复了中西交通。在此之后，唐朝设立了安西都护府，西域再次纳入了中国的版图。

无论是征伐吐谷浑还是高昌，侯君集用兵都非常艰难，用麹文泰的话说："唐国去此七千里，涉碛阔二千里，地无水草，冬风冻寒，夏风如焚。风之所吹，行人多死，当行百人不能得至，安能致大军乎？"如果没有坚定的信念和必胜的决心，很难取得战争的胜利，但侯君集做到了，由此将自己带到人生的巅峰，随即又滑入了地狱。

唐代诗人李贺写过一首诗："男儿何不带吴钩，收取关山五十州？请君暂上凌烟阁，若个书生万户侯？"侯君集被处死后，他的画像依然挂在凌烟阁之上，接受人们的崇拜。

对于这样一位复杂的人物，千秋功过还是留待后世评说吧。

玄奘

一

莫贺延碛，又称"沙河"，是今横亘于敦煌与罗布泊之间长八百多里的死寂沙漠。在连绵不断的沙丘中，一个年轻的僧人被困在其中，在广阔的天地间，他的身影显得微不足道，这位僧人已经四天五夜滴水未进，即将进入生命的尽头。

就在几天前，他失手将盛水的皮囊打翻，里面的水一下子流光了。没有水，想要穿越茫茫沙海，无疑是天方夜谭。

他因此犹豫过，想沿着原路返回，但没走多久便停住了，脑海中突然想起曾经发过的誓言："终不东移一步，以负先心。"宁可向西而死，岂能东归而生！于是又掉转马头，这一刻，他已将生死置之度外，把性命托付给了佛祖护佑。

相对于个人，自然界的力量太大了。"四顾茫然，人鸟俱绝"，在如此恶劣的环境中，他艰难地前行。"夜则妖魑举火，灿若繁星，昼则惊风拥沙，散若时雨。"他看到，白天遇到沙尘暴，漫天的黄沙像暴风骤雨般扑面而来；夜晚的沙漠则是另一番景象，好像有许多妖怪在举火点灯，像清晨的星辰一样灿烂。

由于没有水，他口渴无力，没走多久就不得不停了下来。这位僧人只能躺在沙地里，看着茫茫大漠，顿时产生一种不祥之感。他卧倒在沙地里，默念观世音菩萨，就是困意袭来也念个不停。

只是似乎无济于事，情况变得越来越危急。刺眼的阳光下，他祷告说："我此心不求财利，不为名誉，只为追求无上的佛法，

玄奘

菩萨慈悲众生，救苦救难，我如今遇到的苦难，菩萨难道不知道吗？"

心诚则灵，到了第五天的半夜，突然一阵凉风袭来，如同洗了一个凉水浴，顿时使他感到异常的清爽。更为奇怪的是，一直跟随他的那匹马，本来已经奄奄一息，这个时候居然也站了起来。

已经许久没有好好休息的他，终于可以安稳地睡一会儿。他做了一个梦，梦见一个大神身高数丈，手里拿着一把长戟挥舞，大声喊道："为什么不努力前行？怎么还睡在这里？"他一下子被惊醒了，挣扎站立起来，咬牙继续进发。

走了差不多十里地，马突然像受惊一样，走上了一条岔路，怎么拉也拉不回来。他只好跟着马向前行走，忽然在眼前出现了一片青草地，而草地的不远处还有一个小池塘，池水甘甜，澄清如镜，他终于得以保全了性命。

这位年轻的僧人名叫玄奘，后来，一直到今天，他还有一个更为响亮的名字——唐僧。他为何对佛教如此虔诚，冒着九死一生的危险去西天求法呢？一切要从他的出生说起。

玄奘与佛结缘，有一个传奇的故事。说的得是他的父亲名叫陈光蕊，高中状元后被当朝宰相的女儿殷温娇看上，两人成了亲。新科状元娶了宰相的小姐，成就了一段佳话。

只是好景不长，陈光蕊带着夫人去江州赴任时，在路上被贼人刘洪所害，殷温娇也被刘洪霸占，此时殷温娇已经有了身孕，本来想自尽，追随丈夫而去，但想想腹中的孩子，不得不打消了这个念头，假意顺从了刘洪。

殷温娇生下的这个孩子就是玄奘，就在她临产时，耳边突然传来了一个声音，自称是南极星君，说她腹中的孩子是文曲星下凡，

· 289 ·

将来会大有作为。殷温娇害怕刘洪加害这个孩子，找了个机会，抱着孩子来到江边，将他绑在木板上，让其顺流而下。

玄奘在江中漂流了一段时间，最终飘到了金山寺附近。这里有一个法明和尚，在诵经时听到有孩子的哭声，立即赶了出来，在岸边看到被绑在小木板上的小玄奘，将他收养在寺里，给他取了个小名叫江流，长大以后将他剃度为僧，取法号为玄奘。

这个故事虽然曲折动人，但由于过于神奇，可信度不高。根据史书记载，玄奘确实俗姓陈，但他的父亲并非状元陈光蕊。

玄奘出生在一个名门望族，曾祖父陈钦，做过北魏的上党太守、征东将军。祖父陈康因学问优秀，在北齐做过国子博士。

玄奘的父亲叫陈慧，史载他"英洁有雅操"，因为看不惯官场的黑暗，辞职隐居在家，潜心研究儒家经典。地方州郡屡次举孝廉，他都称病不出。这样，陈慧有充足的时间亲自教授玄奘。

玄奘自小"聪悟不群"。有一天，父亲给他讲《孝经》，讲到了"曾子避席"的故事。小玄奘突然站了起来，整理衣服，离席肃立，父亲感到很诧异，问他原因，他回答说："曾子听闻老师的教诲要离开坐席，我如今听父亲的训导，又怎能安住不动呢？"陈慧听到年少的玄奘说出这样的话，颇感欣慰和高兴，觉得他将来一定会有出息。

玄奘极为自律，在读书方面，不是典雅纯正的书籍不看，不是圣贤哲人的行为不学，不和别的儿童嬉闹，也不去喧闹的场所，即使大街上钟鼓震响、坊巷里百戏喧嚣，他也不出门去看，从小就不喜欢热闹，只懂得侍奉父母和通读经典。

父亲对玄奘寄予厚望，但遗憾的是，陈慧去世得早，这在某种程度上改变了玄奘的命运。如果父亲在世，他会继续研读儒家经典，想必会走上另外一条道路。

玄奘与佛结缘并非在传说中的金山寺，而是在洛阳的净土寺；引路人也并非法名和尚，而是在净土寺出家的二哥长捷法师。

父亲去世后，二哥便将玄奘带到了净土寺。虽然玄奘生活在寺院里，但还不是一个真正的僧人，在他十三岁时，隋朝朝廷下令要在洛阳剃度十四位僧人，当时对僧人数量严格控制，都要经过考试筛选，负责组织这次考试的是大理卿郑善果。

玄奘因为年龄太小，没有资格参加考试，一直在考场门口徘徊，不肯离去。郑善果发现了玄奘，觉得他神度不凡，便问他的家世。得知玄奘是名门之后，郑善果问他是否愿剃度，玄奘表示求之不得。郑善果问他出家是为了什么，玄奘给了一个响亮的回答："意欲远绍如来，近光遗法。"译为现代文，就是"我想继承如来家业，在当今光大佛法"。

郑善果素来以善于识别人才著称，听到玄奘如此回答，又见他不凡的气度，于是破格录取了他，身边的同僚对此不解，郑善果解释道："诵业易成，风骨难得。若度此子，必为释门伟器。"意思是说读佛经容易，拥有风度气骨却很难得，如果剃度了这位少年，他将来必定会成为佛门一个非常伟大的人物。

郑善果是玄奘生命中遇到的第一个贵人，从玄奘的成长经历和最终取得的成就看，不得不说，郑善果的眼光的确相当独到。

玄奘就这样在净土寺出了家，同二哥一道修习佛经。他大概是这座寺院里最为刻苦的一位，经常伏案捧读，以至于废寝忘食。

玄奘从景法师那里学《涅槃经》，又从严法师那里学习《摄大乘论》。他博采众长，进步很快，往往听一遍就能完全理解，大家都感觉很奇怪，就请他升坐复述，玄奘讲得不仅非常流利而且语调抑扬，因此在洛阳一带渐渐有了名气，此时他才十三岁。

此后，赶上隋末天下大乱，洛阳成为群雄争斗的战场，烽火连天，玄奘洞察世情，也很难静下心来修佛。玄奘劝说二哥一起离开洛阳前往长安，他说："虽然洛阳是父母之乡，但是已经丧乱如此，我们不能坐以待毙，听说唐王已经据有长安，天下人都愿意去投奔，我们还是应当追随唐王。"二哥听从了他的建议，于是两人来到了长安。这时已到了唐武德元年（618）。

不过这次长安之行非常短暂，因为当时天下未定，唐朝忙于四处用兵。"京师未有讲席"，在长安找不到很好的修行之处，不少高僧因为躲避战乱去了相对安宁的蜀地。玄奘再次向二哥提出建议，说："这里不讲佛法，不应虚度光阴，应该去蜀地求学。"于是二人辗转千里来到了成都。

根据记载，兄弟二人在途中遇到了严、景二位法师，相见后悲喜交集，他们与二位法师在一起停留了一个多月，每天都向他们请教受学。

玄奘到了成都后，发现这里的高僧更多，更加如饥似渴地学习佛法。他经常听各位大师的讲座，精进不怠，用了两三年时间，便精通了各部经典。

玄奘因为聪慧和刻苦，佛法日益精进，名声开始逐步远扬。当初他只是在洛阳一带小有名气，如今各地僧侣从四面八方汇集于成都，由于得到一些高僧的认可和赞扬，玄奘在佛教界声名鹊起，吴蜀荆楚一带的人都知道他的名号。

在成都，玄奘完成了人生中一件极为重要的大事——受戒具足。出家八年后，他在二十一岁正式受戒，意味他就此成为一名真正的僧人。这是玄奘梦寐以求的时刻，更加坚定了他在弘扬佛法这条道路上一直走下去的信念。

二

受戒后，玄奘觉得是时候离开成都了，因为在这里该学的佛经都已学完，继续待下去不会有太多的长进。他决定重返长安，探寻更高深的佛理。当时天下大势已定，长安作为唐王朝的国都，无论政治文化还是宗教信仰，都具有不可替代的地位。

一向听从玄奘建议的二哥长捷法师，这次却不同意返回长安，反而劝弟弟安心留在四川。玄奘坚持自己的意见，不顾二哥的劝阻，私下与商人结伴前往长安。

玄奘乘船穿过三峡沿江而下，先来到了荆州天皇寺，当时驻守荆州的是汉阳王李瓌，他听说玄奘到来非常高兴，请他设坛开讲，讲述《摄大乘论》《毗昙论》，"自夏及冬，各得三遍"，从夏天讲到冬天，历时半年之久，各讲了三遍，效果非常好。

汉阳王李瓌在开讲之日亲率群僚及各界名流，前来听讲。对于听者的征诘问难，玄奘酬对应答，令问者心悦诚服、甘拜下风。李瓌赞叹不已，布施大量财物。玄奘对所得布施，一文不取，悉数捐献给了天皇寺。

离开荆州后，玄奘一路北上，虽然他已经名声在外，但仍以谦恭的态度寻求前辈高僧：在相州（治所今河南安阳）谒见慧休法师，请教疑难问题；在赵州（今河北赵县）拜谒见道深法师，学习《成实论》；到达长安后，又跟着乐法师学习《俱舍论》。总之，他走一路学一路，而且都是一遍就能穷尽要旨，过目就可以牢记于心。

玄奘广泛学习各家之说,但越是深入研学就越感些许困惑:有些经法对相同的内容解释却不相同,"隐显有异,莫知适从",不知道哪种说法是正确的,搞得佛教徒无所适从。这使他萌生了西行去印度求法的念头。

玄奘说:"昔日法显、智严大师都能西去求法,利益众生,怎么能使他们高尚的事业无人追随,清风志节就此断绝?大丈夫就应该继承他的事业。"于是,他与志同道合者联名上表朝廷请求西行。

朝廷答复是"有诏不许",给他们泼了一盆凉水。因为唐朝建立不久,西边边境面临着突厥的威胁,所以对出入境管理很严格,基本上不允许百姓出境。联名上表的人看到朝廷拒绝,纷纷打了退堂鼓,只有玄奘不甘心,依然准备西行求法。

玄奘知道西行求法之路充满艰辛,对于身心都是巨大的考验。想要成功,必须要强化体力,磨炼意志,于是他有针对性地加强了身心的训练,同时去找老师学习梵文。在长安的这段日子,玄奘没有闲着,为即将开始的西行做着积极的准备。

由于联名上表被拒,玄奘无法得到官方批准的正式手续,没有通关文牒,别说西行路上无法通过各种关隘,他甚至都没有办法离开长安。

只是玄奘很快等来了机会,贞观元年(627),长安遭遇大灾,庄稼歉收,为了渡过饥荒,朝廷允许百姓外出就食。玄奘听闻喜出望外,混入了灾民之中出城,从此踏上了西行求法之路。

玄奘离开长安后,一路向西,风餐露宿一个月后抵达凉州。当时唐朝和突厥的关系非常紧张,大战一触即发,为了防止人口流到境外,朝廷发布了"禁边令",三令五申禁止国民出境。玄奘没有办法,只能留在这里,边讲法边等机会。

当时凉州都督叫李大亮,有人向他告发说玄奘到达凉州,并准备继续西行的消息。李大亮不敢怠慢,立即派人找来玄奘,要求他打消西行的念头,立即往东返回长安。

李大亮执行的是朝廷的法令,本无过错,何况如果玄奘离开凉州西行,作为一方长官将被严肃问责。但玄奘早已下定决心,当然不会听从他的要求。

河西地区有一位佛教领袖名叫慧威法师,他很敬佩玄奘西行求法的精神,决定帮助他。慧威法师暗地里派了两个弟子慧琳和道整,由他们悄悄护送玄奘离开凉州。为了不被发现,三人昼伏夜行,沿着河西走廊一路向西,来到了瓜州(今甘肃安西东南)。

瓜州是当时大唐西部边境最后一个军事重镇,再往西就要到西域了。因此对出境的管束更为严格。

玄奘向当地人询问去往西域的道路,得到的答复是:"从这里往北走五十余里会遇到一条大河,下宽上窄,水流湍急,深不可渡。河边是玉门关,西行出境必经此关。关外西北有五座烽火台,里面驻扎有军队,偷偷出关的人将会被捉拿。五个烽火台之间各相距百里,途中没有水草,即使能够顺利经过烽火台,前面还有八百里的沙漠,名叫莫贺延碛,穿越沙漠才能到达西域的伊吾。"

玄奘听后的反应是"闻之愁愤",心中有种凉透的感觉,原本知道西去的道路不易,但没想到会如此艰难,一个难关接着一个难关,眼前当务之急是要想办法离开瓜州。

瓜州刺史名叫史独孤达,起初并不知道玄奘有西去的计划,只是把他当作一位东来的高僧对待,接待得很好,还给了丰厚的供给。但情况很快发生了变化,凉州都督李大亮后来听说玄奘并未东返，而是继续西行，下发通缉文书，严令各地一旦发现玄奘的踪影，立即予以捉拿。

文书很快到了瓜州，先到了瓜州州吏李昌手中，李昌是一个虔诚的佛教徒，拿到文书后并没有立即报告史独孤达，而是找到了玄奘。李昌觉得文书中所说的僧人似乎是他，但又不敢肯定，于是找玄奘来予以求证。

李昌给玄奘看了通缉令，问了一句："师不是此耶？"想知道玄奘到底是不是文书中要通缉的人。玄奘一时犯了难，出家人不能说假话，不好不承认；但又不知李昌的真正意图，如果承认了，很可能被抓捕，遣送回长安，对此只能沉默不语。

李昌看出了他的犹豫，希望玄奘能说真话，如通缉之人真的是他，不仅不会告发，反而会提供帮助，玄奘这才如实相告。

李昌对玄奘西去求法的精神非常钦佩，说道："师实能尔者，为师毁却文书。"他当即把文书撕碎。虽然通缉令没有了，但新的文书很快又会下达，所以玄奘继续待在瓜州很危险，李昌嘱咐他说："师须早去。"

玄奘何尝不想早日离开瓜州，但实在没有好的办法，从凉州跟随而来的两个向导，道整去了敦煌，只剩下了一个慧琳，玄奘见他过于文静秀气，觉得其无法经受起长途跋涉的考验，只好将他打发回去。

孤身一人的玄奘完全陷入了困境，他不想回去，但又无法前行，如果在瓜州继续待下去，用不了多久就会被缉拿归案。万般无奈的玄奘只好来到了当地的一所寺庙，在弥勒佛前祈求，希望能够帮助自己渡过难关。

在这所寺庙里，住着一位胡僧名叫达摩，当夜他作了一个奇怪

玄奘

的梦，梦见一位汉族僧人坐着一朵莲花向西而去。达摩将这个梦告诉了玄奘，玄奘虽然口上说一切梦都是虚幻，内心却感到一阵欢喜，觉得这是一个很好的征兆，同时也觉得在弥勒佛前祈祷看来是有用的。

玄奘再次向弥勒佛请求时，寺里进来一个胡人礼佛，此人对玄奘颇感好奇，围着他转了几圈。玄奘问其姓名，才知这位胡人叫石槃陀，他向玄奘表示，希望成为居士，但需要有僧人为他受戒。玄奘见他一心向佛，便授他五戒，石槃陀兴高采烈而去。

没过多久，石槃陀又回来了，还带了一些饼和水果来感谢玄奘。玄奘见他身体强健，头脑聪明，又有感恩之心，而且刚刚受戒为居士，心中突然生出一个念头，想让他作为向导带自己离开瓜州。

玄奘于是将自己的意图直言不讳告诉石槃陀，石槃陀不假思索满口答应，要护送玄奘过五座烽火台。玄奘大喜，觉得自己得到了神灵保佑，随即卖掉一些衣服杂物，另买了一匹马做好准备。

两人相约第二天太阳落山后见面，玄奘早早来到了约定地点，藏在草丛之中。石槃陀随即也来了，但不是他一个人，还带了一个年老的胡人，那老年胡人骑着一匹老瘦的红马。

玄奘心里顿时有些不高兴。石槃陀解释说这位老者非常熟悉西去的道路，在瓜州和伊吾之间往返三十多次，所以把他带来，好有个商量。

但年老的胡人并没有答应相伴西行，反而给玄奘泼了一盆凉水，说西去的道路非常艰险，有沙河阻挡，还有鬼魅、热风等，难以抵达，同伴众多还经常迷失方向，何况是孤身一人，所以劝说玄奘"愿自斟量，勿轻身命"。

玄奘并没有被吓住,掷地有声地说:"贫道为求大法,发趣西方,若不至婆罗门国,终不东归。纵死中涂(途),非所悔也。"老者听后非常钦佩,表示由于年迈,不便随行,但可以将带来的一匹老马送给玄奘,并说:"这匹马往返伊吾十多次,不仅认得路,而且脚力强健。你的那匹马太稚嫩,无法长途跋涉。"玄奘和他交换了马匹,老者作别而去。

玄奘和石槃陀趁着夜色上路,三更时分,远远地望见了玉门关,再往前走就到了河边,石槃陀斩木为桥,铺草垫沙,玄奘牵马过河。过河后两人都走累了,于是解鞍休息。

玄奘半梦半醒中突然发现,石槃陀拿着刀向自己走来,走了几步又折了回去,然后又走过来,反反复复,显得非常犹豫。玄奘不知道他是什么用意,为了不被伤害,只好起身诵经,念诵观音菩萨名号。好不容易熬到天亮,玄奘叫醒石槃陀,让他为自己取水来洗漱,吃完斋饭后准备出发。

石槃陀却不想走了,他说:"弟子思量前去路途险恶遥远,又没有水草,只能去五烽下取水,只要在一处被发觉,就必死无疑,不如返回妥当。"玄奘没想到刚出发不久,石槃陀就开始打退堂鼓,他向石槃陀表示,自己无论如何绝不会走回头路。

石槃陀此时露出了凶相,"露刀张弓,命法师前行"——拔出了刀,取出弓箭,让玄奘走在前面。玄奘当然不肯,两人就这样僵持着,勉强走了几里地又停了下来,石槃陀说:"弟子不能再往前走了,因为害怕触犯王法而拖累家里。"

玄奘不愿再勉强,同意他回去,石槃陀此时说出了心中的顾虑,担心玄奘被抓后供出自己而受到牵连。玄奘从心里非常鄙视他,当即发下重誓说:"纵使切割此身如微尘者,终不相引。"——

就算把我的身体切割成微尘，也不会揭发牵连你。听到这话，石槃陀才放心离去。

如今只剩下了玄奘和那匹老马，在他前方的则是非常危险的五座烽火台。

三

"五烽"是当时唐朝西北境最后的关卡，如果被守关将士发现，轻者会被抓捕遣返，重则还有可能被乱箭射死，玄奘如今别无选择，无论遇到什么困难，只能义无反顾前行。

在到达第一座烽火台前，需要穿越一段百余里的沙漠，这是玄奘第一次见到沙漠，接连不断的沙丘中荒无人烟，只能看到一堆堆白骨和马粪。由于劳累和饥渴，玄奘甚至产生了幻觉，仿佛看到一支军队在沙漠里游走不定，甚至还听到了各种各样奇怪的声音。

玄奘好不容易穿越了沙漠，没想到在第一烽就被人发现了，按说他已非常谨慎，为了怕被守卫看到，白天一直藏在沙沟里，直到晚上才出来。

玄奘来到第一座烽火台附近，发现烽火台西北有水，想趁着夜色取水，就在此时，突然飞来一箭，险些射中他的膝盖，接着又是一箭。玄奘知道已经被人发现，此时不能乱跑，否则会被乱箭射杀。

玄奘只好大叫道："我是僧，从京师来，汝莫射我。"然后他牵马向烽火台走来。负责驻守第一烽的长官是校尉王祥，玄奘见到他后不加隐瞒，告知他自己是要去西方取经的僧人。王祥的反应有些出乎意料,没有下令抓捕玄奘,而是请他到自己的家乡敦煌去弘法。

玄奘自然不会答应,表示如果想要留在国内,洛阳和长安比敦煌强多了。为了表达自己的决心,他说:"必欲拘留,任即刑罚,玄奘终不东移一步,以负先心。"意思是说,如果你一定要拘留我的话,那就任凭处置,但是我决不会往东移动一步,违背我之前所立的誓言。

王祥为玄奘的大义凛然所打动,说:"弟子多幸,得逢遇师,敢不随喜。"他让玄奘休息一晚,明天送他上路。第二天,他派人备好水和干粮,亲自将玄奘送出十里地外,对玄奘说:"从这条路可直接去第四烽,那里的校尉名叫王伯陇,是个向善之人,到那里以后,可以说是我送你去的。"玄奘对王祥相当感激,两人"泣拜而别"。

玄奘不敢怠慢,按照王祥所指的路,直接就到了第四烽。他没有直接去找王伯陇,而是先去悄悄取水,结果又被飞箭"伺候",只能再一次乖乖进入烽火台。

玄奘对王伯陇说:"要去天竺,路经此地,第一烽台王祥让我从这里通过。"因为有了王祥的交代,王伯陇对他极为友善,给了些马饲料给养,送了一个盛水的大皮囊,并告诉玄奘不要去第五烽。因为那里守卫很粗鲁,如被发现,恐怕会有危险,从这里出发,走百来里地有一个野马泉,可以去那里取水。

玄奘听从了他的建议,但不知是不是因为迷失方向,没找到野马泉就进入了莫贺延碛,在这里经历了一场难忘的生死考验。走出沙漠后,他来到国境之外的第一个国家,名字叫伊吾。

玄奘先是经过一个寺庙,庙中有三个僧人,都是汉人,其中一个年长的听说从汉地来了僧人，相当激动，因为已经许多年没见过从中原来的人，以至于抱着玄奘失声痛哭。

玄奘看到此种情景，想到一路所经历的艰难，心中同样百感交集，情不自禁与老僧相对而哭。伊吾国王听说玄奘到来，亲自前来迎接，并把他请到王宫里盛情款待。

玄奘本来想在伊吾休整几日就继续西行。但是计划赶不上变化，高昌国使者将玄奘来到伊吾的消息报告了国王麴文泰，麴文泰是个虔诚的佛教徒，但凡有名望的法师高僧都要请到高昌，于是派出使者来请玄奘前往高昌。

玄奘觉得盛情难却，只好改变原有行程，取道沙漠南缘前往高昌，经过六天跋涉，来到了高昌国的王城。当时已是深更半夜，没想到麴文泰没有睡，一直等着他。

麴文泰对玄奘说："弟子自从听闻法师之名，高兴得废寝忘食，计算行程，知道法师今晚必到，所以和妻妾儿女都没有睡，边读佛经边等候您的大驾光临。"言辞中是满满的诚意，随后王妃等人也来礼拜问安，直到拂晓才散去。

令玄奘想不到的是，没过几个时辰，他还未起床，麴文泰带着妃子又来礼拜问安，对玄奘说："弟子思量一晚上，路途艰难，没想到法师独自前来，真是奇迹啊！"

尽管麴文泰表现得非常殷勤，但玄奘在高昌待了十几日后准备告辞，继续出发向西。这时候，麴文泰说出了真实的想法——希望玄奘能留在高昌。玄奘的答复很明确，情意已心领，但必须要走了。

麴文泰再三劝说，如果玄奘能留下，定会终身供养他，全部高昌国臣民都可以作为玄奘的弟子，但玄奘不为所动，表示此行不是为供养而来，是为了求取未曾所闻的佛法，让大乘佛法甘露尽传中原，因此西行之志不会有任何动摇。

一个要留一个要走，双方争执不下，态度都非常坚决。到最后，麴文泰居然威胁说："弟子有异涂（途）处师，师安能自去？或定相留，或送师还国，请自思之，相顺犹胜。"要么留在高昌当国师，要不遣送回唐朝，由玄奘自己选。识时务者为俊杰，还是顺从为好。

麴文泰放出狠话，玄奘同样使出了狠招——绝食！

玄奘连续三天不进水浆，到第四天已经奄奄一息，这把麴文泰吓坏了。本来以为威胁一下，玄奘就会服软，没想到他的意志如此坚定，再这样下去，玄奘定会死在高昌，传出去对高昌和他自己都不利。于是麴文泰赶忙给玄奘磕头赔罪，明确表示："任法师西行，乞垂早食。"

玄奘虽然气息渐绝，意识却很清楚，担心自己恢复饮食以后，麴文泰会反悔，便要求他指日发誓。麴文泰也是个直性子，提出不如到佛祖前发誓。于是两人进入佛堂，当着麴文泰母亲张太妃面向佛像发誓，不仅再次确认"任师求法"，而且两人还结拜，成为兄弟。

说起结拜兄弟，《西游记》中说玄奘是唐太宗李世民的"御弟"，但史书上并没有两人结拜的记载，应该是虚构的情节，倒是玄奘与高昌王麴文泰结拜为兄弟有根有据。

麴文泰同意玄奘继续西行，但提出一个条件，或者说是愿望，想请玄奘取经回来以后，务必再绕道高昌，到时候要在高昌停留三年，接受供养。玄奘爽快答应。

玄奘没有立即启程，继续在高昌待了一个月，这也是应麴文泰的请求，因为这段时间需要给他准备西行的东西，更重要的是麴文泰想让他在离开之前，为这里的僧人和民众讲法。

麴文泰非常珍惜这样难得的机会，玄奘每次讲法之前，他都亲自手持香炉在左右引导，更为甚者，当玄奘需要升座时，麴文泰竟然跪下，让玄奘踏着他的背上去。一个国王甘为台阶，可见对玄奘尊崇之重。

时间过得很快，转眼过了一个月，玄奘就要告别高昌踏上西去之路。一个月来，麴文泰为他准备了大量的物资，包括各种各样的衣服、鞋袜以及防寒防风保暖的物件，此外还有黄金一百两，银钱三万，以及绫绢等五百匹，作为往返的花费。除了物质上的充分保障，还提供了三十匹马和二十五个劳力。

为了使玄奘路上不受刁难，麴文泰派人将玄奘先护送到西突厥叶护可汗处，另外还写了二十四封国书，给途中要经过的二十四个国家的国王，请他们为玄奘提供帮助和便利。

作为玄奘的结拜兄弟，麴文泰表现得足够意思，不仅提供了大量的人力物力财力，而且想得面面俱到，这使玄奘不由心生感动，所有的情绪在离别时达到了高潮。

麴文泰带着高僧、大臣、百姓倾城而出送别玄奘。临别时两人抱头痛哭，大家深受感动，也都跟着哭了起来，一时间，"伤离之声振动郊邑"。随后，麴文泰让其他人返回，自己骑马又送出几十里地，这才和玄奘依依不舍而别。

四

离开高昌后,玄奘来到的第一个国家是阿耆尼国(都城在今新疆焉耆县城西南)。他拿出麹文泰的国书,满以为会得到热情接待,没想到这里的国王却翻了脸。因为这个国家曾受过高昌国的侵扰,双方结下了仇怨,玄奘见状只住了一宿,便匆匆离开继续前行。

玄奘接着渡过一条大河,又走了几百里,来到了龟兹(今新疆库车)境内。龟兹一直以来都是西域的大国,快到都城时,龟兹国王闻讯带着大臣和高僧前来迎接。欢迎的仪式非常特别,在城东门外搭起帐篷,安置佛像,奏响乐曲,欢迎的人将鲜花献于玄奘,玄奘接受后又将花献于佛像。

虽然龟兹国王对玄奘极为礼遇,但由于路途遥远,他不敢耽搁,想着继续前行。只是由于大雪封路,他不得不在这里停留两个月。

这段时间玄奘没有闲着,留心观察当地的景观,感受当地的文化。给他印象最为深刻的是龟兹乐舞,后来在《大唐西域记》中如此记载:"管弦伎乐,特善诸国。"

冰雪消融,道路畅通后,玄奘迫不及待上路了。没料到走了两天后,在路上却遇到了危险,两伙突厥强盗看到玄奘一行带了很多财物,赶来劫掠。后来因分赃不均,相互大打出手,而且越打越远,最后没有了踪影,玄奘这才躲过一劫。

玄奘接着向西走了六百多里,穿过一个小沙漠,到了跋禄迦国,也就是姑墨(今新疆温宿阿克苏地区),停留了一宿,接着前行来到了凌山(今新疆乌什西北的别迭里山口,俗称"冰达板")脚下,这里已经是葱岭的北麓。凌山海拔很高,冰雪聚集,春夏不消,结成冰凌,故得此名。

玄奘感到翻越雪山比穿越沙漠更为不易,"或高百尺,或广数丈。由是蹊径崎岖,登涉艰阻。加以风雪杂飞。虽复屡重裘,不免寒战。"找不到一处干燥的地方停留,只能将锅悬起煮饭,在冰上铺开被褥就寝。虽然七日后终于翻越凌山,但玄奘一行冻死的"十有三四"。

翻越雪山后继续西行四百多里,到了大清池(今吉尔吉斯斯坦伊塞克湖)。这是一个很大的湖泊,又称阗池、热海,周围有一千四百里,由于没有渡湖工具,玄奘只能绕着湖边走了五百多里才到达碎叶城(故址在今吉尔吉斯斯坦北部的托克马克城附近),在这里见到了西突厥的叶护可汗。

叶护可汗召见玄奘的排场足够隆重,在一个"金华装之,烂眩人目"的大帐篷里,达官贵人在西面的长席上陪坐,手执武器的士兵站在后面,看到这样的阵势,玄奘不由感叹:"虽穹庐之君亦为尊美矣"。

由于有高昌王麴文泰的书信,叶护可汗对玄奘极为礼遇,给予了高规格的招待。他说玄奘要去的天竺天气酷热,不分寒暑,而且那里的人赤身裸体,肤色黝黑,粗俗无礼,实在不值得一去。

叶护可汗言外之意是想让玄奘留下来,玄奘听出了这个意思,婉言谢绝说:"如今我前去天竺,是打算追寻佛祖的圣迹,慕求佛法。"既然如此,叶护可汗不便强留,传令在军中寻找通晓汉语和西域各国语言的年轻人,封其为官,护送玄奘。

从碎叶走后，过了千泉，往西到达小孤城（今哈萨克斯坦江布尔城南），这里的三百多户人家原来都是汉人，被西突厥人劫掠至此；他们占据了一座城池，团结在一起，一直生活在这里。他们衣着虽与西突厥人相同，但语言和行为依然遵行汉地传统。

离开小孤城后，玄奘来到了赭时国（今乌兹别克斯坦首都塔什干附近）。汉人中许多石姓人的祖先就在这里。之后，他又向西北进入大沙漠，看不清道路，只能望着地面上的白骨前行。走了五百多里后，玄奘抵达了飒秣建国（今塔吉克斯坦境内）。

飒秣建国又称康国，这个国家很富庶，《大唐西域记》记述，四方的珍宝奇货往往都向这个国家汇集。这里土地肥沃，树木郁郁葱葱，花果鲜美茂盛。这里还盛产良种马匹。四季气候温和宜人，民风却很勇猛暴躁。所有西域国都把飒秣建国看作榜样，它们的举止、仪节也都取法于飒秣建国——不论它们距离飒秣建国有多远。

不过，飒秣建国的国王和百姓不信佛教而信奉拜火教。虽然有两座寺院，但没有僧人居住，当地人对僧人的态度很不好，外来僧人想要投宿寺院，他们就放火驱赶，因此，玄奘初到时，国王对他很冷淡，这与前面那些国家形成了鲜明对比。

面对冷遇，玄奘并没有一走了之，他决定在这里弘扬佛法来感化国王和民众。他找机会向国王陈述"人天因果，赞佛立德，恭敬福利"的道理，最终打动了国王，"欢喜请受斋戒"，对玄奘变得尊重起来。

玄奘随行的两个小沙弥到寺里礼拜，有人用火来驱赶他们。国王当即下令将放火的人抓起来当众砍手。玄奘极力请求赦免他们，国王将其鞭打后逐出王城。通过这件事，这里的百姓感受到了佛教的宽宏大量和慈悲为怀，自此以后不少人改信佛教，两座寺里也有了僧人入住，佛教在这里开始生根发芽。

离开飒秣建国，玄奘经过了几个小国家后到了铁门峰。这里地势非常险峻，左右两侧都是山，高耸陡峭，两旁石壁，颜色如铁。玄奘到时，这里依山势造了个门，门扉上裹着薄铁片，并于其上悬挂铁铃，故得此名。

出了铁门，就进入靓货罗国（一般写作"睹货罗国"，今阿富汗北部与乌兹别克斯坦撒马尔罕西南部一带）。再走几百里渡过缚刍河（今阿姆河），即到活国，就是今天阿富汗昆都士地区。说来也巧，这个国家的国王是叶护可汗的长子呾度，同时他又是高昌王麹文泰的妹夫。

玄奘刚到达的时候，呾度的夫人，也就是麹文泰的妹妹，刚刚去世。呾度看到玄奘带来麹文泰的书信，情绪难以自控，失声大哭。呾度体弱多病，希望玄奘在这里多待一段日子，并承诺等自己病好了，亲自送玄奘到印度。

不过，情况很快就发生了重大变化，呾度后来娶了个年轻女子为妻，没想到这桩婚姻给他带来了杀身之祸。受到呾度大儿子的唆使，这位新婚夫人用毒药杀死了自己的丈夫，大儿子篡位自立，按照当地风俗娶了年轻的继母为妻。

玄奘在参加呾度的葬礼后，准备继续启程。新国王还算不错，不仅同意他离开，还建议玄奘到周边的缚喝国（今阿富汗境内）看看，那里还有不少圣迹。正巧缚喝国有僧人来参加呾度的葬礼，玄奘便与他们结伴而行。

缚喝国果然佛法盛行，虽然地方不大，却有佛寺一百多所，僧人三千多人，信奉小乘佛教。其中有一个美丽的寺庙给玄奘留下了深刻的印象，名为纳缚寺。在这里，他遇到了小乘佛教的大师般若羯罗。

般若羯罗聪慧好学，年少时就才华横溢，钻研九部经、论，潜心四部阿含经，以解说经义而闻名全印度。小乘论藏中的《迦延》《俱舍论》《六足》《阿毗昙》等，他无不通晓。

般若羯罗来此处也是为了瞻仰圣迹，两人见面后相谈甚欢。玄奘觉得这是一个难得的学习机会，向般若羯罗请教疑难，向他提《俱舍论》《毗婆沙论》中的问题，他回答得十分精辟。玄奘跟他学习《毗婆沙论》，因此在这里停留了一个月。

玄奘下一个要去的是梵衍那国（今阿富汗境内巴米扬地区），途中要经过大雪山，这又是一段非常艰难的行程，《大唐西域记》中记载"山谷高深，峰岩危险，风雪相继，盛夏合冻，积雪弥谷，蹊径难涉。山神鬼魅，暴纵妖祟，群盗横行，杀害为务"，看上去比凌山还要艰险。

好不容易翻越雪山后，玄奘来到了梵衍那国都城，城中有佛寺十多所，僧人数千人。真正让玄奘感到震撼的是当地的大佛，在都城东北的山曲处，有一尊立佛石像，高一百四五十尺，金色闪烁，四壁珍宝装饰得辉煌灿烂。这就是后来闻名世界的巴米扬大佛。

玄奘继续西行，经过几个小国，终于进入了印度境内，来到了滥波国。这个国家气候温暖，物产丰富，但玄奘对当地人没有留下太好的印象。《大唐西域记》里说："志性怯弱，情怀诡诈，更相欺诮，未有推先。体貌卑小，动止轻躁。"这里的人生性怯懦，内心诡诈，互相欺骗，不能推荐比自己强的人，而且体型矮小，举止轻率浮躁。

离开滥波国，玄奘接下来到了那揭罗喝国（今阿富汗加拉拉巴德）。这里又称佛顶骨城，佛陀的佛顶舍利安放在这里，当年东晋时西去求法的僧人法显也来过这里,在其所著的《佛国记》里有详细的记载。玄奘就此踏上前辈法显的足迹,他也去看了佛顶骨舍利。玄奘在此占卜印得一株菩提树,守塔的婆罗门弹指散花祝贺玄奘说:"法师所得菩提树像,极其稀有难得,此为表法,说明法师能证得无上菩提。"

这个国家除了珍贵的佛顶舍利外,还有佛影窟,只是当玄奘初入洞窟时,礼拜了一百多遍也没有看到佛影。这让玄奘感到非常失落,觉得自己障业深重,悔恨得居然哭了起来。

玄奘不甘心,又拜了一百多遍,突然看到东南墙面上有朦胧的光影,却转瞬即逝。玄奘又惊又喜,继续不停地礼拜,拜了二百多遍后,整个洞窟大放光明,佛影影像清晰地显现在岩壁上,忽然如同云消雾散,又如金山一样,佛的身躯和袈裟都是赤黄的,莲花座以下略微黯淡,左右和身后的菩萨、圣僧等影像也都清晰显现出来。

玄奘被眼前的景象惊呆了,过了好一会儿才想起招呼同行的人。但当众人举着火把进来时,佛影又消失了。玄奘又继续礼拜,佛影再次显现,每个人都惊叹不已。

玄奘看到了佛影,了却了心愿后继续前行,走了五百里山路到达了健陀逻国(今作犍陀罗,跨阿富汗和巴基斯坦)。

这里曾是一个声名显赫的大国。当年马其顿亚历山大大帝东征,曾经到达过这里,带来的希腊文化与其他文明相融合,形成了著名的犍陀罗艺术,最为显著的成果是佛像雕塑。佛教产生之初是不可以塑造佛像的,正是犍陀罗开启了塑造佛像的先河。

玄奘到达时,这里已经很少有人信仰佛教,寺庙虽有十多所,但已经毁坏荒芜,许多佛塔也都倒塌。此情此景让玄奘唏嘘不已。

接下来玄奘到达了乌铎迦汉荼城（今印度河与喀布尔河会合点的东北），这里有一个渡口，渡过信度河就进入了北印度境内。这条河宽三四里，水流湍急，据说如果有人携带印度的奇宝名花及舍利子过河，船就会覆灭，因为有毒龙恶兽在水中筑有巢穴。但玄奘一行渡河时风平浪静，他们顺利进入了北印度境内。

经过了呾叉始罗国（今巴基斯坦境内）等几个小国家，玄奘来到了迦湿弥罗国（今克什米尔一带）。在这里，他又一次受到了盛情款待。刚刚走到这个国家西部边境的重镇石门，国王便派人前来迎接。到了距都城还有一天距离的精舍时，国王带着群臣、僧侣前来相见。见到玄奘后，他们先是虔诚礼赞，后又送花供养，并请玄奘乘坐大象一同前往都城。

国王请玄奘入宫供养，看到他没有经书阅读，就派了二十名书童为他抄写佛经，还派了五个人照料他的生活，所需财物消耗，都由官府供给。玄奘得到如此好的保障。迦湿弥罗国藏有大量的佛经，玄奘在这里学习诸经，又听僧称法师讲经，与僧称群弟子舌战，酬对应答无一不恰到好处，使得诸僧全部心悦诚服。

两年后，玄奘离开迦湿弥罗国向西南而去，经过了半笯嗟国（今克什米尔地区）、遏逻阇补罗国（今克什米尔地区）、磔迦国（今巴基斯坦境内），到了印度的边荒地区阇耶补罗城（今巴基斯坦境内东北部），又经过奢羯罗城、那罗僧诃城，再向东行至波罗奢大森林。

玄奘一行在这里遇到了五十多人的盗贼，衣服财物被通通抢去，接着被赶到了干涸的池塘边，准备全部杀掉。千钧一发之际，随行的小沙弥发现池塘南面有一个小洞，能够使一个人过去，他悄悄告诉了玄奘，两人趁盗贼不备先后钻洞而出，然后狂奔二十里地，遇到一个婆罗门农夫在耕地，给他讲述了被盗贼抢劫的经过。

农夫听后大惊，向着村庄方向吹起螺号，顿时鼓声大作，召集了八十多人，立即赶到遇贼的地方，盗贼看到来者人多势众，一哄而散。玄奘赶忙给其他人松绑，然后到附近的村庄投宿。

虽然人没事儿，但财物都被抢走了，众人都伤心落泪，只有玄奘面带笑容。其他人不解，他说："人生最珍贵的只有生命，既然性命都保住了，还有什么可担忧的呢？书上讲'天地之间的大宝是生命'，生命既然还在，大宝就没有亡失，区区衣服财物，有什么舍不得呢？"

经历了这场惊险，玄奘继续前行，经过一些国家后进入了中印度地区，这里有一个非常重要的国家叫作羯若鞠阇国（今印度恒河和卡里河合流处），它的另外一个名字更出名——曲女城，是印度有名的古都。

当时的国王叫戒日王，他以雄才大略征服了许多地方，然后偃武息兵，下令：境内不得杀生，一律禁止吃肉；凡是佛祖有遗迹的地方都建立寺院，每五年举办一次无遮大会，大力支持和保护佛教。

玄奘到了曲女城后，瞻仰了附近的圣迹，然后向东南走，抵达了阿逾陀城（今印度境内），城西南五公里处有一座古寺，是阿僧伽菩萨说法的地方。他和弟弟世亲菩萨是印度大乘佛法的宗师巨匠，《摄大乘论》《俱舍论》等都是他们撰写的。

玄奘向东顺恒河而下前往阿耶穆佉国，在这里遇到了整个西行路上最危险的一次劫难。河岸两边都是茂盛的树林，行了一百多里，林中突然冲出十多艘船，上面载着的都是强盗，他们逼迫玄奘等人所乘坐的船靠岸，命他们脱掉衣服，然后动手寻找财物。

更为凶险的是，这些盗财不仅要财物，还想要杀人祭天，他们信仰突伽天神，每年秋天都要寻找一个形貌端庄俊美之人，杀死后用血肉来祭祀。在被抓的人中，仪表堂堂、身躯伟岸的玄奘无疑是最符合条件的一个。

玄奘果然被选中，他对盗贼们说："以我这样污秽丑陋的身体敬献天神，委实不敢吝惜。只是我远道而来，为问经求法救济众生，心愿未达成就把我杀掉，恐怕不吉利吧。"同行的人都为他求情，甚至有人提出要替代玄奘献祭，但盗贼们毫不理会。

玄奘觉得这次在劫难逃，心里反而变得异常平静。他坐定以后一遍遍默念《瑜伽师地论》。就在此时，忽然间黑风四起，折树飞沙，河水奔流，波涛汹涌，一下子掀翻了几艘船。

盗贼们急问这位僧人是何方神圣，玄奘的同伴告知他们：这是从东土而来西去求法的高僧，如果杀了他，将是无量大罪，如今河神已经怒了，还是放下屠刀，赶紧忏悔为好。

盗贼万分惊恐，赶紧将凶器放下，向玄奘磕头谢罪。没想到玄奘一直一动不动，宛若熟睡一般。盗贼中有人上去小心翼翼碰了一下玄奘，玄奘才睁开眼睛问："时间到了吗？"看到玄奘有了反应，盗贼们将头磕得更为响亮。

玄奘接受了道歉并将他们教育一番，彻底感化了盗贼。他们将武器扔到河里，归还了抢来的衣服财物，并受了五戒。这些强盗从此改邪归正，居然变成了一群善男。

经历了有惊无险的劫难，玄奘加快了前行的步伐，这一年的夏天，抵达了佛陀的故乡迦毗罗卫（今印度北部或尼泊尔境内）。当他到达这里时，看到往日的荣光不再，一切都成过眼云烟。在穿越一片森林后，玄奘来到了拘尸那迦。这里是佛祖涅槃的地方。

玄奘

离开拘尸那迦后,玄奘来到了鹿野苑(今印度境内恒河岸边瓦腊纳西地区)。这里是佛祖觉悟之后初转法轮的地方。接着玄奘路过吠舍里(一般作"毗舍离国",今印度境内),来到了大菩提寺,佛陀正是在这里得道觉悟成佛的。佛祖涅槃以后,国王在得道的菩提树附近竖立了两尊菩萨像,据传说,如果菩萨没入土中,佛教就消亡了。玄奘来到时,菩萨像已有一半没入土中。

玄奘礼拜了菩提树和菩萨像后,为佛教的衰败感叹泪下,悲伤不已,他悲泣说:"佛祖成道的时候,我不知道流落在哪里,为何等到佛法凋零,我才赶到这里?"

悲戚过后,玄奘收拾心情,再次出发。经过大大小小不少国家,他终于来到了此行的目的地那烂陀寺。

五

那烂陀寺所在的国家叫摩羯陀国,是古印度十六国之一。那烂陀寺汉地称为"施无厌寺",据传这座寺院南边花园中有个水池,池里有条龙名叫那烂陀,由于寺院建在旁边,所以以此为名。还有一种说法是,这个名字意为永远不知疲倦的施舍。

那烂陀是当时印度最大的寺院,有僧侣上万人。《大唐大慈恩寺三藏法师传》记载:"印度伽蓝数乃千万,壮丽崇高,此为其极。僧徒主客常有万人,并学大乘兼十八部,爰至俗典《吠陀》等书,因明、声明、医方、术数亦俱研习。凡解经、论二十部者一千余人,三十部者五百余人,五十部者并法师十人。唯戒贤法师一切穷览,德秀年耆,为众宗匠。寺内讲座日百余所,学徒修习,无弃寸阴。"

那烂陀寺经历代帝王供奉，加之数百年的修建，不仅规模宏大，而且极为壮丽。这里僧人主客有一万多人，不仅学习大乘学说，还包括世俗经典，以及因明和声明学，甚至医学和术数（数学）也要研究。在那烂陀寺，能够解读二十部经论者有一千多人，三十部者五百多人，五十部者包括玄奘在内有十人，唯有戒贤法师穷览过一切经卷。

玄奘心中充溢着一份期盼，一直以来向往的那烂陀寺近在眼前了。不过同时还有一种不安笼罩着他，一路上跋山涉水，历经艰难，有几次甚至命悬一线，最终坚持下来，就是期盼能到那烂陀寺取到真经，但真的能得偿所愿吗？

那烂陀寺得知玄奘已到附近的消息，派四位高僧前去迎接。他们接上玄奘后，路经一个村子里吃斋饭，饭还没吃完，那烂陀寺又来了两百多位僧人，随行的还有一千多信众。他们高举着华盖，拿着香烛和鲜花，围绕着玄奘用美好词句赞颂他。

玄奘感觉好极了，这份热情足以抵消路途上所有的艰难困苦。到了寺里后，全体僧侣都集合起来，举行了更为隆重的欢迎仪式，并精心挑选了二十位不大不小、娴熟经律且仪容整齐的僧人陪同玄奘正式拜见那烂陀寺的寺主戒贤法师。

戒贤法师是印度大乘佛教的最高权威，也是玄奘最为尊崇的高僧大德。玄奘见到戒贤法师后，按照印度的拜师仪式，完全跪在地上前行，用头触戒贤法师的双足，显得极为尊敬。完成这样的礼节后，众人都坐了下来，戒贤法师问玄奘从何而来，玄奘说是从东方大国来，希望跟随法师学习《瑜伽师地论》。

令所有人诧异的是，玄奘此言一出，戒贤法师竟然大哭起来，搞得众僧大眼瞪小眼，不知道发生了什么事。戒贤法师让自己的侄子觉贤法师向大家道出原委。

原来戒贤法师患有风湿病已有二十多年，每当发作时手脚痉挛抽搐，像火烧刀割一样。病情时好时坏，三年前突然加剧，不堪忍受痛苦的戒贤法师，决定以绝食了却生命。

就在此时，戒贤法师做了一个梦，梦到有三位仙人与他进行对话，一个通身黄金色，一个通身碧绿色，一个满身白色，其中通身金黄色的仙人自称为文殊菩萨。文殊菩萨对戒贤法师说："我们看到你要白白舍弃自己的身体，而不是为了众生的利益，所以赶来规劝你，应当去宣扬《瑜伽师地论》，教授传播这部由弥勒菩萨口述的佛典，这样，你的身体就会好转，不用担心疾病痛苦。"接着文殊菩萨又说："中土有位僧人渴求大乘佛法，三年之后要到你门下求学，应当安心等着并传授他。"说完，三位仙人就不见了，戒贤法师谨遵教诲，从此以后病痛减轻了许多。

众人一听实在太神奇了，玄奘从中土而来，提出要和戒贤法师学习的正是《瑜伽师地论》，完全应验了仙人的话。因而戒贤法师不由得想起了这个梦，激动得不能自已。

玄奘听后更为激动，再次礼拜戒贤法师，恳请能够跟随大师学习佛法，戒贤法师满口答应。他问玄奘路上走了几年，玄奘回答说三年，这再次印证了这个梦。玄奘就此成为戒贤法师的弟子，在那烂陀寺正式安顿下来。

玄奘来时，正是那烂陀寺的强盛时期，规模很大，非常壮丽，而且管理相当规范，寺内每天都有一百多处讲座，学徒修习，不浪费片刻时光。学术风气很好，戒律也很严明，建寺七百余年来，没有一人犯过戒律。

玄奘在此受到了极为崇高的待遇。据记载，他每天得到瞻步罗果一百二十枚、槟榔二十颗、豆蔻二十颗、龙脑香一两、供大人米（粳米）一升；月给油三斗，酥乳随要随取。还有两个仆人照顾他的日常起居，出行也可乘坐象舆。一万多人的那烂陀寺，包括玄奘在内，只有十人可以享受这样的待遇。

一切都符合玄奘的预期，他游历了周边一些圣迹后，便请戒贤法师讲授《瑜伽师地论》。这个消息传开，一下子成为极为轰动的事件，听讲者蜂拥而至，到最后居然来了数千人之众。

戒贤法师足足讲了十五个月，才将这部佛学经典讲完。玄奘觉得还不过瘾，几年间又研读了三遍《瑜伽师地论》，同时遍学其他佛经。有些佛经在路上已经学过，他在那烂陀寺又寻求疑难问题的答案。

五年之后玄奘学业已成，但他并没有着急回国，而是想到南印度看看，继续游学。于是他离开了那烂陀寺，遍访以前没有到过的地方，原本计划这次经行的时间应该不长，但没想到居然耗费了五年之久，所游历的形形色色的国家，都记录在《大唐西域记》中。

结束南巡后，玄奘觉得是时候回国了，此时他已经四十一岁，离开故都也已十年了。在回国前他特意绕道那烂陀寺，想最后看一眼自己苦学五年的地方。

没想到的是，戒贤法师见到玄奘后，没有同意他回国，而是给了他一个新任务——为僧众讲授《摄大大乘论》《唯识抉择论》。对于恩师的要求，玄奘只能照办，他只得将回国事宜暂时放在一边。

当时寺里有个叫作师子光的高僧讲解《中论》《百论》，在阐述自己观点的同时攻击《瑜伽师地论》。玄奘对这些佛经都很精通，认为佛陀创立教义各有侧重，本身并没有矛盾，后人因不会融会贯通才认为是相互矛盾的。这是传法者的过失，而不是佛法本身存在问题。

玄奘为此找师子光辩论，但师子光不敢答应，如此一认怂，导致师子光的学生数量急剧流失，都跑到了玄奘门下。

师子光觉得很没面子，离开那烂陀寺，前往菩提寺，找来一位名叫旃陀罗僧诃的高僧向玄奘挑战，希望能给自己出一口恶气，但没想到，这位高僧到那烂陀寺听了玄奘讲法后，吓得连话都不敢说一声就走了，从此玄奘的声名日益隆盛。

完成了这项任务后，戒贤法师又给他找了一个新的差事。事情经过如次。戒日王在那烂陀寺旁边修了一座塔，塔高有十丈，全部用铜制作，轰动了整个印度。那烂陀寺是大乘佛教的学术中心，戒日王这样做，引发了小乘佛教信徒的不满。

戒日王有一次经过乌荼国，这个国家的僧人大多信奉小乘佛教，他们对戒日王说："您在那烂陀寺旁边修建了一个高大的铜塔，为何不给我们也修一座？"他们还说大乘佛教是"空华外道"，小乘佛教才是正宗。

小乘教徒向戒日王提到了一代宗师般若鞠多，他是南印度三代帝王的灌顶师，非常精通小乘正量部学术，撰写了《破大乘论》。整个印度小乘佛教徒公认般若鞠多佛法无边，觉得大乘佛教中没有人可以辩赢般若鞠多。

僧人们拿出《破大乘论》给戒日王看，说："我们宗派论据就是这些，难道大乘有能驳倒其中一个字的人吗？"面对咄咄逼人的小乘信徒，戒日王说："我听说狐狸走在鼷鼠中间就觉得比狮子还威猛，但一旦遇到真的狮子，就吓得魂飞魄散。你们还没有见过顶级的大乘高僧，所以困守愚昧的见解，一旦见到，恐怕也会像狐狸那样。"小乘教徒对此表示不服，说："大王如果信不过，何不召集两派论辩，当面决定是非？"

戒日王觉得这个方法不错，于是给戒贤法师写信，请他派几位大德高僧来参加论辩。戒贤法师召众人一起讨论，共同推举了四位高僧代表那烂陀寺前去，其中就包括玄奘。

相对于玄奘的信心满满，其他三位心里有些没底。玄奘见状宽慰他们说："小乘诸部经、律、论三藏，我在东土和迦湿弥罗国全部学过了，完全了解其宗义，如果凭其教义可以攻破大乘，肯定没有这个道理。我虽然学识微浅，但辩论一定会获胜，各位不必担忧，万一输了，也是我这个大唐僧人的事情，与你们无关。"

就在玄奘等人做好一切准备即将出发时，戒日王派使者送来一封信，说四位高僧暂时不用过去，留在那烂陀寺等待通知。既然论辩中止，玄奘又打算准备回国了，他整理好经书和佛像，收拾打包行李。

那烂陀寺的同门不愿让玄奘离开，纷纷劝说："印度是佛的诞生之地。虽然佛陀涅槃了，但留下许多圣迹可以去礼拜，足以安乐一生。你千辛万苦来到印度，为何还要走呢？况且你的故国不太重视佛法，轻蔑人才，所以诸佛都不在那里。那里的人志量狭小，罪孽深重，而且气候寒冷，地理险恶，圣贤因此不前往那里，又有什么值得怀念的呢？"

那烂陀寺同门并没有什么恶意，只是想让玄奘留下来。但玄奘作为中国人，他觉得必须为自己的国家说句话，他说："大唐人才济济，法度清明，君圣臣忠。父慈子孝，贵人尚义，尊老爱贤。自从佛教传过去后，都推崇大乘佛教。这样的国度，岂能因佛没能前往就轻视呢？"

各位高僧见玄奘去意已决,只能请戒贤法师劝劝玄奘。法师问玄奘的心意究竟是什么,玄奘向恩师表明心迹说:"这里是佛诞生的地方,我怎么能不爱呢?但我来这里的目的是为了求得大法,利益众生。来到这里以后,承蒙恩师为我解说《瑜伽师地论》,解决了过去的种种疑问,我还有幸瞻仰礼拜圣迹,听闻了各个教派的深奥理论,真心觉得不虚此行。我希望将所学到的带回国进行翻译,使有缘人都能了解学习,以此报答师恩,因此无法继续停留。"

戒贤法师理解和支持玄奘的决定,说:"这是菩萨的意愿,也是我的希望。"他同意玄奘回国,并对众僧说:"任为装束,诸人不许苦留。"

六

玄奘觉得回国已无障碍,于是抓紧收拾行装。就在此时,又出现了新的情况,东印度鸠摩罗王派使者送信给戒贤法师,表示久仰玄奘,希望请他前往相见。

戒贤法师以玄奘将要回国予以拒绝。没过多久,鸠摩罗王再次派人来请,说玄奘即使要回国,也可以暂时先到他那里,然后再回国也不迟,希望不要再推辞。

戒贤法师再次拒绝,这下把鸠摩罗王惹急了,送来一封杀气腾腾的信,信中说:"我本来不悟佛法,听闻有一个外国高僧大名,身心欢喜,似乎萌发了向佛之心,法师却不许他来,这是要让众生永远沉沦在长夜之中啊。难道法师就是这样弘扬佛法、教化众生的吗?其他国王能够毁坏佛塔,毁伐菩提树,难道弟子就没有这个力量吗？我一定会带领大军，踏平那烂陀寺。"

在印度，鸠摩罗王的势力仅次于戒日王。他的话说到这个分上，看来不去不行了，否则那烂陀寺真有可能遭到灭顶之灾。

戒贤法师不得已将玄奘请来，做了一番思想工作。为了不让那烂陀寺生灵涂炭，玄奘尽管归心似箭，还是只好按捺住心情，跟随使者去见鸠摩罗王。鸠摩罗王对三请才至的玄奘给予了很高礼遇，亲自赶来迎接，并请入宫中，每天都奏乐，并用鲜花供养，持续了一个月。

玄奘到了鸠摩罗王那里的消息不久后被戒日王知道了，戒日王心里很不舒服，遣使让鸠摩罗王将玄奘送来。没想到，鸠摩罗王不仅没有照办，回信中的语气反而很强硬——"我头可得，法师未可即来。"

玄奘已然成了印度两大国王较劲的砝码。戒日王大怒，放出一句狠话："汝言头可得者，即付使将来。"——既然你说可以把头砍下来，就把它交给使者带回来。鸠摩罗王才意识到说了错话，毕竟他的势力远逊于戒日王，因此深感后怕。他立即传令整备两万象军，分乘三百艘船只，带着玄奘一同沿着恒河而上去见戒日王。

鸠摩罗王抵达后，先派人安顿好玄奘，然后渡河前去拜见戒日王。戒日王问他玄奘在哪里，为何没有一同前来。鸠摩罗王反问说：既然大王您如此崇信佛法，尊敬高僧，又怎么可以让玄奘法师渡河涉险前来拜见您呢？只一句话，就把戒日王的气势全部压倒。

戒日王对此无言可对，表示次日一早会亲自去拜见玄奘。但他实在按捺不住急迫的心情，半夜时分便来相见，而且动静搞得很大，"河中有数千炬烛，并步鼓声"。

两人的第一次会面非常愉快，主要聊了关于唐朝的一些事情。

隔天一大早，戒日王派使者邀请玄奘过去，这次聊起了正题，戒日王说："听说法师写了一本《制恶见论》，不知带来了吗？"这篇经文是玄奘特意为应对小乘佛教挑战而写的。

玄奘呈上《制恶见论》，戒日王看后非常高兴，对身边的小乘佛教徒说："弟子听说日光一出来，蜡烛的光芒就不值一提了。而天下如果打雷的话，地上锤子、凿子的声音就可以忽略不计。"接着又说："你们提起的那位般若毱多，自诩为冠绝群英、无人能敌，还经常诋毁大乘佛教，但一听说有远方的大乘高僧来到，便托词逃跑，因此可以看出你们真的是无能啊！"

戒日王虽然把小乘佛教贬得一无是处，但没有一个小乘教徒敢出来论辩。这不由使得他冒出一个念头：如果能让玄奘当着整个印度的僧侣讲经论法，诸小乘信徒应该可以彻底断了毁谤大乘佛教之心。

戒日王向玄奘提出了这个建议，说："弟子和在座的各位法师都已信服，但是其他地方的小乘佛教和外教，依然执迷不悟，希望在曲女城为法师举办一次辩经法会，我将下令让全印度的沙门、婆罗门、外道都来参加。法师利用这个机会展示大乘佛教的精微玄妙，使他们断绝诽谤大乘佛教的心思，这样既显示了法师高超的学问，又可以改变那些自以为是之徒的习惯偏见。"

戒日王要举办的是一个前所未有规模空前的辩经法会，远远超过以往类似活动，面对如此大场面，玄奘没有退缩。他和戒日王一起逆流而上，直到腊月才抵达曲女城。

参加这次大会的除了戒日王和鸠摩罗王外，还有印度的十八个国王，精通大乘或小乘佛教的僧侣三千多人，婆罗门和其他外道两千余人，其中那烂陀寺来了一千多人。此外还有随从、仆人等，加起来应该有上万人。曲女城周边搭起了许多临时建筑，挤得满满当当，一眼望不到边。

戒日王预先下令建造了两座草殿，准备安置佛像及与会徒众。草殿空间宽广，每一座能坐下一千多人。戒日王还专门修建了行宫，宫中有金像一尊，装饰了一头大象，在象背上架起宝帐，把佛像安放在帐中。

过了几日，大会拉开序幕。戒日王扮作印度大神帝释天，手执白拂站在佛像右侧，鸠摩罗王扮作梵王的形象，手持宝盖立在佛像左侧。玄奘和顶级高僧乘坐大象走在后面，路两旁还有三百头大象，上面坐着各国国王、大臣、高僧，他们一边高唱赞歌，一边随同前行。

到了会场后，由戒日王捧着佛像进入殿内，安置在宝座上。他与鸠摩罗王依次向玄奘供奉，然后其他人陆续进入。接着是施舍环节，戒日王向包括玄奘在内的顶级高僧施舍金盘、锡杖等宝物。

所有前置程序结束后，该玄奘隆重登场了！

戒日王为他铺设宝座，请玄奘坐下。面对千余名僧众，玄奘开始讲《制恶见论》。为了能让室内的人都听清楚，由那烂陀寺的明贤法师高声复述一遍。当时场外还有不少人，所以又让人抄写了一本《制恶见论》，悬挂在会场之外，让大家都看个明白。

按照辩经的传统，必须要预设输赢惩罚条件，玄奘提出的条件是："若其间有一字无理能难破者，请斩首相谢。"他以生死作为条件，不给自己留任何后路，看上去胆子相当之大，但从另一个侧面可以看出，玄奘对自己的佛学修养超级自信。

不过，想象中的激烈辩论并没有出现，一天下来，整个会场没有一个敢站出来和玄奘辩论，而且一连五天都是如此。

不过，这只是表面和谐稳定，下面却暗流涌动。在此期间，发生了一场莫名其妙的火灾，险些伤及玄奘等人。

戒日王怀疑是那些辩不过玄奘的小乘信徒所为，因此下一道非常严厉的谕旨说："现在有中土法师，气度恢弘开阔，见解道行高深，为了降服那些邪见之徒来到印度，而妖妄之徒不仅不知道忏悔，反而图谋不轨，竟然起了谋害之心，是可忍，孰不可忍！如果众人中有伤害法师的，砍掉他的头；毁骂法师的，割掉他的舌头。如果要进行正当的辩论，不受这些限制。"

经历了这一场风波，气氛马上变得严肃起来。接下来的十三天中，依然没有人站出来和玄奘辩论，这张声势浩大的辩经盛会终于可以落幕了。最后的获胜方当然是玄奘，他发表了感言，再次称颂大乘佛教，使得不少小乘教徒和外道当场皈依了大乘佛教。

这个结局是戒日王所希望看到的，他当场施舍给玄奘金钱一万枚，银钱三万枚，上等衣服等一万套。十八个的国王也都施舍珍宝，玄奘却分文不要。戒日王又命人装饰了一头大象，在象背上张起华盖，请玄奘乘坐，并令贵臣陪同护卫，玄奘还是没有同意。

戒日王表示这是自古以来的做法，是不可违背的。尽管如此，玄奘最终还是没有登上象背，只是由贵臣举着玄奘的袈裟，沿路大声宣告并赞叹穿这件袈裟的人取得了辩经的胜利。

按照印度的规矩，佛教各派都要为赢得最后胜利的玄奘献上尊号：大乘信众称他为"摩诃耶那提婆"，汉译为"大乘天"，是大乘佛教里的顶级人物；小乘佛众尊他为"木叉提婆"，汉译为"解脱天"。同样是顶级人物，获得大乘和小乘佛教的共同认可，玄奘的声望达到了前所未有的高峰。

玄奘觉得实现了全部愿景，是时候踏上回国的路途了。在辩经大会结束的第二天,他就向戒日王提出回国的请求。但戒日王并没有答应,他想邀请玄奘再参加一次无遮大会,玄奘不好拒绝,只好又待了七十五天。

等无遮大会结束,玄奘再度辞行。戒日王说:"弟子正要同法师一起弘扬佛法,为什么着急回去呢?"玄奘无奈又停留十余天,这时鸠摩罗王找到他说:"法师如果愿意经常住在鸠摩罗国,接受我的供养,那我也信奉佛教,并且为法师建造一所寺庙。"

玄奘见到两位大王的态度,觉得再这样下去,回国之事会变得遥遥无期,于是找到戒日王和鸠摩罗王,打开天窗说了亮话:"中土路途遥远,听闻佛祖的时间很晚,虽然略知梗概,但不清楚原委,因此我不远万里访求佛法,现在能够达到心愿,都是我故土那些善男信女的心诚所至,所以我无时无刻敢忘记他们。经书上说'障人法者,为当代代无眼',你们如果强行留我,难道不怕无眼的报应吗?"

玄奘说出这样因果报应的话,看来真的有些急了,同时反映出他归心似箭。话说到这个分上,戒日王也不好再强留,同意让他回国:"不知道法师准备从哪条路回去,如果海路回去,我会派使者相送。"

海路是当时的最佳选择,因为从唐朝起,航海已经变得比较发达,无论是便捷性、安全性都比陆路更好,但是玄奘并不准备走海路,他说出了原因:"我来时曾经路过一个叫高昌的国家,那里的国王非常信奉佛法,听说我来到这里访道求学,给予我很大资助,希望我返回时能再去那里。情义不能违背,所以只能原路返回。"

戒日王和鸠摩罗王施舍了大量的金钱和物资,供玄奘路上使用,但都被他拒绝。他只收下了一件用动物细毛制作的雨伞,以备途中防雨之用。

终于到了分别的日子，以戒日王为首的各国国王率领臣下送出了几十里，然后挥泪而别。此时玄奘四十二岁，距离他冒险出关，已经过去了整整十五年。

七

玄奘就此踏上归途，刚走了不久，戒日王和鸠摩罗王带了人马又追上了上来，他们不是要让玄奘返回，而是再度告别。同时戒日王专门指派四名官员带着盖有玉玺并用红泥封印的文书，送往沿途各国，让他们好生相待玄奘，以便玄奘能顺利到达大唐边境。

有了戒日王的精心安排，相对于来时的艰险，东归的道路非常安全。玄奘在经过一系列国家后，翻越葱岭进入于阗（今新疆和田）境内。于阗国王闻讯亲自赶来迎接。两人见面后，他让儿子陪着玄奘，自己则返回王城，准备欢迎仪式。

玄奘一行走了两天，于阗国王又派达官贵人前来迎接，在离王城四十里的地方歇宿。第二天，于阗国王带着僧人和民众奏着音乐，捧着鲜花，站在道路旁迎接玄奘。

在于阗，玄奘得知了一个令人心痛的消息：高昌王麴文泰已经驾崩了。他谢绝戒日王的好意，执意原路返回，就是为了兑现当年对麴文泰的承诺。没想到他离开高昌不久，唐军征伐高昌，麴文泰在焦虑之中去世，高昌也被唐朝所灭。这样一来，再去高昌便无任何意义，玄奘决定从于阗直接回国。

对于归国，玄奘多少有些顾虑，毕竟当年自己不是官方所派，而是偷渡出关，不知朝廷是否还会追究。稳妥起见，他写了表文请人带到长安，文中陈述他求法的初衷和经历，并说自己已经到了于阗。

八个月后，玄奘等到了唐太宗的敕令，说："听说法师前往异域求法，如今归来，朕欢喜无比，请法师速来与朕相见。如果法师还有他国懂得梵语和经义的僧人，可以一并带来。朕已命令于阗等处，让各国派人护送法师回国，人力马匹应不缺少，还令敦煌守吏在流沙以及鄯善官吏在沮沫（今新疆且末）迎接。"

唐太宗的敕令等于官方正式表示，不仅不追究玄奘当年违禁偷越国境之罪，还表达了一种热切的真诚期盼与希望，玄奘归国的最后一道障碍消除了。他满心欢喜，随即从于阗启程。到达沙州（今甘肃敦煌）后，他再次上表，报告自己的行程。当时唐太宗在洛阳指挥征伐高句丽，下诏让留守长安的左仆射梁国公、房玄龄安排迎接事宜。

贞观十九年（645）正月二十四，一路风尘仆仆的玄奘终于到达了长安西郊，这里是当年他出发的地方。

玄奘不由百感交集。十多年前当他混在灾民中离开长安的时候，心中只有西去求法的坚定信念，但对于能否到达印度，心里没有一点底，如今不仅平安回来，还带回了众多佛经。他觉得，为此所付出的一切困苦都是值得的。

玄奘因为着急赶路，到达长安的时间比预想的要早，负责接待的房玄龄有些措手不及，他还没有来得及布置任何欢迎仪式。倒是长安城中的百姓听说玄奘归来的消息，纷纷自发赶来，想一睹这位西去求法高僧的真面容。一时间，"更相登践，欲进不得"。玄奘已经没有办法前进了，只能在漕河岸上停留了一夜。

玄奘

第二天,房玄龄带着百官正式迎接玄奘入城,历经千辛万苦带回的佛经被送到了长安的弘福寺。

在长安最繁华的朱雀街公开展示玄奘西行带回来的佛经和珍宝,同时,还有佛肉舍利一百五十粒。"人皆欣踊,各竞庄严",数十里间,众人列道瞻仰,到了万人空巷的程度,引起了极大轰动。

房玄龄看见人那么多,担心发生人群踩踏事件,就下了一道死命令:"各令当处烧香散花,无得移动。"烧香散花可以,但不能随意移动。

玄奘在长安安置妥当后,赶到洛阳拜见唐太宗,这是两人第一次见面,史书上说:"太宗见之,大悦。"至于谈了什么,史书中没有明确记载。不过,根据《大慈恩寺三藏法师传》的叙述,唐太宗问的第一句话是:"师去何不相报?"——为什么离开长安时不说一声呢?玄奘没有隐瞒,说:"当去之时,已再三表奏,但诚愿微浅,不蒙允许。"当初不是没有说,而是再三上表,只是由于自己的诚心和发的愿不够大,所以没有被批准。

玄奘的回答很聪明,他没有说是朝廷或皇帝不允许,而是将责任都揽在自己身上,算是为唐太宗解了套,这事也就此翻了篇。

唐太宗认为玄奘以身赴险,造福苍生,着实可敬,并为他能顺利到达印度而感到惊讶。玄奘并没有说自己多么不易,而是说"既赖天威,故得往返",将功劳全部归于皇帝。唐太宗一听,觉得有些惭愧,赶忙说道:"此自是师长者之言,朕何敢当也。"

唐太宗接下来问询了西域和印度的风土人情,玄奘回答得清晰翔实。唐太宗听后大为叹服,赞道:"朕今观法师词论典雅,风节贞峻,非惟不愧古人,亦乃出之更远。"于是向玄奘提出一个要求,希望他能把所看到的和经历过的一一写出来,让没有去过那里的人也能了解这些情况，玄奘欣然应允，这便有了后来著名的《大唐西域记》。

通过这次谈话，唐太宗对玄奘的才华非常叹服，不由动了一个念头，想让玄奘还俗，辅佐自己治理国家。玄奘婉言谢绝，表示自己从小出家，只知道如何参佛，并不懂得治理国家。借此机会，他也表达了自己的心愿："愿得单身行道，以报国恩，玄奘之幸矣"，想用一个人的力量传播佛法，报答国恩。

玄奘提出想带着六百多部佛经，到嵩山少林寺翻译。唐太宗同意组织译经，但为玄奘选定的译经地点不是少林寺，而是长安的弘福寺。

玄奘从洛阳回到长安，住进了弘福寺，开始译经活动。他组建了规模庞大的译经团队，从全国各地精选高僧和居士参与其中。由于朝廷全力保障供给，译经的进程非常顺利，到贞观二十二年（648）五月，玄奘最为看重也是西行求法最重要的成果《瑜伽师地论》翻译工作正式完成。

唐太宗听说这个消息，请玄奘前往自己休养的玉华宫一见。如同第一次见面一样，两人相谈甚欢，气氛非常融洽。

唐太宗再次劝说玄奘还俗。玄奘婉言谢绝说："纵复须人，今亦伊、吕多矣。玄奘庸陋，何足以预之？至于守戒缁门，阐扬遗法，此其愿也。伏乞天慈，终而不夺。"即使陛下需要人辅佐，如今像伊尹、吕望一样的能人太多了，我平庸浅陋，怎么能参与国事呢？至于说在佛门持守戒律，阐扬佛陀道法，这才是我的本原，祈求陛下慈悲，让我坚持到底而不要夺志。

唐太宗见玄奘态度坚决，顺水推舟说："法师既然想要弘扬佛法，朕也不能违背你的高远志向，从今以后，朕也要协助法师弘扬佛道。"两人接着谈及译经事宜，玄奘献上了刚刚译完的《瑜伽师地论》。

唐太宗读后，大加赞赏说："朕观佛经，譬犹瞻天望海，莫测高深。法师能于异域得是深法，朕比以军国务殷，不及委寻佛教。而今观之，宗源杳旷，靡知涯际，其儒道九流之典比之，犹汀滢之池方溟渤耳。而世云三教齐致，此妄谈也。"他下令将这部佛经抄写九部分发九州，让天下臣民听闻过去没有听过的道理。

唐太宗还应玄奘的请求，亲自撰写了一篇文章，名为《大唐三藏圣教序》，下诏将这部序放在所有汉译佛经之首。

同一年，慈恩寺落成，这原本是太子李治为追念母亲长孙皇后所建，唐太宗命玄奘做这座寺院的主持，并为他举行了隆重的入庙升座仪式，从此慈恩寺成了玄奘的主要居住地。

玄奘再次见到唐太宗是在翠微宫，位于秦岭北麓的黄峪，是唐太宗避暑养病的离宫。这位帝王的生命就是在这里结束的，因此这次成了两人的诀别。

唐太宗当时的身体每况愈下，在处理政务之余，经常与玄奘谈及因果报应，杀兄篡位的玄武门之变等往事一直纠缠着唐太宗，让他心生恐惧。玄奘告诉唐太宗，他自己同样会因为对国家和佛教的功德而受到菩萨们的保佑，往生西方极乐世界。

玄奘的话让唐太宗多少获得一些解脱，减轻了心中的痛苦，以至于总是拉着玄奘的衣袖感叹道："朕共师相逢晚，不得广兴佛事。"没过多久，唐太宗李世民驾崩，生命的最后一刻，玄奘就在他身边。

唐太宗的去世，对于玄奘来说是一个重大损失，这位帝王可以称得上是他生命中的知己，正是在唐太宗的支持下，佛教在大唐王朝不断扩大影响力，进入历史上的黄金时代。

玄奘重新回到慈恩寺，全身心地投入译经之中，不敢再浪费半点时光，因为带回的佛经浩如烟海，唯有只争朝夕才可能完成翻译重任。玄奘为此每天自定课程，用笔在经本上做标记，如果白天没有完成，就连夜翻译，译到标记处方才休息。

唐太宗驾崩后，太子李治即位，史称唐高宗。虽然他同样支持译经，但玄奘还是感受到一种异样的气息。

永徽六年（655）夏，玄奘完成了《因明论》和《理门论》的翻译，却引发了尚药奉御吕才的不满，提出了四十多条批判性意见。玄奘对此保持沉默，但弟子慧立看不下去，写信给当朝宰相于志宁请他出面干预此事。这事越闹越大，高宗听说后下诏让玄奘和吕才公开辩论，看谁对谁错。结果当然毫无悬念，吕才"词屈谢而退焉"。

玄奘通过此事隐约感觉风向变了。唐太宗时，朝中不少高官都是玄奘的门徒，一般人没胆子发起挑战，而吕才仅仅是一个给皇帝、皇后尝药的小芝麻官，若无某些授意、撑腰，想必根本不敢跳出来。更可怕的是，玄奘及其门徒一旦败下阵来，他所追求的事业可能就会无果而终。想到这些，玄奘感到很大压力，为此大病一场。

显庆初年（656），唐高宗移驾东都洛阳，让玄奘同行。玄奘从此天天待在宫里，看上去很受优待，实际上跟软禁差不多。由于只准"翻译僧五人弟子"随行，人手非常有限，译经工作受到了很大影响，这让玄奘颇感苦闷。

玄奘觉得这样下去，无法完成译经工作，于是向唐高宗提出到少林寺专心译经的请求，却遭到了拒绝。高宗回信中说："道德可居,何必太华叠岭;空寂可舍,岂独少室重峦?幸戢来言,勿复陈请。"

唐高宗明面上是称赞玄奘,但实际上是冷漠的拒绝,他说:只要有足够的道德,何必要选择寂静无人的山谷呢?同时,他让玄奘以后不要再提这样的请求。面对字里行间所透露出的丝丝寒意,玄奘心生些许恐惧,此后不再敢提去少林寺译经的想法。

接下来发生的一件事,让玄奘更感心寒。由于身边没有助手,译经工作量又大,玄奘劳累过度,病倒了。宫内又没有医生去治他,于是玄奘只能让弟子带自己偷偷出宫,找大夫给自己看病。

没想到此事引发了轩然大波。唐高宗得知后大发脾气,说:"日月之明,久谅愚拙;江海之泽,每肆含容。"意为我像日月一样开明,像江海一样胸怀宽广,屡次原谅了你的过错,为何你一而再地打破我的底线呢?玄奘为此诚惶诚恐好一阵子。

显庆三年(658),玄奘随唐高宗返回长安,本来想全身心投入译经,但京城里总有人来拜访,使得他很难集中精力译经。于是他提出请求到长安南边的玉华寺专心译经,这次得到了唐高宗的恩准。

到了玉华寺后,玄奘开始不分昼夜地翻译佛经,想把失去的时间追回来。但是由于年事已高,他明显感觉到力不从心,更让他担忧的是,照这样的进度,根本无法完成全部译经工作,他对弟子说:"今年我已经六十五岁了,一定会死在这座玉华寺里。佛经数量巨大,经常担心翻译不完,大家务必更加刻苦,不要怕辛劳。"

玄奘翻译完《大般若经》后,感到实在力不能支,心里颇感悲戚,他对弟子交代后事说:"若无常后,汝等遣我宜从俭省,可以蘧除裹送,仍择山涧僻处安置,勿近宫寺。不净之身,宜须屏远。"

自己身灭后，后事务必俭省，可以用粗席裹身，选择山涧僻静的地方埋葬，切勿靠近宫寺，我肉身不净，应该远离这些地方。

玄奘翻译的最后一部经书是《大宝积经》，但只翻译了开头部分，便意识到以自己的身体状况无法再继续，于是坦诚地对弟子表示，已经无力完成这个任务。经历了无数艰难险阻永不言弃的玄奘，最终还是无法抵御生命的无常。

玄奘弟子玄觉法师有一天梦到佛塔突然倒塌，心里惊恐的他找师傅解梦，玄奘听后告诉他："非汝身事，此是吾灭谢之征。"意思是说，这和你没有关系，是我即将离开人世的征兆。

玄奘很快到了身灭时刻。和玄觉谈完话的第二天，他在跨越一条小水沟时摔了一跤。虽然只是受了一点外伤，却从此卧床不起。

玄奘的病情很快急转直下，他一度出现了幻觉。有时梦到像盘子大的白莲花，有时梦见成千上万的人穿着棉衣，手捧鲜花站立。院子里树木都树起金幡，五彩缤纷，乐器齐奏，门外的车子装满香食美果，都不是人间之物来供奉自己。

玄奘经历最后的回光返照，生命走向了尽头。他右手支着头，左手平放在身体左侧的大腿上，伸展双足，交叠双腿，向右侧卧，直到离世，没有转动，这是他圆寂前最后的姿态。

半夜时分，弟子问玄奘："和尚决定得生弥勒内众不？"意为是否已经决定生到弥勒身边。玄奘回答："得生。"这是他留给世界的最后两个字。说罢，气息逐渐变得微弱，不一会儿安然离世，连在身边的弟子都没有察觉。

玄奘圆寂的消息传出，举国哀悼。唐高宗得知消息后，痛心疾首地说："朕失国宝矣！"他下诏罢朝数日，命户部下拨玄奘下葬的全部费用，允许京城所有寺庙的僧众参加玄奘的葬礼。不过，令人奇怪的是为玄奘送行的人里面竟没有一位朝廷官员，也无人为他撰写墓志铭，由此不排除唐高宗可能只是做表面文章。

虽然玄奘带着团队全力翻译经书，但到临终时也只是翻译了从印度带回所有经书十分之一多一点，总计七十三部一千三百卷，对于玄奘来说，不得不说是一份遗憾。他死后，唐高宗下诏暂停翻译工作，已经完成的部分由政府出资传抄，尚未完成的交由慈恩寺保管，后来这些经书大多遗失。

按照玄奘的遗愿，弟子们用粗席盖车，将灵柩送回京师，停放在慈恩寺的翻经堂内，每天前往哭悼的僧俗数以万计。仪式结束后，弟子将他安葬于渭水之滨的白鹿原，这里附近没有皇宫，也没有寺院。

已经身灭的玄奘无法感受到这一切，不过对他而言，这些都是身外之物，他有过足够的辉煌，也经历过极度的困苦，如今全部归于虚无，只是留下了大量汉译经文和流传千古的《大唐西域记》。

在《大唐西域记》中，玄奘说"亲践者一百一十国，传闻者二十八国"，对印度社会和历史有着详尽的记载。一千三百年后，印度考古学家根据玄奘的记载，终于发掘出埋没了几百年的古印度佛教圣地——那烂陀寺遗址。印度历史学家说："如果没有玄奘、法显的著作，重建印度史是完全不可能的。"

除了这些有形的东西，玄奘留下的更为可贵的是那份不忘初心、执着求知、百折不挠的精神，在这种精神的支撑下，他用自己的双足艰难跋涉，开创出一条从中国经西域、波斯到印度全境的文化之路，极大促进了东西方的文化交流。

只是，经过几百年岁月的洗礼，这段历史逐渐演变成传奇，传奇又渐渐变成了神话小说。《西游记》横空出世，使得孙悟空、猪八戒、沙和尚护送师傅唐僧取经的故事无人不晓，但与此同时人们慢慢忘记了唐僧的本名——玄奘，真实的玄奘越走越远，只剩下了一个轮廓模糊的背影。

幸运的是，历史终究是有记忆的。2007年2月12日，玄奘纪念堂在印度那烂陀正式落成。

盛极一时的那烂陀寺后来毁于兵灾，断壁残垣埋在地下沉睡了六百多年。如今在这里建起了一座雄伟的纪念堂。几千人来到这里，宛如当年的盛况一样，他们为了纪念千年之前不远万里来到这里的那位高僧，玄奘从此不再是一个神话的形象，而成为人类文化交流史上的一座丰碑。

说来也怪，玄奘纪念堂落成前几天，那烂陀上空一直阴云密布，但典礼举行当天，阴云突然散去，天空湛蓝无比，阳光直射大地。

或许是玄奘在冥冥中护佑吧，一千多年匆匆而过，他似乎从未远离！

成吉思汗

一

元太祖十三年（1218），蒙古汗廷，听完最新军报的成吉思汗正准备安然入睡。从刚才通报的情况看，对金朝的作战比他想象的还要顺利，现在看来，占领整个北方已不再是一个遥不可及的梦想。

就在此时，一个侍卫匆忙进来，禀报刚刚得到的一个消息，成吉思汗听后不仅顿时睡意全无，而且脸色大变，甚至开始有些略微的抽搐，显出一种从未有过的怒意。

是什么消息让一代天骄如此震怒呢？原来一支庞大的蒙古商队抵达花剌子模国北部城市讹答剌（今哈萨克斯坦境内）后，被当地的一个叫作海儿汗的地方长官下令屠杀殆尽，只有一个人侥幸逃生。

跑回来报信的正是这个幸免于难的商人。屠杀开始的时候，他正准备洗澡，听到外面求救声此起彼伏，便先藏在浴缸的壁炉旁，然后混在人群中出城，在附近的一个山顶躲了三天三夜，等局势略微平稳，冒着生命危险跋涉千里回到了蒙古汗廷。

成吉思汗的第一反应是，这绝对不会是一个地方官所为，如果没有得到花剌子模国国王摩诃末的认同，海儿汗断然不会搞出如此影响巨大的事端。

成吉思汗在此之前很少遇到这样的挑战，他攻灭了多个部落，统一了草原，建立了蒙古帝国，然而并不满足于此，元太祖六年

（1211），他统帅蒙古大军向雄霸中原北方的金朝发起攻击，金军几乎组织不起有效的抵抗，节节败退，大量土地落到了蒙古人手中。照这样的态势发展下去，金朝很快将彻底崩溃。

成吉思汗没有想到的是，在这个关键时刻，远在千里之外、和金朝八竿子打不着的花剌子模，竟然跳出来捣乱，屠杀蒙古商队，看上去像是想帮金朝"扛雷"。

花剌子模最早是由突厥人在绿洲上建立的国家，因为绿洲名为花剌子模，国名由此而来。

创建时地盘很小，只占有阿姆河下游三角洲地区。实力也很弱，先后臣服于伽邑尼王朝、塞尔柱帝国和西辽帝国。

所谓"西辽"，顾名思义是辽朝的延续。宋徽宗宣和七年，即辽天祚帝延禧五年（1125），在女真人和北宋的两面夹击中，大辽王朝覆灭，一些契丹人西迁后建立了这个政权。

当时花剌子模的国王摩诃末是在西辽的支持下登上王位。即位之初，他面临的是一个内忧外患的局面。国内堂侄兴都汗发动叛乱，而且还得到了古尔王朝的支持，花剌子模正规军被多次击败，情势一度非常危急。

摩诃末对此采取内外两手应对之策，对外向西辽表示效忠，乞求其援助，对内大力整军修武，提升部队战斗力。经过几年的努力，在西辽的大力帮助下，摩诃末重创古尔王朝，俘杀兴都汗，使国内局势安定下来。

西辽之所以如此热心帮忙是有代价的，摩诃末承诺向其缴纳三年的贡金作为回报。但局势稳定后，摩诃末却有些后悔了，没有履行当初的约定。

西辽皇帝耶律真鲁古觉得自己被耍了，发动大军前来征伐。摩词末自知难以抵御，带着少数亲信躲到了北部山区，由他的母亲秃儿罕太后出面应付。由于双方实力悬殊，秃儿罕太后无奈之下只得履行摩诃末答应的事项，送上三年贡金以及利息，西辽方才罢兵。

素有大志的摩诃末对西辽恨之入骨，暗自发誓终有一天要将宗主国打翻在地，结束屈辱的历史。从此，他韬光养晦，积蓄力量，终于在两年后迎来了复仇的机会。

元太祖六年（1211），耶律真鲁古的驸马屈出律篡得皇位，西辽陷入内乱。摩诃末杀死西辽来索取贡物的使者，公开宣布与西辽决裂，派兵入侵原来的宗主国，攻占河中地区，占领了不花剌。随后，他在锡尔河畔取得了决定性胜利，击败了西辽最能打的大将塔延古，占领讹答剌城。

摩诃末异军突起，击败西辽，使得他在伊斯兰世界声名大噪，同时让他信心爆棚，接着相继用兵灭掉了古尔王朝、喀拉汗王朝等。人们把他称为"第二个亚历山大"。而他自拟为塞尔柱王朝的算端桑札儿，希望像算端桑札儿那样长久地统治伊斯兰世界。

摩诃末为此派使者到了巴格达，要求哈里发讷昔儿册封他为"算端"，在伊斯兰教和阿拉伯语中，这个名号就是指国王，但是遭到了讷昔儿的拒绝。

羽翼渐丰的摩诃末竟然连哈里发讷昔儿都不放在眼里，他另外册立一个人作为哈里发，并亲率大军护送此人到巴格达，以取代讷昔儿。护送大军开始高歌猛进，但在半途中出了意外，遇到了前所未有的暴风雨，士兵、马匹损失很大，不得不撤退。

虽然远征巴格达失败，但摩诃末经过四处征战，占据了今天阿富汗、伊朗、伊拉克和中亚广大地区，一个庞大的花剌子模帝国横空出世。

摩诃末志得意满，不过他并不准备停下扩张的脚步。在称霸中亚、西亚后，他将注意力转向了东方，为此将都城由玉龙杰赤（今土库曼斯坦乌尔根奇）迁往了靠近东方的撒麻耳干（今乌兹别克斯坦撒马尔罕）。同时，他积极整军修武，还派遣使者到金朝都城，来打探东方的消息以及蒙古的虚实。

摩诃末虽然雄心勃勃，但暂时还不敢东进，而成吉思汗正在集中兵力攻打金朝，因此花剌子模和蒙古之间暂时相安无事。

这种井水不犯河水的状况在元太祖十一年（1216）被打破。这一年，成吉思汗令长子术赤率部追击西逃的蔑儿乞部落，这个部落曾经是成吉思汗强大的对手，被击败后逃到了康里人的居住地。

摩诃末听到这个消息，想着趁火打劫。他原本只是想劫掠蔑儿乞部落，但后来得知蒙古军在外尚未返回，于是想乘机偷袭蒙古军营地，抢掠一些物品。

术赤听说这个消息，快马加鞭回到营地，向摩诃末解释来意，希望不要因为误会引发双方的冲突。实力占优的摩诃末根本不听，依然下令按照原计划袭击蒙古军营。

术赤只好集结军队应战。摩诃末严重低估了蒙古军的战斗力，尽管花剌子模人数占绝对优势，但双方打得难解难分，不相上下。摩诃末在战斗中还险些被俘，幸亏其长子扎兰丁及时赶来救援才得以脱险。

两军一直打到黄昏方才罢兵，术赤觉得寡不敌众，担心再打下去难以支撑，于是下令利用夜色点燃营火，造成还在营地休整的假象，以此为掩护，悄然撤军东归。

成吉思汗有着更大的盘算，这次冲突并没有放在心上。作为一代豪杰，他有杀伐决断冷血无情的一面，但也有常人不具备的高瞻远瞩的战略眼光，他一直希望能够开通与中亚、西亚之间的贸易往来之路，使得以往的丝绸之路再次恢复"黄金纽带"的作用。

成吉思汗有这样的想法，是因为有不少商人告诉他，西方物产丰富，拥有大量财富。但遗憾的是，自从唐末开始，中原就失去了与西域诸国的联系。到了两宋时期，海上丝绸之路渐渐发达，而传统的绿洲丝路则无人问津，再加上战乱不断，没有安全保障，绿洲丝绸之路几近荒废。

丝绸之路沿途的商人一直想恢复这条商业路线，只是苦于找不到办法。就在此时，东方出现了一代雄主成吉思汗，他们敏锐感觉到此人是恢复丝绸之路的不二人选，因此积极主动地为成吉思汗传递信息，并不断灌输西方有大量财物的说法。

成吉思汗觉得有利可图，在他看来，要论获得财富，做贸易要比打仗性价比高得多，如果能与西边的商人群体达成稳定的贸易协议，互通有无，互惠互利，无疑是双赢的局面。而如今花剌子模夺得河中地区，扼住了丝绸之路的要害，想实现与西方通商的目的，前提条件是必须与花剌子模搞好关系。

元太祖十三年（1218），在蒙古大将哲别灭亡西辽、杀死屈出律后，与花剌子模一下子成为邻国，更让成吉思汗意识到与之保持睦邻友好关系的重要性。

摩诃末派以巴哈·阿丁·吉剌为首的使团出使蒙古，成吉思汗给予最高规格的接待，他对使团表示，大蒙古国和花剌子模相隔甚远，两国之间应该和平共处，共同促进彼此之间的贸易往来。

来而不往非礼也，成吉思汗从居住在蒙古草原的中亚人中挑选了三位使者回访花剌子模。他们带着金条、玉石、象牙以及若干贵重的白驼毛织品，作为成吉思汗送给摩诃末的礼物。

蒙古使者抵达花剌子模，见到摩诃末后转呈了成吉思汗的亲笔信，信中说："我知君势之强，君国之大。我知君统治大地之一广土，我深愿与君修好。我之视君，犹爱子也。君当知我已征服中国，服属此国北方之诸突厥民族。君应知我国战士如蚁之众，财富如银矿之丰，实无须觊觎他人领土。所冀彼此臣民之间，得以互市，则为利想正同也。"

从这份蒙古的国书不难看出，成吉思汗很看重花剌子模，承认其实力雄厚，希望两国能够和睦相处，互通有无，为商贸往来提供安全保障。

但对于摩诃末而言，有句话使其深感不快和不安，便是"我之视君，犹爱子也"。成吉思汗原本是想用父子兄弟相称表达双方关系的密切程度，并非真的让摩诃末当"儿子"，只是，由于彼此文化风俗的不同，套近乎的称呼却触怒了摩诃末。他认为成吉思汗轻视他，想让花剌子模向蒙古称臣。

摩诃末对蒙古使臣说："我之国大，汝所知也，顾及难谓我为子？彼虏何物，兵力几何？"使者看到摩诃末动怒了，为了照顾他的情绪，故意示弱说，与花剌子模军队相比，蒙古军队只是九牛一毛，不值一提。摩诃末这才打消怒气，同意与蒙古订立和约。

成吉思汗觉得时机成熟，按照双方订立的和约，派出了使者和一支庞大的商队。据记载，这支队伍由四百五十名穆斯林商人、五百头骆驼和一百名蒙古护卫组成，规模前所未有，所带的礼物也相当丰厚，包括金银、丝绸、海狸皮、貂皮等贵重物品。

使者带着成吉思汗给摩诃末的手信，信中说："吾人应使常行的荒废道路平安开放，因之商人们可以安全和无约束地来往。"成吉思汗希望以这支商队通行为标志，正式重新开启东西方的贸易往来。

但令成吉思汗想不到的是，这支商队抵达讹答剌城后，当地长官海儿汗贪图他们所携带的大量金银珠宝，竟然起了歹意，污蔑商队是蒙古派来的间谍，下令将他们全部杀死，并夺走了所有的货物和骆驼。

如成吉思汗所判断，作为地方长官的海儿汗没有这样大的胆子。开始屠杀之前，他曾派人到今天的撒麻耳干向摩诃末作了汇报，并得到了首肯，因此这次屠杀绝不是一次个人行为。

对重开贸易信心满满的成吉思汗，无论如何没有想到花刺子模会干出杀人越货的勾当，这笔血债无疑使两国关系滑向谷底，结下了不同戴天之仇。他的几个儿子以及文臣武将都义愤填膺，纷纷请战，表示要让花刺子模血债血偿。

成吉思汗听到这个消息后，同样血往头上涌动，"惊怒而泣，登一山巅，免冠，解带置项后，跪地求天，助其复仇，断食祈祷三日夜始下山。"就是说，他独自哭着登上山头，脱下帽子，以脸朝天，解带置于脖颈后，长跪在地，绝食祈祷三天三夜，希望上天赐予复仇的力量。

只是令所有人诧异的是，成吉思汗下山后并没有下令发兵西征，而是派出三名使者再次出使花刺子模，表现出非同寻常的克制。

成吉思汗如此做，显示出作为一位战略家的独特眼光，稍微冷静下来的他，清楚意识到当前最重要的事情不是收拾花刺子模，而是彻底覆灭金朝。如果倾巢西征，金朝必定会获得喘息之机，先前的努力可能功亏一篑。

另外在决定出兵与否上，还有一个因素非常重要，即关于背后的主使是摩诃末，他仅仅是猜想而已，并没有确凿的证据。换句话说，他不知道摩诃末对两国关系的真实态度，这个问题至关重要，没搞清楚之前贸然出兵会适得其反。

因此，成吉思汗最终强压下心头的怒火，派遣使者前去询问商队被杀的真相，同时要求摩诃末交出凶手，押送到蒙古受审。

蒙古使臣到达花剌子模后，向摩诃末转达了成吉思汗的原话："君前与我约，保不虐待此国任何商人。今遽违约，枉为一国之主。若讹答剌虐杀商人之事，果非君命，则请以守将付我，听我惩罚，否则即备战。"

成吉思汗这番话虽有指责和威胁之意，但更重要的是想探寻真相，试探摩诃末的态度。如果他先前的判断有误，摩诃末并不知情，而且还能交出元凶，他可以不计前嫌，不动兵戈。

摩诃末对于交出海儿汗的要求断然拒绝，给出的理由是"盖诸将权重，不受算端之制也"，就是说海尔汗权势很大，不受自己的控制。

摩诃末这样说固然有托词的成分，但也并非完全不是实情，因为海儿汗是秃儿罕太后的亲侄子，而太后在花剌子模是说一不二的人物，因此摩诃末不大可能将海儿汗交于成吉思汗。

摩诃末不仅拒绝交出真凶，还做了一件让成吉思汗忍无可忍的事情。

或许是前番被称为"儿子"感到不爽，再加上成吉思汗此番话中有威胁之意，为了表示大国尊严，摩诃末竟然杀掉了蒙古正使，剃掉了两个副使的胡子，把他们赶回了蒙古，让转告成吉思汗：花剌子模不怕蒙古，有本事尽管放马过来。

摩诃末不仅再次开了杀戒，剃掉副使胡须的做法也极为恶劣，因为在那时那地，胡须是权力的象征，被强迫剃掉胡须是奇耻大辱。他这样做，相当于对成吉思汗疯狂打脸。

胆敢如此作为的摩诃末，大概是赌定蒙古军队不会远涉千里而来。两国之间不仅距离遥远，而且中间大部分是崇山峻岭和荒漠地区，大规模用兵非常困难。在他看来，即便成吉思汗下定决心出兵，历经艰险抵达花剌子模后，蒙古军队必定人疲马乏，而自己以逸待劳，会有很大的取胜把握。

事实证明，摩诃末太低估成吉思汗了！

成吉思汗见到被剃掉胡须的两个副使后彻底怒了，除了西征，他已经没有任何选项。自从蒙古帝国创建以来，他用强大的武力和铁血政策使得各大部落和周边国家畏服，而花剌子模却接连两次对其羞辱，简直欺人太甚。而且通过此次事件，已经可以得出结论，与蒙古交恶是摩诃末自己的选择，证明他先前的判断是正确的。

成吉思汗心里明白，如果这次继续隐忍，不作出激烈的反应，不仅颜面尽失，而且会散了人心。

他之所以能够取得一个个辉煌的胜利，就是因为敌人害怕他的强悍，倘若在如此屈辱面前低头，不仅过去征服的地区可能反叛，连自己的手下都可能不再服从。因此，即便有再多困难，也必须出兵。

成吉思汗由此下定决心，派人给摩诃末传话说："你杀了我的部下和商人，夺走了我的财产，我要率领你无法抵抗的军队来对付你们，你就等死吧！"

说罢这番狠话，成吉思汗的"上帝之鞭"就要挥向西方了！

二

元太祖十三年（1249）四月，在一场绵绵的春雨中，成吉思汗举行了盛大的出征誓师大会，史载"车帐如云，将士如雨，马牛被野，兵甲赫天，烟火相望，连营万里，千古之盛，未尝有也"，彰显了强大的军威和必胜的决心。

成吉思汗此次调集了二十万大军，对外号称七十万，几乎是倾巢出动。随同出征的有次子察合台、三子窝阔台和四子拖雷。

长子术赤已经先行出发，换句话说，成吉思汗不仅御驾亲征，还把自己的四个儿子全部带上，可见重视程度非同一般，完全有一种不灭花剌子模誓不还乡的意思。

事实上，在商队被杀后，成吉思汗已经为西征开始做准备，采取了两项重要的举措。首先是采用了反间计，对象是摩诃末的母亲秃儿罕太后。

成吉思汗获得确切情报，说这对母子平日不和。身为太后的秃儿罕控制欲很强，意图主宰自己的儿子，一国之君的摩诃末不愿受其控制，花剌子模内部由此分为两派势力，摩诃末的势力范围主要在都城撒麻耳干一带，而秃儿罕太后在呼罗珊地区更有影响力。

成吉思汗敏锐意识到这是离间两人的良机，于是派信使到花剌子模的旧都玉龙杰赤，告诉秃儿罕太后说自己不愿和她打仗，许诺将来整个花剌子模交给她统治。秃儿罕当时置之不理，但从后来的情况看，离间之计确实起到了作用。因为蒙古军队西征中，秃儿罕太后并没有派出援兵帮助摩诃末。

成吉思汗的另一个大动作是派出军队到费尔干纳一带进行佯攻，以吸引摩诃末的注意力。统帅这支队伍的是长子术赤和大将哲别，他们翻越了数千米海拔的冰山雪岭，穿越了深达五六尺的积雪地带，最终在第二年夏天抵达指定地点。

成吉思汗的这一招收到了奇效！

摩诃末得知蒙古军即将西征，知道成吉思汗来者不善。上一次与蒙古军作战吃过亏，使他觉得很难与蒙古骑兵正面对决。

摩诃末原本打算是分兵加强锡尔河沿岸各城的防御。蒙古军远道而来，跋山涉水，人困马乏，只要这些城市能够抵抗一段时间，士气必然会低落。就在蒙古军攻城受挫、兵力耗竭的时候，他率领生力军进行反攻，定会一击制胜。

摩诃末的想法不错，但唯一问题是他不清楚蒙古军的进攻方向在哪里，如果主攻方向不是锡尔河沿岸，这样的部署显然有问题。就在他焦虑不安时，前方传来一个重要的信息，说蒙古军翻山越岭，出现在了费尔干纳。

摩诃末由此得出结论，蒙古军率先攻击的是费尔干纳，于是下令将锡尔河沿岸的防御部队调往那里，而他中了声东击西之计，成吉思汗主攻方向恰恰就是锡尔河。

成吉思汗率领大军从蒙古高原的克鲁伦河出发，越过阿尔泰山，到达也儿的石河畔，在这里休整了一段时间，等到秋高马肥之际，继续西行，一直抵达锡尔河右岸。

蒙古大军第一个目标是讹答剌城，这里正是蒙古商团被杀之地。元太祖四年（1219）十月，成吉思汗到了讹答剌城下。此时在费尔干纳担任佯攻任务的术赤率领一路人马赶来会合，另一路由哲别带领，从锡尔河上游南下袭扰阿姆河上游地区。

成吉思汗在讹答剌城下做出新的部署，将西征大军分为四路。第一路由察合台、窝阔台指挥，负责攻打讹答剌城。第二路由术赤指挥，向锡尔河下游地区进击。第三路由大将阿剌黑、速格秃、脱海带领，攻击方向是锡尔河的上游。第四路由成吉思汗及幼子拖雷率领，渡过锡尔河，直逼撒麻耳干城以西的不花剌。

讹答剌的攻城战首先打响，这有着特殊的意义，蒙古商队正是在这里被杀，为了给死去的商队报仇，蒙古军全力以赴发动进攻。摩诃末深知此点，原本海儿汗带着一万人在这里驻守，他觉得实力不够，又派哈剌察带着五万援兵赶来。

海儿汗有了六万守军，显得底气很足，认为城墙坚固，粮食充足，完全可以打持久战。蒙古军发起狂攻，讹答剌守军拼死抵抗，足足坚持了五个月。讹答剌虽然没有被攻克，但花剌子模守军却付出了巨大的伤亡，渐渐难以支撑。

就在此时，讹答剌城守军内部发生了矛盾。哈剌察认为继续抵抗下去，只会城毁人亡，如今献城投降才为上策。海儿汗坚决不答应，因为他手上沾满蒙古商团的血，一旦落入蒙古军手中，下场会极为凄惨，对他而言，只有抵抗到底一条路可走。

讹答剌城分为内城和外城，哈剌察见海儿汗不愿投降，自己率部出城逃亡，蒙古军顺势入城，占领了外城，并且俘杀了哈剌察及部下。海尔汗带着两万士兵退守内城，苦苦支撑了一个月，兵越打越少，到最后只剩下几个人，只能用砖头和瓦片做武器，海儿汗力竭，被活捉。

海儿汗在讹答剌城守卫战中表现得足够铁血，纵观整个蒙古军西征过程，如此坚决惨烈的抵抗并不多见，或许是海儿汗觉得身上背负着血债,早已断了后路,只能孤注一掷。

不过这种抵抗注定是无用的,只是延长了些许时间而已。如海儿汗所料,他的下场很是惨烈,被俘后被送到成吉思汗那里,最后处以极刑。据说为了给死去的蒙古商人和使者报仇,在处死他之前,成吉思汗命令将熔化的银液灌入他的耳朵和眼睛,使其受尽折磨。

讹答剌城的命运同样凄惨,察合台和窝阔台下令将整个城市夷为平地,被抓的军民悉数杀掉,以此对外宣告试图抵抗蒙古大军是件极为愚蠢的事情。

就在讹答剌激战正酣时,其他几路蒙古军队也在快速推进。术赤率领的第二路军抵达锡尔河畔的昔格纳黑,他没有着急发动攻击,而是先派使者去劝降,但是使者一去不回,被当地居民所杀,震怒之下的术赤下令昼夜不停地攻城,到第七日攻陷城池,随即在城中进行了大屠杀,几乎杀光了城中所有的居民。

术赤接着抵达向毡城,当地的军民学乖了,没有作任何的抵抗,因此避免了屠城的厄运。但蒙古军还是将他们赶到城外,在城里肆意抢掠了九天。

阿剌黑等三人率领的第三路军,按照部署对费纳客忒城发起了攻击,当地居民奋起反抗,但抵抗仅仅持续了三天,第四天便乞求投降,蒙古军将城中军民驱赶出城,将已经放下武器的士兵全部屠杀,其他居民当作奴隶,并征召入伍,参加攻打其他城市的行动。

成吉思汗和拖雷率部向不花剌进军,途径匝儿讷黑城时,派出使者答石蛮哈只不前去劝降,当地居民群情激奋,想杀掉他,答石蛮哈只不高喊道:"我奉成吉思汗的命令来见你们,把你们从毁灭的深渊中挽救出来。若你们有丝毫反抗,城池将被夷为平地,原野将成为血海。如果你们听从忠言和劝告，恭顺服从指令，那么你们生命财产将丝毫无损。"

答石蛮哈只不说这番话虽然是为了保命，但所言不虚。这原本就是成吉思汗西征采取的策略，献城投降可以网开一面，如果敢于反抗则格杀勿论。听闻蒙古使者的"肺腑之言"，匝儿讷黑城居民最终选择了投降，他们派出代表带着礼物来见成吉思汗，果然得到了赦免。匝儿讷黑城并被命名为忽都鲁八里，意为"幸福之城"。

元太祖十五年（1220）二月，成吉思汗率领大军抵达不花剌，速度之快完全出乎守军的意料。按照正常行军路线，应该绕过咸海，需要很长一段时间，但成吉思汗不按常理出牌，做出一个极为大胆的决定，率大军穿越被认为难以逾越的克孜勒库姆沙漠，以后这条捷径被称为"汗路"。

不花剌是花剌子模都城撒麻耳干的姊妹城市，地位非常特殊，算是其宗教意义上的首都，拥有众多华丽的清真寺，城防也极为坚固。

蒙古军围攻了两天，没有取得任何进展。就在成吉思汗犯难时，城里出现了状况。守城将领被蒙古军的攻势吓怕了，夜间带着一部分守军弃城而逃，被蒙古军发现，一直追杀到阿姆河岸边，一个不留全部杀掉。

成吉思汗顺利进入外城，部分守军退守内城，蒙古军使用石器和弓弩进攻，守军则用弩炮和火油桶反击，就这样厮杀了十余天，蒙古军终于攻破内城，不花剌完全落入成吉思汗之手。

攻陷不花剌后，成吉思汗做了什么，历史上有不同的说法。其中有一种说法是他将全城居民召集起来，站在大清真寺布道台，发表了慷慨激昂的演讲，正是在这次演讲中正式提出了著名的"上帝之鞭"。

成吉思汗说:"人们啊,须知你们犯了大罪,如果你们问我,我说这话有何证明,那我说,这因我是上帝之鞭,你们如不曾犯下大罪,上帝就不会把我作为惩罚施降给你们。"

不花剌在被蒙古军占领后发生了一场大火,是意外事件还是故意纵火,不得而知。

能够确定的是这一场蔓延全城的大火造成了骇人听闻的惨剧,整个城市毁于一旦。自此,曾经非常繁华的不花剌消失了,后来阿拉伯历史学家伊本·白图泰在一个世纪后到达此处时,这座城市依旧一片荒芜。

不花剌的陷落完全切断了撒麻耳干和玉龙杰赤之间的交通,意味着锡尔河防线失去了意义,整个河中地区都暴露在蒙古大军的铁蹄之下。

成吉思汗的下一个目标直指花剌子模的都城撒麻耳干。

三

摩诃末此时被前所未有的恐惧所笼罩,他原本想成吉思汗不会来,即便真的出兵,到了这里已是强弩之末,但没想到,蒙古军的战力如此强大。他心中不由泛起一丝悔意,在杀死蒙古商队后,成吉思汗曾经给过他悔过的机会,而他却没有抓住,

世上没有后悔药,想得再多也于事无补,当务之急是要采取措施自保。撒麻耳干的守将是秃儿罕太后的兄弟秃海汗,兵力比较充足,相对于其他城市,城墙也是最为坚固的,而且前些日子进一步

加固了城墙，整顿了防务。

尽管如此，摩诃末心里还是没底，他原想蒙古军擅长野战，而不擅长攻城，因此采取了分兵据城固守的策略，但没想到，蒙古军攻城同样厉害，前些日子被攻占的不花剌，高大坚固的城墙，在蒙古军面前就像用沙子堆砌而成的一样，想到这些，摩诃末不由得感到胆寒。

摩诃末想来想去，觉得不能待在撒麻耳干等死，就在蒙古军即将抵达时，他带着部分部众出逃。摩诃末虽然跑了，但秃海汗并不准备投降，他积极加固城防，准备和蒙古军决一死战。

成吉思汗兵临撒麻耳干后，并没有急于攻城，头两天他亲自到城周边察看地形。在得知摩诃末已经南逃后，他派哲别、速不台与脱忽察儿各将万骑（共三万人）南下追击。

到第三天时，成吉思汗下令全线出击，撒麻耳干攻防战正式开始。

为了能够守住城池，秃海汗无所不用其极，开战的第二天，守军驱赶着二十四头大象一起出击，原本想出奇制胜，没想到却成为败招，被蒙古军射伤的大象掉头狂奔，踩死了不少守军。

在蒙古军的疯狂攻击下，撒麻耳干岌岌可危，秃海汗带着部分守军撤回内城。此时城中的民众却打开了城门，蒙古军涌入了外城，进而攻击内城，秃海汗坚持了一天，内城便被攻陷。

对于撒麻耳干军民的处置一如既往。工匠和手艺人送往蒙古，分给成吉思汗的儿子和族人。壮丁征召入伍，成为下一次攻城战的肉盾。而女人大多遭到强暴，长相不错的分给各位将领。至于二十多头大象，被驱赶到城郊，很快因为找不到食物而饿死。

攻陷撒麻耳干，摩诃末出逃，成吉思汗觉得花剌子模气数将尽，可以暂时放缓节奏，于是他和拖雷率部到撒麻耳干西南的草原进行休整，直到入秋后才继续开始行动。

根据战局变化，成吉思汗对作战部署进行重新调整，拖雷率部进军呼罗珊，窝阔台、察合台向花剌子模绿洲进军，他自己与从钦察草原南下的术赤一起攻打玉龙杰赤。

玉龙杰赤是花剌子模国的旧都，原本是秃儿罕太后的势力范围。但听闻蒙古军不断逼近的消息，她顿生恐惧，带着摩诃末的嫔妃和年幼子女离开这里，向西逃到了一座位于高地的堡垒。

城中群龙无首，居民推举忽马儿的斤为代理城主。术赤照样是"先礼后兵"，派出使者劝降，在被拒绝后指挥大军攻城。

蒙古军先是修筑城壕，用堡垒将玉龙杰赤团团包围，同时派出三千人夺取阿姆河上的桥梁。只是没想到的是，本来是志在必得的一仗却让蒙古军遭受了西征以来最大的损失。夺取桥梁的蒙古军遭到激烈抵抗，几乎全军覆没，这使得城内守军士气大振，抵抗意志更加坚决。蒙古军付出了很大代价，历时七个月依然没有攻克。

蒙古军攻城受挫，除了守军抵抗坚决外，更重要的是内部出现问题。负责攻城指挥的术赤和察合台素来不和，两人都不买对方的账，甚至经常发生争执，搞得队伍号令不一，手下将领不知听谁的指挥。

成吉思汗得知两个儿子不和的消息后怒不可遏，当即命令三子窝阔台出任攻城总指挥，全权负责前线事宜，限期拿下玉龙杰赤。

窝阔台到任后首先调和两位兄长间的矛盾，使得军心重新凝聚起来，同时严整军纪，统一军令，待一切准备就绪后，下令全线出击。

玉龙赤杰之战打得极为惨烈。蒙古军用抛石机抛掷石头和桑木，并架设云梯攻城；强攻入城后，用火油桶焚烧房屋。双方进行了激烈的巷战，废墟中满是尸体，宛若人间地狱一般。经过七天激战，蒙古军终于夺取了玉龙赤杰。

蒙古军队攻陷城池后，照例进行屠城。他们将全部居民驱赶出城，其中的工匠送往蒙古，妇女和儿童被卖作奴隶，其他人都被屠杀。蒙古军接着掘开阿姆河堤坝，引水灌城，玉龙杰赤顿时湮没在一片汪洋之中，在城中藏匿躲过第一轮屠杀的人们全部被淹死。

玉龙杰赤的陷落，标志着河中地区被蒙古人完全征服。经过两年征战，花剌子模已经到了灭国的边缘。

从玉龙杰赤出逃的秃儿罕太后一行，因为水源被断只好投降。成吉思汗下令处死摩诃末所有的儿子，彻底斩草除根。摩诃末的女儿们，两个长相不错的被察合台留下做了嫔妃，其余的都分给了高级将领。

秃儿罕太后被当作俘虏送到蒙古，为了羞辱她，成吉思汗下令将其剃光头发，几年她后死在了蒙古。

摩诃末逃出撒麻耳干后，成吉思汗命令哲别、速不台追捕，他先是逃到巴尔赫，接着逃亡至呼罗珊。在亡命过程中，他精神状态出现了严重的问题，非常多疑敏感，总是担心别人害他，以至于每晚都要睡不同的帐篷。

摩诃末身边的随从越跑越少，但是蒙古军紧追不舍，步步紧逼。为了保命，他决定跑到里海中的岛屿避难。

摩诃末的决策还算英明，进入里海后，暂时摆脱了蒙古军的追捕。不过，尽管如此，他还是不放心，在一个又一个岛屿中不停转移，直至到了一个叫额思宽的小岛，总算停了下来，因为他实在走不动了。

摩诃末精神到了崩溃的边缘，神经极为敏感，近乎偏执，同时还患上了被今天的人们称为胸膜炎、痢疾和肺炎的疾病。元太祖十五年（1220）十二月，摩诃末的生命走到了尽头，令人唏嘘的是，手下人竟然找不到包裹他尸体的床单，只好让他穿着又破又脏的便服下葬。

没有人会想到，建立了庞大的花剌子模帝国的摩诃末，最后的结局竟然如此凄惨，所幸在临死前他做了一件正确的事，将王位传给了长子扎兰丁。

四

扎兰丁是个狠角色，勇武过人，骁勇善战。作为摩诃末的长子，原本应该是花剌子模的储君，然而他的奶奶秃儿罕太后看不起扎兰丁的母亲，嫌弃她是印度人，因此对扎兰丁没有任何好感，最终改立她最喜欢的小孙子作为太子。

扎兰丁陪父亲摩诃末渡过人生最后的时光，随即在里海的小岛上即位。他接手的是个烂摊子，花剌子模的大部分领土被蒙古所占，看上去大势已去。自己身边的士兵所剩无几，别说重振河山，就连自保都极为困难。

扎兰丁将父亲安葬后，取道曼吉什拉克偷偷潜回玉龙杰赤。这座城的统治者害怕扎兰丁夺权，暗地里谋害他。扎兰丁只好逃离玉龙杰赤，来到你沙不儿城（在今伊朗和土库曼斯坦交界），接着又逃到也里，正好赶上拖雷率蒙古军攻打这里，扎兰丁只好辗转来到哥疾宁，他在这里召集旧部，不少人赶来投奔，很快集结了几万人马。

成吉思汗得知这个消息，深感意外，本来以为摩诃末之死将会为此次西征画上句号，没有想到花剌子模还有如此厉害的一个人物。为了剪除后患，早日得胜班师，成吉思汗亲自部署剿灭扎兰丁。

成吉思汗先派失吉忽秃忽等三员大将作为先锋，率领三万人前往哥疾宁。两军在一个叫作八鲁湾的地方遭遇。这是一个狭窄的山谷，不适合蒙古骑兵行动，扎兰丁先是派出弓箭手射击，对蒙古军造成不小的杀伤。

蒙古军改变战术，在马上捆扎假人作为伴兵，扎兰丁手下以为蒙古援军到了，顿时感到一片恐慌，有人建议离开战场，避其锋芒。但扎兰丁意志坚决，下令所有人下马步战，用弓箭攻击拖住敌人，然后与之进行近战，这样使得蒙古军无法发挥骑兵优势。

扎兰丁身先士卒，率部发起反击，由于士兵数量是蒙古军的三倍，很快形成了包围圈，失吉忽秃忽见势不妙，赶忙指挥突围，由于原野中有不少小坑，蒙古军的战马无法全速奔跑，三万人几乎遭到灭顶之灾。

八鲁湾之战是成吉思汗西征遭受的最大一次惨败，换言之，这也是花剌子模取得的最大的胜利。

扎兰丁一出手就显示出不凡军事才干。八鲁湾的胜利，很快产生了涟漪效应。受到这一大胜的鼓舞，一些曾被蒙古军征服地区的居民纷纷发动起义，各城原来的官员杀死蒙古管理者，重新恢复花剌子模的统治。

八鲁湾惨败同样深深震动了成吉思汗，得知前线战报，他"怒而不形于色，仅语忽秃忽，谓其狃于常胜，未受挫折，今遭此败，当以为戒"。他亲自率五万人火速南下，但赶到八鲁湾时，扎兰丁的军队已经返回哥疾宁。

成吉思汗从此将扎兰丁视为头号敌人，在他看来，扎拉丁似乎比他父亲摩诃末更可怕，此人不除，西征很可能无功而返，花剌子模定会卷土重来。

成吉思汗下令窝阔台、察合台和拖雷几路大军会合南下，围攻扎兰丁。就在花剌子模军民期待扎兰丁再次创造奇迹时，阵营内部却发生了纷争。

说来并不是什么大事，大将阿明灭里和赛甫丁·阿格剌黑因为争抢一匹马而动手，阿明灭里用鞭子打了阿格剌黑的头。因为扎兰丁没有惩治阿明灭里，阿格剌黑一气之下连夜带走了自己的四万人马，这样一来大大削弱了扎兰丁的实力。

扎兰丁得知蒙古大军到来，觉得以现有力量无法抵抗，于是决定渡过申河（今印度河）逃往印度。蒙古军赶到申河，击溃了扎兰丁殿后部队后，随即将其主力包围在河岸地区。

蒙古军集中兵力发起攻击，扎兰丁的士兵死伤惨重，阿明灭里被杀。尽管如此，扎兰丁毫无惧色，一马当先，率先冲向迎面而来的蒙古骑兵，从左攻到右，从前杀到后，手起刀落，鲜血直溅。

成吉思汗非常欣赏扎兰丁的勇猛，命令手下务必活捉扎兰丁，由于有这样的命令，蒙古军不敢用箭射杀。但随着时间的推移，扎兰丁身边的士兵所剩无几，包围圈也越来越小。

扎兰丁眼见形势危急，索性扔掉身上的甲胄，从两丈高的崖上跳入河中，拼命游向对岸。蒙古士兵纷纷要用箭射他，却被成吉思汗拦住。他望着河中越游越远的扎兰丁，不由赞叹道："为父者应有这样的儿子！"

扎兰丁逃出重围后，继续集结残余势力对抗蒙古，但由于他不擅长调节各个割据势力的关系，虽然取得了一些胜利，但都无济于事，自己的部队越打越少，在成吉思汗子孙们的连番打击下，只得逃入库尔德斯坦山中，最终被山民所杀。

扎兰丁注定是个悲情英雄，八鲁湾之战是他唯一的也是最后的辉煌。

就在成吉思汗全力剿灭扎兰丁时，哲别和速不台正在向高加索和南俄罗斯地区进军。他们最初奉命追击摩诃末，当摩诃末躲到里海的岛上后，成吉思汗命令他们继续征战，进一步扩张领土，打出蒙古军队的威名。

哲别和速不台率先进攻今天伊朗北部地区，进逼阿哲尔拜占国都城大不里士，阿哲尔拜占国王月即伯先是带着近臣和宫女们跑到其他地方躲起来，后得知蒙古军奉行"抵抗者死，投降者生"的政策，于是授命大臣与蒙古军讲和，主动献出金银财宝，蒙古军收下礼物果然没有侵扰，进军到里海西岸的穆甘大草原，在那里度过严冬后，进入格鲁吉亚王国境内。

格鲁吉亚女王鲁速丹认为蒙古军会因为天寒地冻而不会贸然出兵，于是就派使者去阿哲尔拜占，与蒙古军约定到春天再进行决战。但没想到蒙古军提前到来，双方在王国首都第比利斯城下大战一场，蒙古军虽然大败格军，斩杀过半，但自身折损也不小，只得退兵至大不里士（今伊朗）附近，阿哲尔拜占国王再次献出大量礼物，以求自保。

哲别和速不台接下来进攻马拉盖，经过数日激战，攻破城池后屠城而走，然后在哈马丹地区暂时休整，休整结束出发入侵黑衣大食（阿巴斯帝国）时，哈马丹居民因不堪忍受蒙古人的压榨发动叛乱，杀了蒙古长官。哲别和速不台大怒，率军掉头杀回哈马丹，屠城后将这座名城夷为平地。

蒙古军随即北上，第三次来到大不里士，阿哲尔拜占国王月即伯被蒙古人勒索殆尽，再无金银财宝可供奉，只好逃到外地避难。蒙古军入城后劫掠一番后离去。

哲别、速不台北上进入阿兰境内，阿兰人以勇敢善战而著称，他们经常与格鲁吉亚作战，然而阿兰人也知道蒙古人求财不求命的法则，于是在献出金银财宝后蒙古人退去。随后，哲别、速不台再次进入格鲁吉亚境内，鲁速丹女王急忙从里海西岸调回三万人保卫国土，这支军队在第比利斯与蒙古军相遇，经过一番激战，格军战死过半，其余退守第比利斯。这就是著名的格鲁吉亚之战，也称乔治亚之战。

结束了格鲁吉亚之战，元太祖十七年（1222）年初，哲别、速不台率部越过高加索山脉，进入南俄罗斯的钦察草原境内。草原上的阿兰部落听闻蒙古人到来，联合钦察、斡罗斯、勒思吉人共同抗击蒙古军。

面对敌众我寡的不利形势，哲别决定采取分化瓦解的策略，他派使者带着礼物去见钦察部落首领迦迪延，说："我们是一族同胞，你们为何要帮助异族？我们结为友好，我可以把夺来的金银都留给你们。"哲别的忽悠很成功，钦察人弃盟友而去，蒙古军随即大败阿兰联军，北高加索山区诸部落相继投降败亡。

谁承想，钦察人刚返回草原不久，蒙古军撕毁约定，对其发起了攻击。他们宣布钦察地区是术赤的封地，所有钦察人和该地区其他民族都是蒙古的臣民，都要接受术赤的统治。

面对蒙古军强大的军事压力，钦察部首领迦迪延逃到罗斯求援，罗斯各王公觉得唇亡齿寒，应该联合抵抗蒙古人的入侵。哲别和速不台听闻这个消息，赶忙派使者去见罗斯诸王公，告诉他们蒙古要收拾的是钦察部落，无意进犯罗斯，同时蒙古军是不怕打仗的，因此最好不要挑起战争。

不过，哲别的这次忽悠没有成功，罗斯诸王公下定决心要与蒙古军对抗，这年夏天，联军渡过第聂伯河，开始发起攻击。哲别和速不台鉴于双方实力悬殊，决定让开大路，诱敌深入，同时派使者向里海东岸的术赤求援。

联军看到蒙古军节节后退，认为其战斗力不强，一直尾随追击，追到了迦勒迪河。此时，术赤的援军也已赶到，双方隔河对峙。

罗斯联军分为南北两部屯兵，密赤思老大公曾击败过蒙古军先锋，因此没把对岸的敌人放在眼里，他急于独吞战功，没有和其他王公商量，直接指挥北军先行过河作战。

哲别抓住难得战机，立即向冒进的北军发起猛烈攻击。在蒙古骑兵轮番的冲击下，北军阵脚大乱，顿时溃不成军。密赤思老大公见状不妙，抛弃将士，自己乘船逃回对岸，并将河上的船只全部烧毁以防蒙古军追击，结果留在河对岸的北军被蒙古军全歼。

南军的基辅军扎营于河对岸的高地上，目睹北军战败而按兵不动。蒙古军乘势过河，包围罗斯南军。南军腹背受敌，抵抗三天后投降。这场战斗被称为迦勒迪河之战。蒙古军取得了辉煌的胜利，全歼罗斯联军七万余人，包括六个王公和七十多位贵族。蒙古军乘胜长驱直入，进占克里木半岛，攻陷速达黑城。

哲别、速不台奉成吉思汗之命，仅仅带着两万多骑兵，横扫高加索山脉南北，转战三年，征服十四国，破城四十余座，歼敌十余万，行程五千余公里，以伤亡几千人的极小代价取得了令人恐怖的战果。

元太祖十九年（1224），速不台奉成吉思汗之命率部东返，与西征大军会师。而哲别奉命留守钦察草原，不久后病逝于咸海西北的康里境内。

五

在速不台、哲别在高加索山脉南北纵横驰骋时，成吉思汗开始考虑结束西征了。

虽然扎兰丁逃亡在外，但已经掀不起太大的波澜，花剌子模作为一个国家，基本上退出了历史舞台。先前商团被杀的血债得到清偿，而且使得整个中亚乃至更远的地方都知道了蒙古的威名。

成吉思汗曾对儿子们和属下说过："天下土地宽广，河流众多，你们尽可以各自去扩大地盘，征服邦国。男子最大之乐事，在于压服乱众，战胜敌人，夺取其所有的一切，骑其骏马，纳其美貌之妻妾。"从这个意义上说，西征完全达到了预期效果。

元太祖十八年（1223）春天，成吉思汗下令大军班师回朝。他原本想经印度、吐蕃回到蒙古，但由于这条路海拔很高，山势起伏，道路艰险，最终放弃这个想法，选择原路返回。成吉思汗当然不会放弃攻占的花剌子模的土地，他命令长子术赤镇守，并在各城设置了达鲁花赤。

"达鲁花赤"是蒙古帝国在占领区及重要城镇所设置的最高军政监治长官，负责对占领区被委任的当地官员的监管职责，位置高于占领区当地统治者，对大小事务拥有最终裁定权。

达鲁花赤的设置，标志着蒙古对中亚地区行使主权。同时，从历史看，这又算是一种创新的管理方式，既保障了蒙古大汗及贵族们的既得利益，又在一定程度上有利于征服地区社会经济的恢复和发展。

成吉思汗在回程的路上有意放慢了脚步，举行了多场宴会和狩猎活动来庆祝西征的胜利。除了完成既定目标外，还有一件事令他感到欣慰，便是这次西征是由他和儿子们完成的。

几个儿子在征战过程中都得到了磨炼，除了术赤和察合台在攻打玉龙杰赤时发生争执让他感到不快外，总体上成吉思汗对四个儿子的表现还是满意的，常言说老子英雄儿好汉，蒙古帝国后继有人了。

元太祖二十年（1125）二月，成吉思汗回到了蒙古草原土拉河行宫，第一次西征宣告结束。

蒙古帝国此后还进行过两次西征。在窝阔台统治时期，发动了第二次西征。这次出征以术赤次子拔都为统帅，诸王和窝阔台长子、拖雷长子等参与其中，因为各支宗室均以长子领军，万户以下各级首领也派长子率军出征，因此此次征战被称为"长子西征"或"诸子西征"。

拔都虽然名为主帅，但蒙古大军指挥权实际掌控在老将速不台手中。这次西征一直打到今天匈牙利、波兰，横扫欧洲各国。

元宪宗二年（1252），蒙古大汗蒙哥派弟弟旭烈兀进行第三次西征，这次征战一路打下了今天的伊朗、伊拉克、叙利亚等地，占据了阿富汗、土库曼斯坦、巴基斯坦部分地区，震惊了整个伊斯兰世界。

三次西征，无论规模还是征战距离，成吉思汗的第一次西征都逊于后来的两次，但就重要性而言，则不可同日而语。

第一次西征为蒙古帝国带来了巨大的财富，劫掠了大量奴隶，增加了人口总量，而且那些俘获的工匠把花剌子模先进的工艺技术带到了蒙古。此次西征大大提升了蒙古的"综合实力",更加刺激了其对外征伐的欲望,也为接下来继续西征并取得更多战果打下了基础。

当然,成吉思汗所取得的战功,是以被征服地区人们的悲惨命运为代价的。

其中,最残酷的屠杀发生在范延堡。范延堡城墙高厚坚固,城中居民拒绝投降,使用弓矢弩炮与蒙古军对抗。在双方激战中,成吉思汗的孙子木阿秃干中箭身亡。木阿秃干少年骁勇,骑射皆精,成吉思汗钟爱此孙。成吉思汗悲愤至极,他抱着尸体,将自己关进一个屋子里,待了一天。

随即,成吉思汗下令全军昼夜轮番强攻。城上城下,积尸甚众,蒙古军移尸作梯。攻陷城池后,成吉思汗下令将人畜禽兽全部杀绝,不赦一人,不留一物,整个城市彻底夷为平地。他还给这座城取名为卯危八里,意思为"歹城",后来也被人称为"诅咒之城"。

同样大规模的屠杀发生在呼罗珊你沙不儿城,成吉思汗当时是派四子拖雷攻打该城。拖雷派他的先锋,也是他的妹夫脱忽察儿先行,打头阵。你沙不儿城以高大坚固著称,易守难攻。脱忽察儿攻城时中箭而亡,攻陷你沙不儿城后,脱忽察儿之妻,也就是成吉思汗之女,带着蒙古军进城,见人就杀,对城内士兵及百姓进行了无差别杀戮,除了四百名工匠外,全城屠杀一空。

这样的杀戮还发生在玉龙杰赤、哈马丹、撒麻耳干、不花剌、巴里黑……除了少数城市因主动投降躲过一劫外,大部分城镇遭受到屠杀和洗劫。

只是,任何事物都有两面性,放在更宽广的历史视野下审视,成吉思汗第一次西征客观上也促进东亚地区和中亚、西亚和欧洲的经贸文化往来。

使东西方贸易畅通,是成吉思汗一直以来心里所期盼的。在西征之前,他重视与花剌子模建立友好关系,就是为了让丝绸之路重新繁荣起来。后来由于商队被杀,成吉思汗决意西征,除了复仇之外,同样有控制和征服丝绸绸路沿线国家的目的,所以有人评价说:"蒙古西征,是以获取西方的金银财、衣料、丝织品、粮食以及牛羊马驼为其经济目的的。"

成吉思汗西征确实达到了这样的目的,消除了妨碍东西方交往的障碍,打通了业已闭塞的亚欧大陆通道,一如学者李思纯所说:"蒙古西侵,乃将昔日阻塞未通之道途,尽开辟之,而使一切民族种姓,聚首相见。"

通过这条亚欧大陆通道,外来文化与中国本土传统文化交流、碰撞、互鉴、融合,体现在经济、科学、文化、社会生活的各个层面,伊斯兰地区和西方世界的艺术、宗教、科学等东传,深深影响了元代的天文、历法、建筑、医疗等方方面面,推动了科学的发展,丰富了文化的内容。

同样,中华文明也通过丝绸之路,传递到世界各地,特别是火药、印刷术、指南针技术的西传,在一定程度上改变了人类文明的进程。

此后,成吉思汗还采用中原的交通制度,在通往西方的大道上,开辟了"驿路",设置"驿骑""铺牛"和"邮人",把中原旧有的驿站系统延伸到西域、中西亚的察合台以及伊利汗国,覆盖的面积不断扩大,形成了空前庞大的欧亚交通网络体系。

据历史记载,这些驿站功能非常完善,每处都配有一定数量的人、马或骆驼，以及食物、饮水等必需品，为往来的商人提供补给。同时，"成吉思汗乃为地方行旅谋安，于诸大道中置卫士"，有效保障了商人和财物的安全。

成吉思汗西征客观上重新连通了沟通欧亚大陆的商贸大通道——草原丝绸之路，主要路线是由中原地区向北越过古阴山、燕山一带的长城沿线，向北穿越蒙古高原、中亚西亚北部，直到地中海欧洲地区。

由于北纬40～50度之间的中纬度地区，恰好是草原地带，除了局部有丘陵外，地势较为平坦，因此在沟通东西方经济、文化更为方便快捷。

内蒙古文物考古研究所所长、史学博士陈永志认为，这个优势至少体现在三方面："首先，草原丝绸之路所处的自然环境较海上丝绸之路、沙漠丝绸之路要优越。在大草原上，草原丝绸之路经过的地区具有丰富的水草与河流、植被，是人类生存赖以仰仗的基本条件……游牧民族逐水草迁徙的生活方式，是草原丝绸之路上最为有力的资源供给与保障，而海上丝绸之路、沙漠丝绸之路就不具备这样的条件。其次，草原丝绸之路上的商品交换与流通更加快速与方便。草原丝绸之路上的商品运输工具一般是使用马匹或车辆，这些商品的承载工具灵活而又便捷，因此，草原丝绸之路上的商品交换波及面广，速度快，因而效率较高。再次，如果从文化传播的角度上看，草原丝绸之路文化传播的面是全方位的，而且所经过的地区又是人类生活的聚集区，文化的冲击力与波及面较大，而游牧民族四时迁徙的特点与骑马术的普及，又使得文化的传播速度较快，而海上丝绸之路、沙漠丝绸之路文化的传播面受自然环境的限制，是单一的，只局限于点状，且文化传播的速度要慢。"

在元代，草原丝绸之路以上都、大都为中心，设置了帖里干、木怜、纳怜三条主要驿路。

帖里干道属东道，起点站为元大都，北上经元上都、应昌路（今内蒙古克什克腾旗达里湖西岸）至翕陆连河（今克鲁伦河）河谷，再西行溯土拉河至鄂而浑河上游的哈剌和林地区。

木怜道属西道，从元上都附近，西行经兴和路（今河北张北）、集宁路（今内蒙古集宁市）、丰州（今内蒙古呼和浩特白塔子古城）、净州路（今内蒙古四子王旗净州路古城），北溯汪吉河谷（今蒙古国南戈壁翁金河）至哈剌和林。

纳怜道又称"甘肃纳怜驿"，自元大都西行，经大同路东胜州（今内蒙古托克托县大荒城），溯黄河经云内州至甘肃行省北部亦集乃路，北上绕杭爱山东麓至哈剌和林。

三条线路虽起点不同，最终都汇集到了哈剌和林，此处是蒙古高原腹地，通过这里再向西北经中亚直至欧洲，构筑了连通漠北至西伯利亚、西经中亚达欧洲、东抵东北、南通中原的发达交通网络。

阿拉伯、波斯、中亚的商人通过草原丝绸之路往来中国，商队络绎不绝。元上都城内的西关，是各国商人进行交易的地方，史载：上都"自谷粟布帛，以至纤靡奇异之物，皆自远至。宫府需用万端，而吏得以取具无阙者，则商贾之资也。"

在元上都，外国使者、旅行家、商人、教士等频繁来访，其中最出名的是意大利商人马可·波罗，他受到忽必烈的接见，回国后写下了《马可·波罗行纪》。另外，印度、缅国、尼波罗国的使者、僧侣、工艺家、商人等好些曾来元上都，元上都成为国际性的大都会。

在草原丝绸之路沿线重要城市的遗址中，考古发现了当时商品交换的大量实物。在呼和浩特市东郊的万部华严经塔发现了世界上现存的最早的钞票实物"中统元宝交钞"；在额济纳旗黑城古城遗址相继发现"中统元宝交钞""至元通行宝钞"；在元代集宁路古城遗址发掘出土了大量的窖藏瓷器，汇聚了中原七大名窑的精品；另外在元上都、德宁路、净州路等地还发现带有古叙利亚文字的景教墓顶石，充分说明了当时东西方文化交流的盛况。

遗憾的是，"最完美地将人性的文明与野蛮两个极端集于一身"的一代天骄成吉思汗，却无法见识这样的繁盛，在结束西征两年后，他在征战西夏的途中于六盘山下的清水县离世。

至于死因，众说纷纭，有中毒、被刺、雷劈、病死等各种说法，关于他的最终归葬之所，更是一个千古之谜。

不过，这些都不再重要。重要的是，沉寂千年的草原丝绸之路，在"一带一路"倡议推动下，重新焕发生机和活力，一个新时期的"黄金纽带"正在构建之中，并将注定书写新的光荣与梦想！

左宗棠

一

清道光二十九年十一月二十一（1850年1月3日），夜色中的湘江被一层薄薄的雾气所笼罩，停在岸边的一叶扁舟上烛光闪烁，两位在中国近代史上赫赫有名的大人物正在促膝长谈，年长的是主持虎门销烟的林则徐，他当时已经六十五岁了，而年轻一些的是他的追随者，名叫左宗棠。

林则徐从云南辞官回乡，路过长沙作短暂停留。在众多要求拜访者中，他独独面见了名不见经传的左宗棠，主要原因是林则徐好奇心作怪，他对左宗棠早有耳闻。林则徐任江苏巡抚时，陶澍是两江总督，两人既是上下级关系，又是挚交好友。陶澍经常对林则徐提起左宗棠，认为左宗棠乃当世奇才，其前途不可限量。好友胡林翼也先前几次向林则徐推荐左宗棠，他对左宗棠的评价是："横览七十二州，更无才出其右者！"

因此，林则徐怀着强烈的好奇心，一定要见一见这个年轻人，看看陶澍和胡林翼说得是否有些言过其实。

左宗棠听说林则徐要见自己，心里激动不已，他对林则徐心仪已久，尤其是鸦片战争爆发，左宗棠为林则徐的爱国心所感染，视林则徐为他做人做官的楷模。

左宗棠马不停蹄从百里之外的老家赶到湘江边，由于太过兴奋，慌乱之中竟不小心落入水中，穿着一身湿衣上了船。行过礼后，左宗棠自嘲说："听说古时对待士人有'三薰三沐'的礼节，

'三沐'已然拜领，不过'三薰'还没有。"林则徐被搞得哭笑不得，赶紧让他换衣服免得受了风寒。

两人倾心交流了一夜，共同的救国抱负和旷世情怀，让彼此觉得相见恨晚。他们交谈的内容很广泛，但谈得最多的还是新疆局势。

第一次鸦片战争后，林则徐被发配到新疆伊犁充军，后来奉命勘办南疆荒地，戍边五年，林则徐遍行西域三万里，勘察南疆八城，绘制了精确的新疆地图，收集了大量关于新疆风土人情、山川水利的第一手资料。

在此期间，林则徐通过实地考察和掌握的情报，发现沙俄在不断侵蚀巴尔喀什湖以南、以东的广大中国领土，这让他敏感意识到沙俄已然是西北边陲最可怕的敌人，必须要加强边疆的国防力量，否则后果不堪设想。

只是林则徐知道自己年迈体弱，去日不多，徒有御俄之志，却无力完成这个艰巨的使命，只能依靠后来人。

通过这次交谈，林则徐发现坐在对面、只有三十六岁的左宗棠是很合适的人选。早在道光十三年（1833），左宗棠进京赶考返程的途中，曾作《癸巳燕台杂感八首》，其中一首就写到了新疆："西域环兵不计年，当时立国重开边。橐驼万里输官稻，沙碛千秋此石田。置省尚烦他日策，兴屯宁费度支钱。将军莫更纾愁眼，生计中原亦可怜。"左宗棠治理新疆的对策，早就写在了这首诗里。

林则徐将自己呕心沥血收集整理的关于新疆的全部资料送给了左宗棠，并嘱托道："吾老矣，空有御俄之志，终无成就之日。数年来留心人才，欲将此重任托付……东南洋夷，能御之者尚或有人。西定新疆，舍君其谁！"意思是说，能够抵抗东南洋人的能人有一些，但西定新疆之人则非左宗棠莫属。

道光三十年（1850），林则徐在广东病逝。临死之前，林则徐的手已经握不住笔，于是命次子林聪彝代笔给道光帝写了一封信，向道光皇帝郑重推荐左宗棠，称左宗棠为绝世奇才，希望皇帝一定要重用之。

林则徐死后，左宗棠怀着极其沉痛的心情，挥泪写下一副挽联："附公者不皆君子，间公者必是小人，忧国如家，二百余年遗直在；庙堂倚之为长城，草野望之若时雨，出师未捷，八千里路大星颓。"

林则徐初次见到左宗棠，就认定他可以完成此大业，在后来的历史进程中果然得到验证。25年后，左宗棠带着林则徐当年交给自己的资料成功收复新疆。由此，"湘江夜谈"成为改变新疆命运的一次重要谈话。

林则徐的慧眼独具，不得不使人叹服。因为当时的左宗棠没有一官半职，只是一个三度落榜年近中年的布衣秀才。

左宗棠出生在一个书香门第，父亲左观澜是一个教书先生，因此从小对他的教育非常重视。左宗棠五岁时开始学习《论语》《孟子》等儒家经典，十四岁时参加了长沙府试，名列第二，但因母亲病重只好放弃院试，不久母亲去世。

不幸的事情接踵而来，左宗棠十九岁时，父亲也去世了。当年的十口之家，只剩下了左宗棠和二哥。

生活的艰难过早考验了左宗棠。家境原本就比较穷困，他曾经写过一首诗，追念父母在世时家境清寒的情景："十数年来一鲜民，孤雏肠断是黄昏。研田终岁营儿脯，糠屑经时当夕飧。五鼎纵能隆墓祭，只鸡纵不逮亲存。乾坤忧痛何时毕，忍属儿孙咬菜根。"后来父母治病又欠下不少外债，经常是吃了上顿没下顿，但左宗棠没有被困顿所压垮，一直潜心苦读。

只是，与苦学八股以求功名的读书人不一样，左宗棠对经世致用之学很感兴趣，广泛阅读学习有关历史，地理，军事，经济，水利等方面的著作，而正是这些看似"离经叛道"的学问，为他以后带兵打仗、施政理财起到了重要的作用。

左宗棠虽然对经世致用之学有强烈的兴趣，但是他也清楚，要想实现自己的人生理想，科举入仕几乎是唯一的途径。

道光十二年（1832），服丧期满的左宗棠参加乡试，本来没有考上，试卷成为了遗卷。但由于这一次是为道光皇帝五十岁寿诞特开的恩科，所以增加了录取名额，在落选的考卷中"搜遗，得六人"，而左宗棠名列六人中的第一，就这样有惊无险的中了举人。

不过，左宗棠的科举之路就此止步了。道光十三年（1883），左宗棠信心满满来京城参加会试，却名落孙山。虽然惨遭失利，但还是有所收获，左宗棠结识了后来的湘军大将、晚清中兴名臣胡林翼，两人一见如故，经常彻夜畅谈，纵论世事，相互引为知己。

两年后左宗棠再次进京应试，这次更为不幸。他被初录为湖南省第十五名，但是因湖南多中了一名，因此他的试卷被撤下，仅给了"誊录"一职，就是替人抄写文书。左宗棠不甘屈就，弃职还乡，这次失利对他打击甚大，回乡后生了一场大病，险些丧命。

一系列的打击让左宗棠有些心灰意冷，暂时不去想科举之事，而是潜心求学，博览群书。他写了一副联语挂在书房："身无半亩，心忧天下；读破万卷，神交古人"。这应该代表了他当时的心迹。

这段时期，左宗棠对绘制地图产生了浓厚兴趣，在夫人的协助下，他绘制了皇舆图，也就是全国地图。"以此图为本，以诸史为证"，整整花了一年的时间才完成。

转过年来，二十四岁的左宗棠应邀在湖南醴陵渌江书院担任主讲，虽然待遇并不优厚，他对教学却很认真严格。在此期间，他结识了生命中第一个贵人——时任两江总督陶澍。

陶澍回老家扫墓途经醴陵，醴陵县令为了讨好他，请左宗棠为他写了几副楹联，其中一副是："春殿语从容，廿载家山印心石在；大江流日夜，八州子弟翘首公归。"这副对联可是大有深意，上联说的是道光皇帝曾经在养心殿东暖阁召见过陶澍，还御笔亲题了"印心石屋"四字，这是陶澍一直以来引以为傲的事情。下联暗示的是陶澍祖上陶侃曾督掌八州军事，而且"八州子弟翘首公归"一句也道出家乡子弟对陶澍的敬仰之情，可谓一语双关。

整副对联不仅对仗工整，还把陶澍及其祖上的荣耀事迹概括其中。陶澍对此非常欣赏，提出要见写联之人。见到左宗棠后，两人"纵论古今"，整整聊了一夜。通过这次见面交流，陶澍视名不见经传的左宗棠为奇才，"一见目为奇才，纵论古今，为留一宿"。

道光十八年（1838），左宗棠第三次赴京考试，想着做最后一次尝试，但结果依旧，再次落第。从京城还乡时，他特意绕道江宁（今江苏南京）拜见陶澍，停留了十多天，两人相谈甚欢，"倾谈竟夕，与订交而别"，陶澍对左宗棠更为器重，主动提出订立娃娃亲，让左宗棠的长女嫁给自己的独子陶桄为妻。

这件事引发了很大争议，在当时讲究门当户对的年代，陶澍的选择实在太大胆。陶澍位居两江总督，左宗棠只是个接连落第的书生，无一官半职，两人的身份地位简直云泥之别，却结为儿女亲家。面对各方质疑之声，陶澍始终不以为意。

接二连三的失败，让左宗棠对科举之路彻底死了心。回到长沙后，他集中精力研究经世致用之学。

只是生活的压力让左宗棠心里充满了无奈和苦闷，眼见年龄越来越大，却没有任何功名，甚至连自己一家都养活不了，一直寄居在岳父家。虽然夫人温柔贤惠，并不嫌弃，但他总觉得抬不起头来，为此写道："回头廿九年间事，零落而今又一时。"

道光十九年（1839），就是陶桄订婚的第二年。左宗棠27岁时，陶澍病逝，其子陶桄年仅七岁，孤儿寡母，无人照料。陶澍临终托孤，请左宗棠到安化老家陶府来坐馆授读，教幼子陶桄读书和做人。

左宗棠不好推却，就此到陶家做了私塾先生，名义上是教书，实际上相当于陶家的主心骨，料理上上下下各项事务，成了陶家的"总管家"，这一干就是八年。陶家藏书很多，这些日子左宗棠饱览群书，极大开阔了眼界，为他日后成就一番伟业打下了坚实基础。

在陶家做老师，给左宗棠的生活带来了很大的改变，结束了先前"赘婿"生涯。陶家给了他不错的薪资，左宗棠在家乡湘阴柳家冲购置了七十亩田地。后来离开陶家后，他带着妻子和女儿到那里定居，在庄园的门上，左宗棠题写了"柳庄"二字，自称"湘上农人"，开始了耕读生活。

左宗棠完全忘却了科举，精心经营自己的庄园。农忙时节，他每天在田里劳作，充实并快乐着。除了种植水稻外，还种了果树、桑竹和茶叶。由于左宗棠喜好柳树，在房前屋后，池塘路边栽种了许多柳树，"参差杨柳，丰阜农庄"，一幅人间乐园的美好景象。

农闲时，左宗棠潜心农学、舆地、兵法、漕运、河工等实用之学。他自比为诸葛卧龙，常以"今亮"自称。无论是陶家教书还是隐居柳庄，他对时事非常关心。特别是第一次鸦片战争后，眼见国家陷入内忧外患、风雨飘摇的境地，他痛斥穆彰阿、琦善等人的卖国行径，并提出"更造火舰、炮舰之式"的应对之策。

道光二十八年（1848），林则徐从新疆戍边归来不久，被任命为云贵总督，赴任途中经过湖南，胡林翼极力向林则徐推荐左宗棠，说他是"湘中士类第一"，林则徐召左宗棠入幕，左宗棠虽因家事没能赴任，但他的名字却被林则徐知悉，于是，便有了转过年的"湘江夜话"。

尽管林则徐向朝廷推荐左宗棠，但清廷却没有当回事，左宗棠只能继续待在柳庄，直到咸丰二年（1852），胡林翼第二次向朝廷举荐他。

这一年，太平天国大军攻入湖南，湖南巡抚张亮基奉诏抵抗，他原本是林则徐的下属，和胡林翼的关系也很好。胡林翼多次向他举荐左宗棠，张亮基派人去请，左宗棠当时已离开柳庄，带着家人外出避难。

张亮基没想到，左宗棠竟托词拒绝了。胡林翼得知后，写信劝说左宗棠万勿推辞，同乡好友郭嵩焘也劝他，再加上张亮基接二连三派人礼聘邀请，在这种情况下，左宗棠决定出山，开始了幕府生涯。

左宗棠不顾危险，于炮火连天中进入长沙。张亮基大喜过望，经常找他商议军事，左宗棠积极出谋划策，"昼夜调军食，治文书"，所提建议大部分被采纳并付诸实施。

太平军围攻长沙三个月不下，撤围而去，张亮基升任湖广总督，左宗棠跟随从长沙来到武昌，但没过多久，张亮基又调任山东巡抚，左宗棠觉得失去依靠，在武昌待下去没有意义，于是请辞返回老家。

左宗棠第一次出山，虽然只有短短一年，却为他提供了难得的实践机会，积累了不少经验。左宗棠在此中间表现得相当不错，一生的功名之路就此开始。

左宗棠在老家没有闲居太久，很快新的聘书又来了。礼聘他的是新任湖南巡抚骆秉章。左宗棠起初的态度和上次一样，婉言谢绝，但后来改变态度，答应再次出山。

至于为何答应骆秉章，坊间流传着一个故事，说是骆秉章请来左宗棠的女婿陶桄，找了个由头要求他捐资十万两白银，否则不能回家。左宗棠听说后大怒，去找骆秉章要人。当来到巡抚衙门时，发现陶桄安然无恙，而骆秉章恭候多时，早已令人备好酒席，左宗棠明白了骆秉章的良苦用心，当即答应出山。

咸丰四年（1854）四月，左宗棠开始了第二次幕府生涯。这一年，左宗棠已经四十二岁了，但依旧还是个师爷。

开始两人的配合并不默契，骆秉章对他不是很信任。但很快左宗棠的才干使得骆秉章折服，到最后骆秉章甚至成了"甩手掌柜"，大小事情皆由左宗棠处置。骆秉章对他言听计从，"所行文书画诺，概不检校"。

有一件事情很说明问题。有一天，骆秉章听到辕门外传来炮声，赶忙问身边人出了什么事，随从说："是左师爷在拜发军报折。"发军报折是很重要的事情，通常是由巡抚亲力而为，左宗棠却越俎代庖，骆秉章对此已经见怪不怪，因此并没有介意，只是让人将奏报拿来看看了事。

骆秉章当时兼任都察院右副都御史，当地人戏称左宗棠为"左都御史"，意思是左宗棠的权力超过了骆秉章。

左宗棠对得住骆秉章的信任。他焦思竭虑，日夜筹划，辅佐骆秉章"内清四境""外援五省"，同时，在湖南境内革除弊政，稳定货币，开源节流，使得严峻的形势转危为安，湘军出省作战连连告捷。

左宗棠由此开始引起了清朝朝廷的注意，曾国藩、胡林翼、郭嵩焘等大臣纷纷上书举荐左宗棠，看上去他距离入仕只有一步之遥了。

二

只是没想到的是，就在清廷准备起用左宗棠时，发生了一件意外事件，险些让他丢了脑袋，这就是有名的"樊燮京控案"。

樊燮当时是零陵总兵，此人仗着与湖广总督官文有亲戚关系，平日里作威作福。作为武官，他出门从来不骑马，而是坐一乘八抬大轿，甚至连阅兵都不例外，当地人消遣地说："樊总兵阅兵：坐着看。"樊燮因此被人们讥讽为"轿子总兵"。

咸丰九年（1859），朝廷下令调樊燮领兵入川。他临行前到巡抚衙门向骆秉章辞行。樊燮打心里看不上只是举人的左宗棠，因此在向骆秉章请安后，没有理睬左宗棠。这让左宗棠心里很不高兴，当场指责他说："本省武官见我，无论大小都要请安，汝何不然，快请安！"

樊燮听后勃然大怒说："朝廷体例未定武官见师爷请安之例，武官虽轻，我亦朝廷二品官也。"按照清朝官例，总兵属于正二品武官，而左宗棠虽然依仗骆秉章的信任和放权，在湖南呼风唤雨，却只是一个幕府师爷，级别要比总兵差远了。

left宗棠见樊燮出言不逊，更加生气，大骂道："王八蛋，滚出去！"两人就此结下了梁子。不久后，骆秉章上书弹劾樊燮，控告他侵吞军饷，这显然是左宗棠在后面运作。咸丰帝下旨，将樊燮革职查办，押赴长沙审理。

樊燮情急之下向官文求救，官文让樊燮分别向湖广总督署和都察院上书伸冤，控告左宗棠是个"劣幕"，为所欲为，祸害一方。由于有官文撑腰，咸丰帝批示将此案交由湖南学政钱宝青审理，并告知："左某如果有不法之事，即可就地正法。"此事就此迅速升级，左宗棠惹来了杀身之祸。

关键时刻，受郭嵩焘之托的南书房侍读潘祖荫出面奏请咸丰帝，详述左宗棠在湖南的作为，"力辩其诬，三疏荐之"，与此同时，骆秉章、胡林翼也积极活动，再加上朝中重臣肃顺为左宗棠说话，这件事大事化小，具奏结案。

经过樊燮京控案，左宗棠不仅毫发未损，反而因祸得福。特别是潘祖荫在上奏时所说的："天下不可一日无湖南，湖南不可一日无左宗棠"，使得左宗棠名声大噪，获得了极高的政治声誉，并就此迎来了命运的转机。

咸丰十年（1860），左宗棠以四品京堂候补，随同钦差大臣、两江总督曾国藩襄办军务。一年后，升任浙江巡抚。再过一年，又升为闽浙总督。屡试不中的左宗棠，几年间从一介布衣成为朝廷重臣，升迁速度之快，着实令人震惊。

左宗棠"火箭"般的上升速度，主要得益于镇压太平军有功。从某种意义上说，如果没有这场起义，左宗棠很可能只是一个教书先生，最多会是一个幕府师爷。但话说回来，机会总是留给有准备的人，如果他没有潜心学习经世致用之术，那也不可能获得成功，人们常说"大器晚成",左宗棠无疑就是"君子藏器,待时而动"的典型代表。

左宗棠的官运还没有到头,因击败太平军,收复浙江全境,被封为二等恪靖伯,用了仅仅四年就达到了大多数人一辈子都难以企及的高度。

左宗棠迫不及待想干一件事——兴办洋务。

第一次鸦片战争失败,让清朝一些有识之士开始认识到西方坚船利炮的威力,因此提出"睁眼看世界",主张学习西方国家的优点以增强国力。魏源在《海国图志》中主张"师夷长技以制夷",冯桂芬提出"以中国之伦常名教为原本,辅以诸国富强之术",这就是所谓的"中学为体,西学为用"。

第二次鸦片战争惨败后,洋务运动开始全面兴起并加速推进,在朝廷中枢执掌大权的恭亲王奕䜣和封疆大吏曾国藩、李鸿章、张之洞等成为代表人物,其中也包括左宗棠。

左宗棠办洋务的重点是造船。在两次鸦片战争中,他看到了西方军舰的威力。因此,他在担任浙江巡抚时就上书总理衙门提出"将来经费有出,当图仿制轮船庶为海疆长久之计。"也就是说,当国家有足够财力时,一定要仿制轮船,来保卫海疆。

一年后,左宗棠在浙江杭州开始尝试仿制蒸汽轮船,还在西湖中进行试航。虽然这艘蒸汽轮船的蒸汽轮机不佳,速度不快,但增强了左宗棠制造轮船的信心。

左宗棠升任闽浙总督后,这种想法更为强烈,在奏疏中明确表示:应该设立造船厂和火器局,先聘请西方技术人员和有专长的洋匠,然后遴选国内工匠学习铸造,挑选精兵学习驾船射击,一二年后,便能掌握技术,以后不再依赖洋人,若干年后就能自行制造轮船、火器，到时"使中国水师可以驶楼船于海外，可以战洋夷于海中"。

同治五年（1866），左宗棠上疏，正式提出创办船政局，设厂造船。二十天后，清廷批准了他的建议，并在谕旨中明确提出："中国'自强'之道，全在振奋精神，破除耳目近习，讲求利用实际。"

虽然清廷开了绿灯，真正实施起来却是难上加难。在左宗棠看来有七难，即："一则船厂择地之难也；一则轮船购觅之难也；一则外国师匠要约之难也；一则筹集巨款之难也；一则中国之人不可管驾，船成仍须雇用洋人之难也；一则轮船既成，煤炭薪工需费不贷，月需支给，又时须修造之难也；一则非常之举，谤议易兴，创议者一人，任事者一人，旁观者一人，事败垂成，公私均害之难也。"

左宗棠所提的七个难题中，前六个是资金、人力、技术方面的，再难可以想办法解决。最后一个则是他最为担心的，因为建造船厂是新生事物，很容易会引来朝中大臣的质疑，如果竞相毁谤，最终会功败垂成。

尽管如此，左宗棠还是不畏艰难，说干就干。他首先经过实地考察，选定马尾为厂址；接着千方百计落实资金，派员出国购买机器、设备。

与其他人兴办洋务不同，左宗棠为人称道的是非常重视培养自己的人才，为此创办了求是堂艺局（船政学堂），招收选拔人才进行培养，"延致熟习中外语言文字洋师，教习英、法两国语言、文字、算法、画法，名曰求是堂艺局，挑选本地资性聪颖、粗通文字子弟入局肄习。"

左宗棠认为雇用洋人虽然便捷，但从长远看，必须要大力培养能够制造和驾驶轮船的国人，这样才不会受制于人，"轮船之事，始为一了百了"，于是创办了中国第一所近代海军学校。

就在全力推进马尾船厂建设时，左宗棠突然接到朝廷的调令，调任他为陕甘总督，并令其不要耽搁，火速上任。这使得左宗棠感到非常焦虑，担心自己一旦离开，船厂的命运堪忧。但圣命难违，当务之急是要找一个可信赖的人接手自己未竟的事业。

左宗棠最终选定的人是原江西巡抚沈宝桢，他是林则徐的女婿，此时因母亲去世在福建老家丁忧。左宗棠亲自去请他，但前两次都被沈宝桢以"丁忧人员不应与闻政事"为由婉言谢绝。左宗棠只好三顾茅庐，晓之以大义，沈宝桢这才同意接手船政。随即左宗棠向朝廷推荐沈宝桢，称他"在官在籍，不负清望，为中外所仰"。

由于左宗棠的力荐，朝廷任命沈宝桢为船政大臣，负责办理福建设厂造船的一切事务。左宗棠这才放心地离开，前往陕甘赴任。临行前，他再三叮嘱沈宝桢等人一定要建好船厂。

事实证明，左宗棠眼光不错。他走后，沈宝桢主持福建船政局在马尾正式动工兴建，求是堂艺局同时开学。同治七年（1868），马尾造船厂落成，第二年六月，制造出第一艘轮船，远在陕甘的左宗棠听闻后非常高兴，当即写信给沈宝桢表示祝贺。

直到光绪三十三年（1907），福建船政局被朝廷下令停办。船政局前后维持了三十三年，期间共制造了四十艘船舰，占整个清朝造船总量的百分之七十。

更为重要的是，这里培养了大批专业人才和海军将领，后来在北洋两次海战中叱咤风云并以身殉国的英雄林永升、邓世昌、刘步蟾，清末民初的海军将领萨镇冰、程璧光，等等，均出自船政学堂。虽然没有完全实现左宗棠创办之初的夙愿，但为海防的现代化做出了重要贡献。

左宗棠之所以被清廷火急火燎地派往陕甘，是因为那里发生了汉回叛乱。他用了九牛二虎之力，采用"镇抚兼施"的策略，好不容易才将叛乱平息。此时左宗棠已经年逾六旬，作为清史上最为成功的几个汉臣之一，称得上功成名就，本该解甲归田，安度晚年。

但就在左宗棠忙于平叛时，西边新疆的局势发生了重大变化，不由使得左宗棠暂时打消了颐养天年的想法。

三

新疆，古称西域。西汉时汉武帝派遣张骞出使西域，开启了中原和王朝的交往。汉宣帝时设立西域都护府，从此，中原王朝开始管辖西域地区的历史。

清朝康熙年间，清廷出兵平定了准噶尔部封建主噶尔丹的叛乱。乾隆二十年（1755）和二十四年（1759），乾隆皇帝下令出兵先后平定了大小和卓的叛乱，并宣示中外，西域改称为新疆，乾隆二十七年（1762）设立伊犁将军，管辖新疆南北两路包括巴尔喀什湖和帕米尔高原在内的广大地区。

经过两次鸦片战争的失败，清朝国力大衰，沙俄乘势扩张，不断侵吞蚕食新疆地区。同治三年（1864），清政府被迫与沙俄签订《中俄勘分西北界约记》，沙俄割去了巴尔喀什湖以东以南四十四万平方公里的中国领土。与此同时，新疆内部也乱了，出现了封建割据的局面。

同治三年（1864），围绕喀什噶尔（今新疆喀什）的争夺，伊斯兰教白山派首领和柯尔克孜族部落头目相继向中亚的浩罕汗国求援。浩罕汗国自从建国后，就不断向新疆边境扩张，这样的机会当然不会错过，派遣阿古柏率军侵入新疆。

只是计划赶不上变化，一年后，沙俄军队攻陷了浩罕汗国的重镇塔什干，接着浩罕汗国与沙俄签订了保护条约，成了沙俄的从属国。这样一来，阿古柏无国可归，只能加快侵犯新疆的步伐，意图在这里建立自己的政权。

同治六年（1867），阿古柏悍然建立"哲德沙尔汗国"，自称为"洪福之王"，此后用了两年多时间不断扩张势力，不仅侵占了整个南疆地区，还占据了吐鲁番，并越过天山攻占乌鲁木齐、玛纳斯、鄯善等地。同治十二年（1873），拒不接受招抚的陕甘回族叛军头领白彦虎率部逃到新疆，投靠阿古柏，使阿古柏实力进一步增强。

沙俄趁火打劫，于同治十年（1871）三月二十六日，借口哈萨克阿勒班部首领塔札别克率众逃往伊犁为由，分两路武装入侵：沿伊犁河北东犯马扎尔；进攻伊犁河南的克特缅山口。伊犁各族人民奋起反抗，但因力量悬殊失败。五月十四日，俄军夺取绥定城。继向巴彦岱进军。伊犁苏丹艾拉汗投敌，并亲自引导俄军进入宁远城（今新疆伊宁）。

俄军占领伊犁后，派遣大批军队驻屯，对伊犁各族进行残酷镇压和掠夺。为强化统治，沙俄还强迫各族迁离原住地，不准互相往来，限制和阻挠清政府派官员进入伊犁地区。

清廷开始对新疆局势并不是很关注，直到沙俄侵占伊犁后，才意识到问题的严重性，赶忙作出部署，派遣署理伊犁将军、乌里雅苏台参赞荣全赴伊犁，与沙俄谈判收回失地；同时令乌鲁木齐都督景廉带兵相机而动,并让驻守甘肃高台的成禄立即统兵出关,与景廉会合,做好开战准备。

荣全与沙俄的谈判很不顺利。沙俄人摆出一副强盗嘴脸,表示沙俄无久占之意,之所以这样做,是"代为收复,权宜派兵驻守;俟关内外肃清,乌鲁木齐、玛纳斯等城克复以后,即当交还"。沙俄估计中国再也无力收回乌鲁木齐等城,所以讲了这些,后来的事实证明沙俄所说完全是一派胡言。

沙俄还摆出一副恬不知耻的样子说:"动兵收复伊犁,因边境滋事,断绝通商,不得不设法使边境永睦,若三五月或一年内仍行滋事,再烦本国动兵,有何益处?"甚至质问清政府:"交还伊犁后,中国能否守得住?能否确保俄国边界永远无事?"面对沙俄如此恶劣的行径,清廷选择了暂时退让,因为当时陕甘回民起义还未平息,一时无暇西顾。

沙俄看到新疆地域甚广,单凭自身很难独吞,于是打起了阿古柏的主意。阿古柏也愿意为沙俄服务,两者臭气相投,一拍即合。双方在喀什噶尔签订条约,沙俄承认阿古柏政权的合法性,阿古柏则允许沙俄在其统治辖区内享有通商和旅行特权。

与此同时,一直与沙俄争夺中亚的英国蠢蠢欲动,英国不愿意让沙俄独吞新疆的利益,于是加大力度拉拢阿古柏。

阿古柏不愿意一棵树上吊死,在与沙俄订立条约之后,又转投英国人,双方同样订立了条约,英国承认阿古柏的独立地位,从而获取在南疆的通商便利和领事裁判权。就这样,阿古柏成为沙俄和英国侵略者肢解新疆的工具。

自此,整个新疆地区大部分为阿古柏所占,沙俄又占了伊犁,清军只能驻守在古城、哈密一带的狭小地区。

而清廷与沙俄的谈判破裂,使之意识到在谈判桌上很难取得进展,"断非空言所能有济,必须中国兵力以足以威慑,先发制人,方能操纵自如,杜其觊觎之渐"。于是将武力收复新疆领土提上了议事日程。

忙于平叛的左宗棠时刻关注着新疆局势。同治十二年(1873)三月,他上书总理衙门,提出了关于收复新疆的主张和思路,核心是"欲收伊犁,必先克乌鲁木齐",先以武力收复阿古柏所占的乌鲁木齐,如果乌鲁木齐城克复,"我威维扬",再大兴屯田以保证长期后勤供应,安抚新疆各部族耕牧如常,"即不遽索伊犁,而已稳然不可犯矣"。等到新疆局势平稳后,"然后明示以伊犁我之疆索,尺寸不可让人"。如果沙俄不同意交还伊犁,再以武力收复,这样在道义上和舆论上都能掌握主动权。

但是,情况很快发生了变化。就在清廷谋划西北用兵时,日本入侵台湾,海防岌岌可危,沿海各省纷纷加强防务,经费开支大幅度增加。但清政府财力有限,无法两头兼顾,沿海各省提出暂停西北用兵,这使得清廷左右为难,由此引发了著名的"海防"和"塞防"之争。

直隶总督、北洋大臣李鸿章是坚定的海防派,他认为过去历朝历代高度重视内陆边防是有道理的,但如今情况发生了重大变化,危险主要来自海上。"轮船电报之速,瞬息千里;军器机事之精,工力百倍;炮弹所到,无坚不摧;水路关隘,不足限制,又为数千年来未有之强敌。"

李鸿章指出直隶的大沽、北塘和山海关地区是京城的门户,不容有失,而长江口流域是最为富庶的地区,一个政治中心,一个经济中心,都在沿海地区,已成为攸关中国命运前途的核心。相比之下,新疆地处偏远,乾隆皇帝时虽然归入中国版图,即便无事时,每年为了维持统治都要耗费白银三百万两,如此巨大投入实在有些不值。

更何况新疆与沙俄等接近,"今昔异势,即勉图恢复,将来断不能久守"。意思就是说新疆周边强敌环伺,即使这次抢了回来下次还是要丢了。与其这样,不如招抚伊犁、乌鲁木齐、喀什噶尔等地的回部领袖,"准其自为部落",就像云贵粤蜀诸省的土著那样接受清朝的册封,换句话说,就是回到乾隆二十五年(1760)前的状态,这样即便沙俄、英国侵吞新疆土地,朝廷也"不致屡烦之日"。

李鸿章概括总结说:"新疆不复,于肢体之元气无伤;海防不防,则腹心大患愈棘",因此应该撤停新疆兵事,"已出塞、未出塞各军,可停则停,可撤则撤",准备用来西征的军饷"匀作海防之饷"。李鸿章的意见得到了朝中一些重臣和沿海各省督抚的支持。

主张塞防重于海防的是湖南巡抚王文韶等,他们认为沙俄侵吞西北,情势非常危急,"我师退一步,则俄人进一步。我师迟一日,则俄人进一日,事机之急,莫此为甚",如果能在新疆痛击沙俄,会起到敲山震虎的作用,各国便不会在东南挑起事端。

左宗棠对上述两种主张都不赞成,"东则海防,西则塞防,二者并重",认为应该海防和塞防并重。在他看来,英法侵略中国,"其志专在通商取利",对侵占土地没有太多兴趣。而沙俄不同,更垂涎于土地,占领伊犁后,势必会及进一步扩张。

左宗棠继而指出如果新疆被沙俄所占,则蒙古不宁,陕甘会受到重大威胁,京师也再难有安宁之日,如果连京师都不稳,稳固海防也无任何意义,到时西北兵力不但无法裁减,反而要大大增加,这更无益于巩固海防。

针对海防派提出的"收复新疆得不偿失"以及"是否守得住"的问题，左宗棠认为乌鲁木齐和阿克苏以西土地肥沃，物产丰富，一旦收复，足以供养戍边部队，不用给朝廷增加额外负担。到时还可以从内地移民到新疆，兴办兵屯民屯，逐渐改变新疆面貌，至于喀什噶尔能否守得住，将来要看情势，不能因为担心可能守不住就不出兵收复。

左宗棠的观点得到部分内陆省份督抚的支持，最关键的是得到了吏部尚书、军机大臣文祥的首肯。文祥是中枢重臣，威望很高，他的态度非常重要。在听取了各方意见后，坚定地站到了左宗棠一边。

文祥认为如果新疆不稳，陕甘也会震动，到时"蒙古诸部落皆将叩关内徙，则京师之肩背坏"，到那时海防要有风吹草动，两面受敌，如何是好。因此，应分轻重缓急，先解决燃眉之急，等新疆局势稳定后，再加强海防。文祥说："老臣认为宗棠之言深谋远虑，上承先皇高宗之遗志，下惠子孙万代。"

文祥的态度起到了决定性作用，同治皇帝和慈禧太后任命左宗棠为钦差大臣，负责督办新疆军务，授予他筹兵筹饷、指挥军队的权力，并任命金顺帮办新疆军务。

一场气壮山河的新疆收复之战正式拉开序幕。

四

左宗棠虽然在海防和塞防之争中占了上风，获准西征新疆，但真正付诸实施时却发现困难重重，远远超过先前的想象。因为与先前所有的作战不同,新疆地处边陲,交通不便,人烟稀少,要想获胜需要花大力气做好战前准备,归纳起来,必须要做好"兵、饷、粮、运"四件事情。

先说"兵"。常说"千金易得,一将难求",左宗棠年事已高,无法亲自统兵出征,因此选择一个合适的统帅至关重要,他选中的是一个名叫刘锦堂的将领。

刘锦堂是湘军后起的年轻将领,在陕甘平叛中,表现得异常出色,多谋善战,屡建战功,深得左宗棠的欣赏和器重。

左宗棠上奏说自己"年衰病久,深虞精力未足副其志",推荐"英锐果敢,才气无双,近察其志虑忠纯"的刘锦棠。清廷批准他的上疏,任命刘锦堂为前敌指挥,总理行营事务,承担收复新疆的主要职责。同时,左宗棠将张曜、徐占彪等得力爱将也都召入西征军。

为了能够保证后方供给,左宗棠还做出一项重要的人事安排,奏请刘典帮办陕甘军务。

刘典原是湘军中的一员虎将,转任地方工作后,表现非常抢眼。他任陕西巡抚时,减免杂税,召集流民,开浚河渠,兴修水利,政绩非常卓著。西征新疆,陕甘就是后方根据地,负责钱粮转运和后勤保障,如果这里出了问题,很可能导致满盘皆输,必须有得力的人物主持大局,在左宗棠看来,刘典再合适不过。

除了选定得力干将,还要组建精锐之师,左宗棠知道西征作战的艰苦程度非同一般,如果强令出关,可能会畏难生变。因此他重视个人的意愿,不搞强迫出征,下令由个人充分考虑后作出选择,不愿意出关作战的,一律返回原籍,还发放遣散费。这样一来,贪生怕死或者吃不了苦的官兵被淘汰,留下来的将士都自愿西进,同仇敌忾，士气高涨。

左宗棠同时意识到，光有精兵强将是不够的，西征军旨在反对侵略、光复故土，把新疆各族群众从侵略者蹂躏的苦难中解救出来，故兵不能扰民、困民、害民，而要给群众安置救济，帮助其恢复和发展生产。因此必须锻造一支"正义之师"，为此他对军队纪律提出了严厉要求，规定了一系列"行军必禁"并加以严格执行。

军规很明确也很严厉，其中包括"凡犯奸掳烧杀者，查明即行斩示，决无宽贷。即打牌、聚赌、抽烟、酗酒、行凶、宿娼、私出营盘、聚众盟誓、妄造谣言揭帖之类，讹索民财，封掳民船，强买民货，皆当严禁"。

为了搞好军民关系，严禁滋扰百姓，提出很详细的要求，"凡吾勇夫人众，务宜体恤百姓。概不准搬民家门片板料，不拿民家桌椅、衣服、小菜、桶碗等项。倘有不遵，仰营官随时查办"。又规定军中马匹"切不可践食百姓生芽"等等。

铁的纪律锻造出一支铁军，这支队伍在西征时得到当地民众的支持和拥护，与战前严格军纪有很大关系。

再说"饷"，大军西征，人马消耗巨大，同时还要购置大量的枪炮武器，花费惊人。虑及"道远运艰，不能用众"，用兵"在精不在多"，经左宗棠几次裁并，西征军实存马步一百三十余营，士兵七万人，每年需要饷银六百余万两，外加出关粮费等二百余万两，一年共需军费八百余万两银子。

虽然朝廷令各省予以大力支持，但不少省份并没有及时提供饷银，导致缺口巨大。西征开始前，各省拖欠军费高达两千余万两银，以至于"饷源日出，待用甚急，大局难支"。

当西征军整装待发之际，左宗棠无奈之下只能上奏朝廷，请求向洋人借款一千万两。经过一番反复，清廷终于下诏，令户部拨款二百万两，准许借洋款五百万两，各省协饷三百万两，勉强凑够一千万两，算是解了燃眉之急。

但这些经费在开战后很快便消耗殆尽，左宗棠被迫继续借款，从同治十三年（1874）到光绪七年（1881），七年时间向华商借款八百四十六万两，向洋商借款一千三百二十五万两，总计二千二百二十一万两。

筹饷的过程让左宗棠备受煎熬，他甚至感觉有些支持不住了，在给友人信里表示："沿海七省同时办防，纷请停解协饷，陇军将委之沟壑。而关外粮运，一委之陇，何从措手？旬月以来，焦灼殊深，宿恙且增剧矣！"

又说"粮"，兵马未动，粮草先行，"粮、运两事，为西北用兵要着。事之利钝迟速，机括全系乎此！千钧之弩，必中其机会而后发，否则，失之疾与失之徐，亦无异也。"（"失"，疑为"矢"。）就是说，及时解决粮、运两事，是制胜关键，其重要性非同一般。

只是筹粮的难度一点不亚于筹饷。西征路途遥远，且要经过大漠戈壁，翻越天山山脉，当地没有足够粮食，只能从外地采买，一旦供应不上，后果不堪设想，"西来筹兵非难，唯采买、转运艰难万状"。相对于兵和饷，左宗棠觉得粮食采买转运是最难的。

左宗棠原本想通过屯田，一定程度上解决粮食问题。为此下令，让驻扎在哈密的张曜部兴修水利，屯田积谷。光绪二年（1876）一年收获的粮食五千多石，虽然可以解决张曜部半年的军粮所需，但对于整个西征大军而言，则显得杯水车薪。

左宗棠只能通过外部采买来解决军粮问题，主要途径有三个。一是从甘肃河西采购，出嘉峪关，过玉门，送至新疆的哈密。二是由包头、归化、宁夏经蒙古高原送到新疆东部的巴里坤和古城。三是在新疆东部采买。

经过不懈努力，西征军开拔时，采买的粮食基本能满足作战需要。由于当年雨水充足，古城、巴里坤屯田获得了不错的收成。左宗棠奏请停止采买归化、包头、宁夏的粮食，逐渐转为就地采购。

最后说"运"，粮食采买到只是第一步，如何将粮食运到前线变成一个更大的难题。关外采买的粮食运到新疆路途遥远，而且自然条件恶劣，很多都是戈壁荒漠，如果没有足够的运输力量，根本无法完成粮食转运任务。

左宗棠算了一笔账，一万兵马每月需粮食四十八万余斤，马料五万斤上下。今天设想将这些粮草从肃州（今甘肃酒泉）运到玉门，中间距离三百六十公里，需要一千头骆驼，二百名左右驼夫，从玉门到哈密有一千三百公里，多是荒漠戈壁，所需驼只数字相当惊人。

左宗棠想了各种办法解决这个大难题。一是沿途设立粮运台站，在肃州建立转运总局，又在哈密设立督催粮运总局，沿途的安西、玉门等地设置采运局和柴草局站，负责为粮草转运提供保障和支持，解决沿途转运问题。二是采用节节转运的办法，从河西到新疆距离很远，长途转运人马容易疲劳，于是将长途变成一段又一段的短途。

具体做法是，部队开拔前，将粮草先从甘州运到肃州储存；军队从肃州行军之前，再将粮食运到玉门；然后改用私驼将玉门存粮运到安西，腾出官驼开始转运下一批军粮……以此类推，像接力比赛一样，人畜可以得到一定休息，使得整个转运过程平稳顺畅。

同时，左宗棠还创新运用租赁方式，实行官民结合。为了节约转运费用，尽可能筹集更多的运输工具，他决定不完全由官方采购运具进行运输，而是以高于官方指导价的价格，吸引大量民间力量参与其中，很快就组建了由大车五千辆、驴骡五千五百头，骆驼二万九千多头组成的庞大运输队，使得转运效率得到极大提升。

从同治十三年（1874）左宗棠开始筹备西征各项事务，到光绪二年（1876）大军出征，左宗棠用了两年时间进行战前准备，经历的困难常人难以想象，但是他凭借坚定的意志和超常的智慧，克服了一个又一个挑战，为西征取得胜利奠定了最为重要的基础。

左宗棠积极筹备西征物资和粮饷的同时，还与刘锦棠等将领共同商议作战战略和具体战术问题。他提出的战略是"先北后南"。在此之前，有人提出在天山南北两路分兵进取的意见，左宗棠分析敌我情况后，认为阿古柏的势力主要集中在南疆，在北疆的实力相对薄弱，应该先拿下北疆，然后趁势攻击南疆，一举消灭阿古柏的主力。

至于具体战法，左宗棠提出"缓进急战"。所谓"缓进"，就是每次作战前都要做充分准备，进行周密部署，没有准备好，宁可暂缓发动攻势，绝不轻举妄动、急于求成。"急战"，是因为后勤补给困难，而且战机瞬息万变，所以一旦战前准备完毕，就要以迅雷不及掩耳之势发起攻势，力求速战速决，避免陷入消耗战。

无论是"先北后南"还是"缓进急战"，都是左宗棠立足实际审时度势做出的抉择。事实证明，这些策略非常正确，为赢得最后胜利起了决定性作用。

五

光绪二年（1876）五月，左宗棠在肃州祭旗，正式出兵西征。他坐镇肃州，命刘锦棠、金顺兵分两路，先后率师出关。考虑到饮水困难，大军分为千人一队，隔日出发一队，刘锦棠走北路，金顺走南路，最后到哈密会合。

刘锦棠统帅的是25营的老湘军，经过千里戈壁向北疆进军。七月下旬，在济木萨（今新疆吉木萨尔县）和先期抵达的金顺部会合，按照左宗棠的意见，在"新谷遍野，有粮可因"的初秋发起攻击。

刘锦棠制定的具体作战计划是由阜康出发，攻占古牧地，然后围攻乌鲁木齐。当时乌鲁木齐是由投靠阿古柏的白彦虎率部驻守，兵力大约有两万多人，其中六千人驻扎在古牧地。

从阜康到古牧地有两条路：一条是大路，但要途径戈壁，缺少水源，因此敌军基本没有防守；还有一条小路，途径黄田，水源充足，白彦虎将防守重心放到了这里，意图是逼迫清军走大路，遇到饮水困难而导致战力折损。

刘锦棠将计就计，派人四处造势，掘井挖渠，开沟引水，摆出一副要走大路的样子。到了晚上，他趁着夜色率领精锐部队，从小路突然发起攻击，当夜夺取黄田，第二天进围古牧地。

刘锦棠下令炮队在城外修筑炮台，用开花大炮把城墙轰出了一个缺口，清军从缺口攻击入城，经过几天激战，占领古牧地，全歼守敌。

古牧地一丢，乌鲁木齐便失去了屏障。刘锦棠从俘虏中得知乌鲁木齐守备力量比较薄弱，阿古柏的援兵难以近期赶到。于是，他当机立断，除留少数人马守卫古牧地外，率领主力全速向乌鲁木齐急进。

第二天黎明，清军赶到乌鲁木齐外围，炮队随即向城内射击，白彦虎等人根本没想到清军会来得如此神速，听到炮声一响便弃城南逃。刘锦棠遵照左宗棠的要求，速战速决，仅用六天时间便收复了乌鲁木齐地区；同时令金顺率部攻占昌吉、呼图壁和玛纳斯。

没想到在玛纳斯遇到了守敌的顽强抵抗，金顺久攻不下，刘锦棠派老湘军驰援，经过两个多月的鏖战，终于攻克玛纳斯。自此，西征军完全收复了北疆，成功实现了第一步作战计划。

接下来是进击南疆，但此时已至冬天，大雪封山。左宗棠认为在冬日作战多有不便，特别是后勤供给无法跟上，所以主张不急于进攻，而是利用严冬时节休整部队，加紧转运军粮。刘锦棠按照左宗棠的建议，按兵不动，整军备战，等着春暖花开时再进军南疆。

北疆的丢失使得阿古柏惶惶不可终日。他从喀什噶尔赶到托克逊部署防御，派心腹艾克木汗率八千多人和白彦虎的残部固守吐鲁番，令大总管爱伊德里呼里率步骑四千余人守卫达坂城，又令其次子海古拉率六千多人守托克逊，三城互为犄角，企图阻止清军南下。

左宗棠根据敌情变化，提出了三路并进的作战部署，具体为：刘锦堂率部由乌鲁木齐南下进攻达坂城，此为北路；东路由张曜率部由哈密西进；徐占彪率部翻越天山南下为东北路。张、徐二部在盐池会师，然后向吐鲁番和托克逊展开攻击。

按照作战计划，刘锦堂率领31营从乌鲁木齐南下，三天后，趁夜色包围了达坂城，直到第二天凌晨守敌才发现清军。基本摸清城防概况后，刘锦棠下令各营环城挖壕筑垒，同时构筑炮台准备攻城。

爱伊德尔呼里顿时陷入绝望，准备突围逃跑。而此时炮台已架好，刘锦棠当即下令利用开花大炮向城内轰击。城中的弹药库被击中，大火趁着风势四处蔓延，守敌顿时溃败，刘锦堂指挥人马杀入城内，喊话劝降，守敌纷纷放下武器，爱伊德尔呼里也被活捉。

此战，西征军以阵亡五十二人、伤一百一十六人的轻微代价，取得了毙敌两千多人的辉煌战绩，此外俘虏包括三十六名高级将领在内的一千二百多人，缴获马八百多匹、枪炮一千四百多件、大炮一门。这是刘锦棠执行"缓进急战"战术后又一个漂亮的歼灭战。达坂城失陷，阿古柏失去了赖以阻止清军南下的重要屏障。

对于俘虏的处置，刘锦棠遵照左宗棠的嘱咐，采取了宽待政策。凡是平民，无论什么民族，全部释放回家，并发给衣粮，其他不是平民的俘虏，愿意留下的则留，不愿留的则走，一切悉听尊便。"在丧胆之余，怀不杀之德，皆惊喜过望，踊跃欢呼而去。"

这项政策很得人心，在其感召下，爱伊德尔呼里主动给阿古柏写了劝降信。与此形成鲜明对比的是，驻守托克逊的海古拉杀掉了许多返回的俘虏，侥幸逃脱的只能再次回到清军控制的地区。一杀一放让当地民众对于西路军和阿古柏有了鲜明对比，起到了瓦解敌军人心的作用。

左宗棠对刘锦棠采取的策略大加赞赏，认为他出色地执行了自己确定的"剿抚兼施"的政策，对于赢得当地民众支持起到了重要的作用。

攻占达坂城后，刘锦棠派罗长祜率部与张曜、徐占彪联手攻取了吐鲁番，他亲率骑兵赶到托克逊，截住准备南逃的敌军。除海古拉率少数手下逃脱外，其余全部被歼。

西征军仅仅用了一周时间，就接连攻克阿古柏重点布防的三座城池，攻势之猛，速度之快，被左宗棠称为"西域用兵未有之事"。能取得这样的速胜，再次证明了左宗棠确立的"三道并进"策略的正确性。

刘锦棠占领托克逊后，按照既定计划，没有急于南进，而是稳扎稳打，准备等秋粮采运充足后再行开拔。但就在此时，传来了阿古柏的死讯。关于他的死因，有几种说法，有的说患中风而死，又有说是在绝望中服毒自尽，还有一种说法是被人毒死。

无论哪种说法是历史真相，最终的结局是阿古柏结束了可耻的一生。随即阿古柏集团内部乱了套。海古拉听闻阿古柏死讯后连忙赶回去，想着护送阿古柏的灵柩前往喀什噶尔，办完葬礼后继承汗位。

海古拉留下艾克木汗留守库尔勒，没想到，他前脚刚走，艾克木汗就在库尔勒自称为汗。海古拉在途中被阿古柏的长子伯克胡里所杀，接着伯克胡里在阿克苏击败了艾克木汗，迫使其率残部逃入沙俄境内。

伯克胡里继承汗位后，决定留部分人马防守南疆的东四城，自率主力退保西四城。东四城是指喀喇沙尔（今新疆焉耆）、库车、阿克苏、乌什。西四城是指喀什噶尔、英吉沙尔（今新疆英吉沙）、叶尔羌（今新疆莎车）和和阗（今新疆和田）。

刘锦棠视敌情变化重新调整部署，将队伍分为两大部分，自己率第一梯队，专门"主战"，张曜带领第二梯队，"且战且防"。清军首先到了库尔勒,驻守这里的白彦虎提前西逃,库尔勒成了一座空城,被清军不费一枪一炮收复。

刘锦棠没有在库尔勒停留,他按照"缓行急攻"的策略,率精骑一千,健卒一千五先行追击,罗长祜率大部队随后跟进,三昼夜疾驰四百多里,十五日追到布古尔(今新疆轮台)时,击溃敌骑千余;十八日追到库车城外时,又毙敌千余;二十二日终于在铜厂和木杂喇特河(今木札提河)追上逃敌,经过激战,消灭一部,余敌继续西逃。

当刘锦棠率部追到阿克苏城外时,当地维吾尔族人民已自动占领该城"以待官军"。白彦虎残部经乌什逃往喀什噶尔,伯克哈里留守的队伍逃往叶尔羌。

自此,东四城全部被攻克,对于刘锦棠所取得的战绩,左宗棠甚为赞赏,说:"三旬之间,迅扫贼氛,穷追三千里,收复东四城,歼敌数千,追回难民数十万,决机神速,古近以来,实罕其比。"

对下一步如何收复西四城,左宗棠提出了"分攻合剿"的战法。只是清军还没有开拔,阿古柏残余势力内部又斗了起来,和阗头目尼牙斯反正,率部围攻叶尔羌策应清军,伯克胡里只得离开喀什噶尔去救援叶尔羌。之前投敌的喀什噶尔原守备何步云乘机反正,率部占领了喀什噶尔汉城,但由于力单难支,派人到阿克苏向刘锦棠求援。

喀什噶尔的形势对西征军十分有利,在这种情况下,刘锦棠当即改变了准备先攻叶尔羌的计划,派队伍兵分两路,直扑喀什噶尔,自己率主力策应。两路兵马很快在喀什噶尔会师,当晚便收复了阿古柏曾经的老巢。

刘锦棠趁热打铁,攻占了叶尔羌。三天后,收复了英吉沙尔。

十几天后，刘锦棠派手下将军董福祥进占和阗。一月之内，清军驰两千多里，夺取了西四城，胜利收复了南疆。速度之快，令左宗棠都感到意外，赞叹道："至南疆八城，不满三月一律肃清，自周秦以来，实亦罕见之鸿烈。"

就这样，仅用一年半的时间，在左宗棠运筹帷幄和刘锦棠的直接指挥下，西征军收复了被阿古柏侵占了十三年的领土。

消息传到清廷，君臣都感到非常兴奋，当初的质疑声烟消云散，清廷下诏赏赐左宗棠，将一等伯晋为二等侯，说他"筹兵筹饷，备历艰辛，卒能谋成万金"。左宗棠上疏婉谢，但被清廷驳回，与此同时，新疆各地纷纷建立左公祠，烧香礼拜。

六

左宗棠没有被胜利冲昏头脑，在他看来，西征伟业仅仅完成了一半，最难啃的硬骨头还在后面，因为伊犁还在沙俄的手中。他当初确定的策略是先解决阿古柏问题，然后再收复伊犁。第一个任务已经顺利完成，如今要将收复伊犁提上议事日程。

沙俄对西征军的速胜同样感到惊讶，他们开始不太相信清廷会出兵，而且觉的即便清军出征，也不会很快击败阿古柏。沙俄当初占领伊犁找的借口是代为收复，表示只要清军收复乌鲁木齐、玛纳斯等地，就将伊犁归还中国。清军以雷霆之势收复了南北疆，如今到了沙俄兑现承诺的时候。

左宗棠认为沙俄有归还的许诺在先，可以先通过外交谈判解决伊犁问题，如果谈不成再动用武力。他上书朝廷提出这样的建议,但驻北京的沙俄公使在这个问题上一再拖延,没有表现出任何诚意。

为了尽快收复伊犁,清廷派出大臣崇厚出使沙俄进行商谈。崇厚是一个无能的满洲贵族,觉得此次出使只要能要回伊犁,其他的条件都可以答应。在沙俄的威逼利诱下,崇厚擅自与沙俄签订了《里瓦几亚条约》。

这个条约的主要内容,一是清朝收回伊犁城,但伊犁西境霍尔果斯河以西、南境特克斯河流域以及塔尔巴哈台(今新疆塔城)地区斋桑淖尔(今新疆斋桑湖)以东土地却划归俄属;二是赔偿"代收代守"伊犁兵费及恤款五百万卢布(合银二百八十万两);三是俄商在蒙古、新疆贸易免税;四是沙俄在嘉峪关、乌鲁木齐、哈密、吐鲁番、古城、科布多、乌里雅苏台等七处增设领事。

条约虽然将伊犁城归还给中国,但却将伊犁周边的大量土地割让给沙俄,使得伊犁城陷入西、北、南三面受敌的境地,成为一座孤城。

当《里瓦几亚条约》的内容以电报形式发到北京后,总理衙门的官员觉得崇厚丧权辱国,立即致电令其不要在条约上签字。但崇厚回电说已经签字缔结,重新谈判已无可能。

消息传开后,朝野震动,大臣们纷纷上奏谴责。时任山西巡抚张之洞说:"若尽如新约,所得者伊犁二字之空名,所失者新疆又万里之实际。"要求朝廷立即将"误国媚敌"的崇厚"拿交刑部,明正典刑",以为后来者戒。左宗棠更加怒不可遏,上奏说:"我得伊犁只剩一片荒郊,北境一二百里间皆俄属部,孤城万里,何以图存?"

满朝文武和各地督抚要求严惩崇厚的奏折像雪片一样飞来,就连一向主和的恭亲王奕䜣都认为条约过于屈辱。迫于压力,慈禧太后下令将崇厚革职并交刑部治罪,定为斩监侯,等到秋后处决。同时清廷认为崇厚所签条约"流弊甚大",拒绝批准。

对于下一步的应对之策,左宗棠提出:"为今之计,当先之以议论,委婉而用机,次决之以战阵,坚忍而求胜。"意思是说,应该先和俄国人谈判,要充分运用计谋和谈判技巧,如果谈不成,则在战场上决一高低,靠坚韧赢得最后胜利。

左宗棠对伊犁如何用兵也给出了答案:"如俄仍坚持崇约,则檄南路之兵,分由阿克苏乌什兼程急进,直取伊犁,兼索叛逆,集关内外之势,塞其蹊径,令其就我范围,均有把握。"

左宗棠给了清廷和沙俄叫板的底气,清廷于是向沙俄发出国书,说崇厚所议条约多有违训越权之处,难以执行。再派驻英、法大使曾纪泽出任钦差大臣,去和沙俄谈判,同时诏令左宗棠统筹新疆南北战守事宜。

左宗棠接到诏令后,立即调兵遣将,计划三路合围伊犁:命金顺部出精河为东路;命张曜部驻特克斯河畔为中路;命刘锦棠部出布鲁特游牧地为西路。左宗棠决定亲自由肃州出发入疆,坐镇哈密亲领后路予以声援。

光绪六年(1880),年逾花甲的左宗棠率部从肃州出发入疆,与之一同出发的,还有一口早已准备的棺材,这就是著名的左宗棠"抬棺出征"的故事。"壮士长歌,不复以出塞为苦也,老怀益壮",这样做既表明了钢铁般的意志,又鼓舞军心,震慑内外之敌。

左宗棠抵达哈密后,开始积极备战:加紧训练士兵,提高战斗力的同时。还致力于改善交通,完善天山运道,修筑盘曲山路;并发动军民屯田垦荒,兴修水利,增粮积谷,减轻内地长途调运军粮的困难。

沙俄得知清廷更换了和谈大使，顿觉与崇厚订立的合约有可能被作废，于是采取了一系列恫吓手段，不仅在伊犁地区不断增兵，而且调集军舰在海上游弋，使得中国沿海的天津、奉天、山东先后进入警戒状态。同时英法等国也向清廷施加压力，要求向沙俄作出让步。

沙俄的态度越发强硬，对前去谈判的曾纪泽表示，与崇厚所订立的条约，"只要照办，无可商议"。清廷感到形势险恶，急召左宗棠入京，上谕中说："俄人意在启衅，正须老于兵事之大臣以备朝廷顾问，着来京陛见。"

左宗棠接到谕旨后，心情变得极为复杂，不知朝廷为何在这个关键时候将自己召回京城。他原本准备在谈判失败后，调兵遣将收复伊犁，现在看来这个愿望难以实现，因此多少有些"壮志未酬"的遗憾。

事已至此，只能考虑将镇抚新疆的大业交给合适的人。刘锦棠无疑是左宗棠心中第一人选，他一直看好这位将才，当年极力推荐为西征军前线总指挥。刘锦棠用自己的杰出表现，证明左宗棠没有看错人。

左宗棠曾说：刘锦棠"出关以来，克复各城，勋绩丕著，迭蒙天恩不次擢用，优加赏赉，遐迩闻知，同深感服。其现办善后事宜，因地施治，宽猛得宜，吏畏民怀，已睹成效，洵一时杰出之才，非臣衰庸所能及也。"将接力棒交到这样的人手中，左宗棠最为放心。经过他的力荐，刘锦棠被任命为代理钦差大臣，督办新疆军务。

光绪六年十月十二（1880年11月13日），左宗棠从哈密启程，当地民众得知这个消息，纷纷出来相送。

左宗棠看到此情此景，心中感怀不已，自授命督办新疆事务，已经过去了整整六年，他将人生后半段最宝贵的年华用到了这里，靠着坚韧的信念和努力，使得新疆的局势彻底改观。他同时知道，此次离开想必今生无法再回来了，因此在感怀之余，更有一种悲戚在其中。

左宗棠不会想到，此次奉召回京对曾继泽与沙俄的谈判产生了重大影响。沙俄听说左宗棠突然回京，猜度清廷这样做可能是想对伊犁用兵。当时俄土战争结束不久，沙俄实力大损，并不想开战，因此态度变软。

沙俄谈判代表为此几次询问曾纪泽，曾纪泽想着利用这次机会，促成条约的最终签订，于是很硬气地说："中国不愿意有打仗之事，倘若不幸有此事，中国百姓未必不愿与俄一战。中国人坚忍耐劳，纵使一战未必取胜，然中国地方最大，虽十数年亦能支持，想贵国不能无损！"

在此情况下，沙俄只好同意重新谈判，光绪七年正月二十三（1881年2月21日），曾纪泽在俄签署《中俄改订条约》，又称《圣彼得堡条约》。

《中俄改订条约》与崇厚订立的条约相比，收回了伊犁南部特克斯河流域两万多平方公里的领土，但失去了霍尔果斯河以西地区和斋桑湖以东地区。虽然同样是一个不平等条约，但比之《里瓦几亚条约》好了许多。这也是中国第一个因反对而推翻前约并收回部分主权的条约。

伊犁至此重新回到了祖国的怀抱！

七

左宗棠回京后受命掌管兵部事务，在军机大臣上行走，管理兵部事务。八个月后，他调任两江总督兼南洋通商大臣。

左宗棠始终没有忘记新疆，在两江总督任上再次提出，为了实现长治久安，应该在新疆建省。这已经是他第五次上书提出同样的请求。

第一次是在以钦差大臣身份全面督办新疆军务后，正式提出了新疆建省的建议，但清廷对新疆具体事务并不清楚，因此搁置了下来。第二次是在收复南北疆后，再次提出希望在新疆开置行省。

清廷这次虽没有完全拒绝，但还是有很大的疑虑，对于在新疆建省会导致什么样的后果，认为需要再慎重地考虑一下。因此，清政府又令左宗棠进献一个既可行又有退路的方案。

左宗棠紧接上奏，进一步阐明了必要性和紧迫性：首先，新疆的匪患已经基本清除，社会秩序逐步恢复正常，具备建省的条件；其次，新疆建省有利于稳定西北边疆，有利于国家政令上传下达，从而更好地开发当地资源，节省国家财政开支。

左宗棠陈述的理由很充分，清廷表示同意，但由于伊犁尚未回归，所以没有制定颁布具体的政策，此事又搁了下来。

左宗棠锲而不舍，在筹划收复伊犁的过程中再次上奏，针对第二次上疏朝廷提出的将新疆何处设为省城、何处设为郡县的要求给予了答复，他派人在新疆各地考察后，在给清廷的奏疏中说道：

"准备以乌鲁木齐为新疆总督制所,也就是省城所在,在天山南北设五道、四府、五州、二十一县。"

左宗棠的建议遭到了李鸿章的强烈反对,理由是:"新疆改设行省,财力实有未逮。三面切近强邻,恐亦寻常文吏所能驾驭。左公老矣,贻累后人。"朝中的一些满族大臣也不赞成,因此清廷以伊犁尚未收回为由,婉拒了左宗棠的建议。

在伊犁收回后,左宗棠第四次上奏朝廷,希望尽快解决新疆建省问题。光绪八年(1882),身为两江总督的左宗棠再次上书,他知道此事已经不在自己的管辖范围,但因"心系西陲",所以"终难泊默"。

左宗棠结合自己以往关于新疆建省的建议,作了更为全面的称述,重点强调了五点理由。其一,可以杜绝外敌觊觎,"取我固有土地而自治之,使外敌断然为插足之念"。其二,在新疆设立总督有利于就近处理外交交涉事件,未雨绸缪,防患于未然。其三,趁平叛大军没有撤离之际,可以壮军威而固国防。其四,有利于更好处理少数民族事务,加强教化。其五,可以改善吏治,"人知自奋",更好地巩固清朝统治。

左宗棠在奏疏最后表示,这是新疆建省的最佳时机,如果继续搁置就会导致前功尽弃,内忧外患会卷土重来。在左宗棠反复呼吁下,再加上刘锦棠在旁声援,光绪十年(1884)二月十七日清廷正式发布了新疆建省的命令,刘锦棠为第一任新疆巡抚。

这一重大举措削弱了新疆地方割据势力,实现了新疆与全国其他各省行政制度的统一,大大加强了新疆与内地的经济文化交流,对于恢复和发展遭到破坏的经济、保卫西北边陲起到了很大作用,左宗棠可谓居功至伟。

不幸的是，完成这个夙愿不到一年，即光绪十一年（1885），左宗棠在福州与世长辞。

临终前日，左宗棠口授遗折，首先感谢朝廷的知遇之恩，"伏念臣以一介书生，蒙文宗显皇帝特达之知，屡奉三朝，累承重寄，内参枢密，外总师干，虽马革裹尸，亦复何恨！"接着提出一些强国之策，并对光绪帝加以劝勉："尤愿皇上益勤典学，无怠万机，日近正人，广纳谠论。移不急之费，以充军食；节有用之财，以济时艰。上下一心，实事求是。臣虽死之日，犹生之年。"

左宗棠逝世的消息传出后，福州"城中苍哭失声"，他执政和战斗过的江浙、陕甘等地的军民听说后都悲痛不已。清廷发布谕旨，高度评价了左宗棠的生平功绩，追赠太傅，赐谥号"文襄"。

各界人士纷纷致哀，追忆左宗棠伟大的一生，经常和左宗棠意见相左、几乎明争暗斗三十年的李鸿章写道："周旋三十年，和而不同，矜而不争，唯先生知我；煜耀九重诏，文以治内，武以治外，为天下惜公。"

追随左宗棠二十余年，时任甘肃新疆布政使的魏光焘所写的挽联为："平生作事，独为其难，大业佐中兴，遗疏犹烦天下计；一息尚存，此志不懈，斯言尝自道，千秋共见老臣心。"时任两江总督曾国荃评价说："东戡闽越，西定回疆，天恩最重武乡侯，实同是鞠躬尽瘁。"

无论官方还是民间，都对左宗棠给予种种赞誉，皆因他一身风骨傲气所闪烁出的独特光芒。

一如林世焘的诗"绝口不言和议事，千秋独有左文襄"，左宗棠不顾个人生死安危，六十多岁抬棺西征，在生命的最后八年，又主动请求到援越抗法的前线主持战事，"其志甚坚，其行甚急"，这份爱国之情不由使人动容。

左宗棠不仅赢得了当时人们的敬意，同样赢得了后世对他的崇敬，梁启超说他是"五百年来第一伟人"。著名历史学家、教育家缪凤林评价说："唐太宗以后对国家领土贡献最大的人物当首推左宗棠，实非过誉。"此言不虚，新疆土地，相当于今天全国国土总面积的1/6。

后来率解放军入疆的王震将军说："左宗棠在帝国主义瓜分中国的历史情况下，力排投降派的非议，毅然率部西征，收复新疆，符合中华民族的长远利益，是爱国主义的表现，左公的爱国主义精神，是值得我们后人发扬的。"

左宗棠赢得国人赞誉同时，也得到了外国人的尊敬，美国前副总统亨利·阿加德·华莱士说："左宗棠是近百年史上世界伟大人物之一，他将中国人的视线扩展到俄罗斯，到整个世界……我对他抱有崇高的敬意。"

美国军官学者、《左宗棠传》的作者威廉姆·莱斯利·贝尔斯如此评价："宗棠具有真正伟大的灵魂。他是一位伟大的将军，一个伟大的管理者，也是一个伟大的人。他在国外知者甚少，在他自己的国家里也未享有应得的声望。倘若他的同胞能仔细研究他的生平与功绩，就能够获益匪浅。他热爱自己的祖国，对国人在悠久历史中所取得的辉煌成就深感自豪。他对古代圣贤怀有敬畏之心，且一直遵循圣贤之道。他为自己的祖国呕心沥血，毫无保留地奉献自己的力量和才智。他怀有坚定的信念，深信国人能依靠自己的努力，为多灾多难的祖国找到一条出路。左宗棠不愧为国家之光、民族之光。"

左公已逝，左公柳犹在。左宗棠两次率部西征，一边进军，一边修路。沿途种植了大量杨柳树。从长武到会宁，从河西到哈密，从吐鲁番到乌鲁木齐，自湘军所到之处，除戈壁之外皆连绵不绝，这便是后人所称的"左公柳"。

左宗棠的老部下和同乡杨昌浚，后来看到连绵的左公柳，触景生情，写下了《恭颂左公西行甘棠》一诗："上相筹边未肯还，湖湘子弟遍天山。新栽杨柳三千里，引得春风度玉关。"

左宗棠用尽一生的心血，不仅引得春风度过玉门关，而且使得新疆完整回归了祖国，在晚清的落日残照中，他是难得的光亮，所高举的爱国旗帜，永远飘扬在历史的长河中。

千百年来，正是因为有了这样的旗帜，无数的仁人志士不畏生死，果敢前行，让我们这个民族度过了一个又一个劫难，获得了一次又一次新生，在人类文明的长河中延续了最为长久的血脉。

左宗棠是一名文人，也是一员武将。归根到底，他是一个爱国者，他所立下的丰功伟绩，戈壁记得，大漠记得，伊犁记得，天山记得，丝绸之路记得，中华民族记得！

主要参考书目

《史记》，[西汉]司马迁著，中华书局，1989年．

《汉书》，[东汉]班固撰，中华书局，1975年．

《佛国记》，[东晋]法显著，吴玉贵释译，东方出版社，2018年．

《大唐西域记》，[唐]玄奘著，董志翘译注，中华书局，2012年．

《大慈恩寺三藏法师传》，[唐]慧立、彦悰著，高永旺译注，中华书局，2018年．

《资治通鉴》，[北宋]司马光著，中华书局，1976年．

《出塞英雄张骞》，姜正成主编，海潮出版社，2014年．

《大汉使臣张骞》，余耀华著，中国书籍出版社，2017年．

《胡马北风啸汉关：汉匈百年战争》，莲悦著，生活・读书・新知三联书店，2019年．

《胡马阴山：汉匈五百年战争史》，顾晓绿著，团结出版社，2016年．

《西域四百年：汉匈争夺战》，李东著，新世界出版社，2023年．

《丝绸之路大历史：当古代中国遭遇世界》，郭建龙著，天地出版社，2021年．

《鸠摩罗什传》，龚斌著，上海古籍出版社，2013年．

《玄奘西游记》，钱文忠著，上海书店出版社，2017年．

《玄奘与丝绸之路：东西文化交流的传奇之旅》，〔日〕前田耕作著，凌文桦译，北京燕山出版社，2020年．

《成吉思汗：征战、帝国及其遗产》，〔英〕弗兰克·麦克林著，周杨译，民主与建设出版社，2021年．

《左宗棠全传》，秦翰才著，中华书局，2019年．

《晚清铁相：左宗棠全传》，林钧一著，华中科技大学出版社，2021年．

《穷与达：左宗棠的沉浮人生》，董蔡时著，辽宁人民出版社，2022年．